Wolfgang U. Eipa

Honigsuche

Dein Ritual für den Aufstieg

Die drei Kompendien von Kai

»Kompass für das Leben«

»Ein Pfad zur Entrückung«

»SeelenSein«

Druck und Verlag:

Honigsuche ist ein Roman in drei Teilen. Teil 1 und Teil 2 sind jeweils auch als einzelnes Werk veröffentlicht worden. Der Roman ist auch als ebook erschienen: (ISBN 978-3-8442-5204-0). Twitter: @Honigsuche

Layout, Satz, Umschlaggestaltung:
Max Markus Schröder; dimensionale.de
Titelbild: Blume des Lebens / Flower of life © by anthara.

ISBN 978-3-7375-1006-6

Honigsuche

Dein Ritual für den Aufstieg. Lebe Deine eigene Spiritualität!

(Pilgerschaft am Wannsee.)

Ein Roman zur stattgefundenen Zeitenwende.

Editorial: *Aufstieg – Der Ton ist schon da*

Beim Frühstück im Adlon sitzen sich zwei Menschensöhne mit geballter Lebenserfahrung und einer unbeschreiblichen Offenheit gegenüber. Es ist in diesem Leben wohl ihr fünftes Treffen in den letzten 35 Jahren. Es ist Schicksal, denn es gab – trotz großem Respekt – wenig Berührungspunkte für dauerhafte beziehungsweise regelmäßige Begegnungen. Sie leben in zwei verschiedenen Großstädten, sie sind jeweilig einer anderen Generation zugehörig, kurzum sie leben zwei verschiedene Leben und doch sind sie jetzt vereint, denn es verbindet sie etwas – eine Art Lebenswahrheit, von der sie beide erst heute an diesem Tage in dieser Tiefe wissen.

Beide kennen schon lange die Informationen zu der in den Prophezeiungen weltweit angekündigten Zeitenwende und jeder gab dieser Wahrheit in seinem Leben bis heute den nötigen Raum zur Entwicklung. Kurzum und nüchtern gesprochen – man traf sich freundlich zum Faktencheck.

Respekt, behutsame und freundliche Wahrheit für ein wirkliches Interesse am Gegenüber lagen über dieser Begegnung. Wir schreiben den April 2013, den vierten Monat nach der Zeitenwende.

Ich merke, wie in wenigen Augenblicken von mir das mir sonst eigene Gehabe weitestgehend abfällt. Zeitlos ist nicht die Vokabel – eher aus der Zeit – reden wir ohne Punkt und Komma über die Zeitqualität und erleben vielleicht schon in dieser Treffung – Menschen begegnen sich, treffen sich, tauschen sich aus, fügen sich wie ein Mosaikstein zusammen und ergeben ein gemeinsames Bild – bereits eine Qualität der Offenheit, die unsere Gesellschaft sonst mit all ihren Möglichkeiten verdeckt.

„Was haben Sie erlebt und wie erleben Sie diese Zeit?" Ich erläutere, warum ich meinen Roman geschrieben habe: „In dem aktuellen Film der Wachowski-Geschwister „Cloud Atlas" gibt es eine kraftvolle Konversation: „Sie müssen das tun, was Sie auf keinen Fall lassen können." Diese kraftvolle Wahrheit erkennen Sie auch in diesem sehr bekannten Satz von Martin Luther: „Hier stehe ich und kann nicht anders!". Dass uns dieser Satz erhalten blieb liegt an seiner enormen Aussage-Kraft!

So ist es auch mir ergangen, als ich den letzten anderthalb Jahren die Romantrilogie HONIGSUCHE verfasst habe. Es war ein innerer Schaffensdrang, den nicht ich verschulde, sondern der durch mich geschah. Ich wollte unbedingt erfahren, wie es im Leben in dieser angekündigten Zeitenwende mit mir und uns weitergeht. Ich entdeckte für mich vollkommen neue und zum Teil ungeheuerliche Zusammenhänge, die unser Sein beeinflussen. Eine ganze Bibliothek ist durch mich durchgeflossen und wie immer kam zur richtigen Zeit die richtige Information. Die dabei verwendete Literatur habe ich im Buch verzeichnet."

Wir trinken Tee und Kaffee während mein Gesprächspartner mich ermuntert fortzufahren.

„Wir alle sind Menschen die als Spezies in einer mehr als vier Milliarden Jahre andauernden Evolution unter Milliarden von weiteren Spezies auf unserem Heimat-Planeten leben, Mutter Gaia, die an wirklich jedem Quadratzentimeter in tiefster Tiefe und höchster Höhe lebendig ist – erst jetzt wurde Leben in der Stratosphäre nachgewiesen, und 20.000 Meter tiefer boomen unzählige Spezies am tiefsten Meeresgrund. Der Kontext ist also LEBEN. Und Leben ist Evolution. Dabei wissen wir eigentlich gar nichts über das Leben an sich. Das will man uns nur glauben machen, doch wir können bis heute weder eine Zelle nachbauen oder begreifen, wie unser eigener Organismus funktioniert.

Jedoch was wirklich spannend ist: nur wir als Menschen können uns der Evolution bewusst werden, denn wir haben ein Bewusstsein, das sich selbst erkennt. Und hier sind wir bereits beim Kern der Dinge: „Wahre Evolution ist geistliche Evolution." Dies ist ein Zitat aus dem Buch „Die Schlüssel des Enoch".

„Ja, dem stimme ich zu."

Das Gespräch verlief, wie ich einst eine einmalige Situation erlebte. Ich lag als junger Mensch, verloren im Sein einer Großstadt am Abend im Bett neben einer schönen, angezogenen Frau, die mir die Ohren zuhielt und ich beschrieb ihr in der Dunkelheit alles, was ich mit geschlossenen Augen sah. Bilder um Bilder fluteten mein Gehirn und es war eine Woge von weichgesprochenen Vokabeln, die mich bildhaftes verlauten ließen.

Ich spreche weiter: „In meinem Roman HONIGSUCHE beschreibe ich den Weg von Bewusstsein, wie ich ihn in meinem Leben und mit den mir begegneten Menschen bisher angetroffen habe. Dabei bin ich auf der Suche nach der *spirituellen Dimension* in unserem Leben. Denn unser Alltag wird fast ausschließlich von materiellen Werten dominiert, insbesondere von der Ökonomie selbst."

„Das materielle Weltbild", bestätigte mein Gesprächspartner mir zunickend.

„Dabei bin ich auf eine uralte Wahrheit gestoßen: Es heißt, dass jeder Mensch ein Universum ist. Im Universum existieren Milliarden von Milliarden Sterne, aber kein einziger Stern gleicht dem anderen. Und genau dies habe ich auch für uns Menschen erfahren: *wirklich jeder Mensch ist völlig einzigartig und hat dadurch einen völlig einzigartigen Zugang zur Spiritualität.*

Die wahrhaftigsten und ehrfürchtigsten Momente meines Seins waren vor, während und nach Ritualen, sei es Feuertanz, Schwitzhütte, geführte Meditationen, indigene Tanzrituale oder Gruppensitzungen – mit und ohne Drogen, Atemsitzungen, systemische Prozesse etc.. Ehrfürchtig war ich vor allem bei Jahrtausend Jahre alten buddhistischen Ritual-Gesängen und Handlungen oder die Tanz-Rituale der brasilianischen Ayahuasca-Kirche. Und es ist wirklich so: dabei sein ist alles, darüber lesen ist leider gar nichts.

All dies führte mich zu zwei sehr wichtigen Erkenntnissen: Die Gesellschaft formt seit Jahrhunderten konsequent Menschen mit einem genormten Gesellschafts-Ich mit einem Bekenntnis zur Absolutheit der materiellen Dimension. Spirituelle Evolution findet darin keinen Platz. Besonders problematisch ist dies, da nur über jeden einzelnen Mensch selbst ebendiese spirituelle Dimension erfahren und weiterentwickelt werden kann. Carl Gustav Jung nannte dies einst Individuation. Ich nenne es Selbstung.

Nur ein Leben, das konsequent auf diese Individuation/Selbstung ausgerichtet ist, kann der Falle der materiellen und eindimensionalen Normung entgehen. Das Leben ist also als ständiges Ritual zu sehen. *Ich nenne dieses Ritual Honigsuche.*“

„Ich habe Ihr Buch gelesen. Es wäre schön, wenn Sie mehr Leser finden würden. Sie wissen, dass meine Frau und ich Zugang zur der geistigen Welt haben. Nun frage ich Sie, wie erleben Sie die Zeit jetzt? Dass, was wir Zeitenwende oder auch den Aufstieg nennen? Wie erleben Sie die Zeit?"

Ich stocke und bemerke augenblicklich meine Betroffenheit, die mich sofort berührt und weinen lässt. Ich brauche eine Zeitspanne mich einzufangen um fortzufahren. Dabei werde ich an eine Erfahrung aus einem Medizinrad-Ritual zur „Situation der Erde" vor fast zwanzig Jahren erinnert. Sechzehn Menschen in einem Kreis aufgestellt, repräsentierten jeweils eine Himmelsrichtung und eine (transpersonale) Wahrheitsperspektive der gefragten Thematik. Eine Frau brach gleich zu Beginn des Rituals in diesem Kreis emotional zusammen: *Wir können nichts ausrichten doch wir müssen alles tun, was wir können*! – dies war ungefähr ihre Botschaft, die sie – für uns alle – erhalten hatte.

„Eines der bekanntesten Urbilder in der Philosophie ist das Höhlengleichnis von Plato. Zusammengefasst könnte man sagen, dass den Höhlenbewohnern schwarzweiße 2-D-Bilder als „die Wirklichkeit" vorgegaukelt werden, während draußen in der realen Welt farbige und lebendige 3-D-Objekte umherwandeln. Ebendiesen Kontext müssen wir nun erweitern: uns werden feste 3-D-Objekte vorgegaukelt, während es in Wirklichkeit transparente, multidimensionale Einheiten sind, die uns derzeit durch unsere eingeschränkte Wahrnehmung nur in 3-D erscheinen. Wir sollten diese grundsätzliche Erkenntnis auf Basis der ewigen Philosophie und der integralen Philosophie und zum Beispiel auch der Quantenphysik zu einem eigenen Weltbild weiterentwickeln bzw. diese Erkenntnis zunächst als Möglichkeit überhaupt zulassen."

„Für mich als medial veranlagter Mensch ist dies keine wirkliche Herausforderung."

„Im Ergebnis kann man das, was wir „unsere Realität" nennen eher mit Ereignissen auf einem Holodeck, wie wir sie aus den Enterprise-Episoden kennen, vergleichen. Unser Gespräch über den Zeitenwandel und dem Aufstieg ist also ein Ausdruck der Anerkenntnis dieser erweiterten Realität. Wir können es auch als die Anerkenntnis einer spirituellen Dimension definieren."

Wir orderten erneut Tee und einen Milchkaffee. Währenddessen fiel mir ein, dass ich vor kurzem von einer neuen Fernsehtechnologie gehört habe: mehrere Menschen können inzwischen zugleich jeweils einen eigenen Film in *demselben* Fernsehgerät anschauen – mittels einer auf diesen Film eingestellten Brille. So kann man sich eigentlich auch unsere Wirklichkeit vorstellen: verschiedene übereinandergelegte Dimensionen und wir sind derzeit auf die 3-D-Version eingestellt...

„Die Menschheit", fuhr ich fort, „ist längst eine eigene Naturgewalt geworden und nimmt keine Rücksicht auf das Leben. So viele Arten sind für immer ausgestorben. Wir rennen in die größte Katastrophe seit den großen Meteoriteneinschlägen und katapultieren uns zurück in die Steinzeit."

Mein Gegenüber nickte, denn ihm war diese Situation wahrscheinlich deutlicher als mir, da er weit vor mir bereits die ersten Veröffentlichungen zu dieser Thematik begleitete.
„Was ich tun kann und auch tun musste ist Schreiben. Und dabei entdeckte ich, in welchem Kontext ich bereits mein Leben

lebte. Ich nenne dies heute *Honigsuche – quasi ein Ritual für den Aufstieg*. Ritual deshalb, da die spirituelle Dimension für die meisten Menschen nur im Ritual erfahrbar wird – sei es im gemeinsamen geführten Gebet oder durch Naturerfahrungen.

Außerdem bin ich vollkommen davon überzeugt, dass wir als Spezies bisher und bis hierin nur überlebt haben, da die indigenen Völker an ihren heiligen Ritualen/Zeremonien festgehalten haben und diese konsequent weiter durchgeführt haben."

„Ja, aber wissen die wirklich meisten Menschen ja gar nichts davon, was stattfindet. Und es soll ja auch nicht thematisiert werden."

„Das stimmt. Ich will daher verständlich machen, dass wir Menschen mittels unseres Wahrnehmungsapparats praktisch eine biologische Sonde sind und dass nur wir diese stattfindenden Veränderungen auch wahrnehmen können. Menschen werden jetzt begreifen, dass wir nicht zufällig mit der Entdeckung der Quantenphysik auch die *Dimension der Materielosigkeit* entdeckt haben. Es gibt also einen viel größeren Kontext als Materie: 99,9% von allem was wir betrachten und erfahren ist Zwischenraum oder Nicht-Materie! *Aufstieg bedeutet also, sich dieser Wahrheit als real existierender Möglichkeit zu öffnen.*"

„Die Wenigsten werden dies verstehen. Ich weiß. Ich bin jedoch aus einem anderen Grund zerrissen. Meine Frau und ich verstehen es nicht. Wir können den Ton der Veränderung in der geistigen Welt bereits wahrnehmen. Aber hier in der Dualität ist nichts..."

Ich schweige. In mir entstehen weitere Worte: „*Honigsuche ist ein Pfad für den Aufstieg, eine Philosophie zum endlosen*

Raum. Wir *müssen* glauben, denn wir glauben sowieso, wenn wir im Kontext von Wahrnehmung unterwegs sind. Glaube ist quasi Bestandteil unserer Wahrnehmung... Licht ist Welle und Teilchen und eine Summe von tausenden Wahrscheinlichkeiten in jeder tausendstel Sekunde. Gelebte Paradoxie! Also..."

Längst haben alle Frühstücksgäste den Raum verlassen. Ich betrachte die leeren Stühle und fühle vertraute Geborgenheit. Wohlwollend werde ich zum Weitersprechen ermuntert.

„Das wichtigste, was wir derzeit als einzelner Mensch tun können, ist es, sich auf sein Herz einzulassen. Das ist wörtlich gemeint. Drunvalo Melchizedek schreibt dazu in seinem neuen Buch „Ein neuer Zyklus beginnt": „Durch Zeremonien wird unser Herz mit dem Herzen der Erde, der Sonne und des Universums, mit allem und jeden verbunden. Durch Zeremonien erhielten die Völker der Alten Welt Zugang zu einer heiligen Welt unendlicher Möglichkeiten." Das ist wirklich ernst zu nehmen. Wenn wir wieder (unsere eigenen) Rituale leben, dann setzen wir gemeinsam als Menschheit einen völlig neuen Kontext in unserem gemeinsamen Zusammenleben mit unserer Spezies und unserer Mutter Erde. Ich glaube, dass wir dann gemeinsam kosmologisches Bewusstsein entwickeln können."

Wir sprechen weiter. Von der „ewigen Philosophie", der „Ökologie des Unsichtbaren", dem „Omega-Punkt", Kornkreisen, Verschwörungstheorien und dem „Aufstieg". Aber letztendlich sind wir uns darüber einig, dass wir als Menschheit in der jetzigen Zeitqualität nur eine gemeinsame Zukunft haben, wenn wir unser Leben uns selbst widmen und dabei mit an einer Gesellschaft bauen, die jedem Einzelnen Raum lässt für sein individuelles Sein.

Wir merken, dass das Gespräch sich dem Ende nähert. Wie in einem guten Telefonat. Nicht, weil wir uns nichts mehr zu sagen haben, sondern weil es einfach so ist. Ich spreche meine letzten Worte: „Der heilige indische Hindu-Meister Sri Aurobindo forderte uns schon Anfang des letzten Jahrhunderts dazu auf, in unserem Inneren die spirituelle Wirklichkeit zu entdecken und aus allen Bindungen zu befreien und *ebendiese spirituelle Wirklichkeit* in allen Elementen unserer Natur souverän aus dem Selbst wirksam zu machen. *Honigsuche* setzt diesen Kontext.

Leider ist es doch so: Obwohl wir wissen, dass alle Ursprungsreligionen die Transzendenz in den Mittelpunkt der Erkenntnissuche stellen, haben wir diese Weisheit nicht nur verloren sondern sie wird bewusst unterdrückt.

Am liebsten hätte ich daher mein Buch vom Ende her geschrieben. Aber es war das „wahre“ Leben und da kommen die Erkenntnisse zumeist am Ende und am Anfang steht die Suche. Es ist aber auch eine Einladung, nicht zugleich zu bewerten, sondern die Charaktere im Buch liebevoll wie Menschenkinder zu begleiten.“

Unser Gespräch endet. Ich werde eingeladen, ich werde beschenkt und ich bin in großer Freude und ich bin zutiefst traurig, einen Freund zu verlassen. „Sie müssen mir berichten, wie es weitergeht mit Ihnen!“ Ich sage zu und stehe sogleich unvermittelt auf dem Pariser Platz, nicht wissend, welche Richtung ich einschlagen soll.

Alles erinnert mich an eine Weisheit: *Stay in your heart. And don't forget to have fun.*

Vorwort zur 2. Auflage

Alle großen Wahrheiten, so heißt es, beginnen als Blasphemie.

In seinem aktuellen Buch „Von Tod und Wiedergeburt" zitiert Lama Ole Nydahl zwei Weisheiten zu der einen Wahrheit: „Wer glaubt, die Welt sei wirklich, ist dumm wie ein Ochse. Wer glaubt, sie sei nicht wirklich, ist noch dümmer." Sowie das Bonmot von Einstein: „Realität ist eine Illusion, aber eine sehr hartnäckige." Honigsucher kennen diesen Spagat.

Seit dem März 2014 gibt es ein komisches Ereignis, eine „kosmische Welle" die sich inzwischen (September 2014) zu einem „Tsunami der Liebe" entwickelt hat. Eine weltweit zu messende Schwingungserhöhung, die täglich exponentiell ansteigt. Seit dem 1. Mai dieses Jahres leben wir - energetisch betrachtet - bereits wie in der Königskammer der Cheops Pyramide. Aber inzwischen (September 2014) sind alle Maßstäbe bzw. Messeinheiten, wörtlich genommen, gesprengt. Die gemessenen Bovis-Einheiten (zu messende Energieeinheit in der Geomantie; der Physiker A. Bovis bestimmte mit der Boviseinheit die energetische Qualität von Plätzen u.a.) hat wahrlich überdimensionale Werte erreicht. Und sie steigt stündlich weiter an.

Eine andere Schwingung, die sogenannte Schuhman-Frequenz (Eigenresonanz unseres Planeten Erde), lag seit Jahrtausenden bei exakt 7,83 Hertz (es gibt acht dieser zu messenden Wellen, aber diese hier wird auch der „Herzschlag von Gaia" genannt). Diese Frequenz steigt ebenfalls an und wird derzeit bei über 8 Hertz gemessen. Interessant ist, dass unser Gehirn ab 8 Hertz sogenannte Alphawellen produziert, die auch „das Tor zur Meditation" genannt werden.

Diese zweite Auflage entstand nach vielen sehr turbulenten Monaten der Honigsuche. Es gab in all der Fülle, Mangel, Vergänglichkeit, Trauer aber eben auch Freude, lange Reisen, Ankommen und Erkenntnis.

Ich habe die Texte durchgesehen und etwas umgestellt und das Material etwas gekürzt. Die ältere E-Book-Ausgabe ist daher etwas umfassender.

Im Außen scheint sich alles Materielle, wie zuvor Haus und Habe, gesellschaftliche Verpflichtungen und sogar Beziehungen, aufzulösen. Zurückgeworfen auf das Selbst beginnt täglich eine neue Reise…

Uns allen nur das erdenklich Beste.

21. September 2014

Ich habe nie behauptet, eine Antwort auf das Leben gefunden zu haben. Ich bringe lediglich Songs heraus und beantworte Fragen, so ehrlich wie möglich, aber eben auch nur, so gut ich es kann – nicht mehr und nicht weniger.
JohnLennon

Vorbemerkung

Dieser Roman ist eine Trilogie und besteht aus *drei* chronologisch entstandenen Teilen (Kompendien). Es sollten die Texte und die Denkweise von Kai in einer Philosophie der Honigsuche dargestellt werden.

Der Roman besteht aus den drei einzelnen Kompendien, die wiederum je aus einem Prolog, einer Ereignisbeschreibung und einem Anhang als Dokumentation von Kais Texten bestehen.

Für diese zweite Ausgabe wurden die drei Kompendien von Kai aus Gründen der Lesbarkeit als Dokumente in den Anhang des Romans genommen und zum Teil gekürzt.

HONIGSUCHE

Wolfgang U.Eipa

Wolfgang U.Eipa

Honigsuche

Kompass für das Leben in 2012
und danach

Faksimile von Honigsuche Band I

Das erste Kompendium von Kai

Kompass für das Leben

Honigsuche 1.0

Meinen Eltern

NULLRAUM traf ENTGRENZUNG
und
wenn sie nicht gestorben sind,
dann LEBEN sie
(un-) endlich!!!

Aus dem Nachlass von Kai

Wenn ihr euch erkennen werdet (selbst erkennt), dann werdet ihr erkannt, und ihr werdet wissen, dass ihr die Söhne des lebendigen Vaters seid.
Jesus im Thomasevangelium; Logion 3

Prolog: Kompass für das Leben

Ich kann nicht umhin, diese notwendige Passage der Einführung in meiner Emotionalität zu schreiben, die sich nun seit Tagen nach dem sehr traurigen Ereignis bei mir entfaltet hat. Noch bevor ich nach Berlin kam, habe ich meinen Computer und meine Wohnung mit der Absicht durchsucht, Euch meine Freunde, Kai so darzustellen, wie ich ihn kannte. Ich habe so viele Mails und Notizen vor und während meiner Anreise gelesen, dass ich schlicht überwältigt war, als ich dann noch all die Aufzeichnungen auf seinem Schreibtisch und in seinem Computer zur Ansicht bekam, die Mia mir freundlicherweise für diese mir anvertraute Aufgabe zur Verfügung stellte.

In mir wogen nicht gekannte Emotionen und wie oft schaute ich gedankenverloren aus dem Fenster, aus dem auch Kai in den letzten Wochen den Sonnenaufgang betrachtete und dabei die Dinge schrieb, die ich Euch hier wiedergebe. Bis heute sind die Umstände von Kais Abwesenheit nicht geklärt. Diese Ungewissheit ist schwer zu ertragen. Dieses Kompendium soll uns helfen, in die Sicht von Kai einzutauchen und um Trost und Vertrauen zu finden.

Im Thomasevangelium, das Buch, das bei Kai auf dem Nachttisch liegt, sprach Jesus immer wieder vom Königreich und wie es erreicht wird. Kai nannte das in seinen Schriften und Aufzeichnungen schlicht *Honigsuche*: *„Es ist das Land hinter dem Regenbogen in das mich die HONIGSUCHE führen wird.“* (Hervorhebung durch Kai). Als ich diesen Satz in den letzten Seiten seines aktuellen Gedankenbuches fand, wurde mir deutlich, dass ich genau dieses Thema vertiefen musste. Ich kannte bereits ein paar Aufzeichnungen und war immer wieder begeistert, wie Kai die Dinge auf den Punkt brachte. Er hatte viel Wissen über seine Philosophie. Ich sagte ihm, dass er das Zeug hätte, eine Art integralen Knigge zu veröffentlichen. Er winkte ab.

Ich habe mich aufgrund der mir hier vorliegenden Papiere – es handelt sich vor allem um Mails, Bilder, Kladden und Gedankenbücher – dazu entschlossen, zunächst diesen Begriff Honigsuche so gut zu dokumentieren, wie es mir möglich erschien. Deshalb habe ich in diesem ersten Kompendium auf seine theoretischen Analysen und philosophischen Ausarbeitungen weitestgehend verzichtet. Ich denke, auch dass dies im Sinne von Kai selbst geschieht.

Dabei kann ich nicht ausreichend genug beschreiben, wie sehr Mia mir dabei geholfen hat. Es war natürlich eine enorme Belastung und ich darf es ausdrücklich erwähnen, es war ihr wohl auch eine Befreiung, mir sehr genau von ihren letzten Tagen und Stunden mit Kai zu berichten. Mia ist so eine großartige Frau und ich weiß nach Durchsicht von Kais Unterlagen und aus den vielen Gesprächen, die mir mit meinem Freund Kai vergönnt waren, wie sehr er Mia vergöttert und geliebt hat.

Diese offenen Worte musste ich schreiben, das hätte auch Kai so gewollt. Da bin ich mir sicher. Auch wenn dies pathetisch klingt: Bitte verzeiht mir, aber hättet Ihr mit mir gemeinsam die letzten Tage erlebt und erfahren, auch wie ich wann zu welchen Informationen gelangt bin, würdet Ihr sicher ähnlich denken. Ich fühle mich in diesen Dingen inzwischen geführt. Ich fand in seinen Texten eine mir völlig neue Betrachtung einer Spiritualität, die mir, so möchte ich es für mich zusammenfassen, eine Sicht einer „Generation 2012“ vermittelt hat.

Es beginnt schon mit der letzten Mail, die Kai mir geschrieben hat. Es war sein „Wort zum Sonntag“, auch wenn mich dieser Text an einem Donnerstag erreicht hat. Es war, wie so oft, ein schlichtes Zitat und Kai scheute sich nicht, auch wenn es den Einen oder Anderen verwundern mag, religiöse Texte zu zitieren. Nun seine letzte Mail ging wohl nur an mich. Es war ein Zitat von Jesus aus dem Thomasevangelium: „*Wer die Welt gefunden hat und reich geworden ist, der soll auf die Welt verzichten.*“ Wie immer unterschrieb er mit „Love, Kai“ und danach schrieb er in Kursiv und in roter Farbe:
Ist die letztendliche Wahrheit, dass es keine letztendliche Wahrheit gibt?

Euer Wolfgang U. Eipa

Ein langes Wintergespräch

Kai war ein Suchender. Sein Leben lang. Suchende sind Menschen, die mit den allgemeinen Antworten auf das Leben nichts anfangen können. Suchende sind getrieben von einer Intuition, dass es da mehr gibt, als das, was wir in der Werbung sehen. Suchende finden und haben noch nicht gefunden. Suchende sind ungeduldig. Suchende sind Pioniere. Suchende sind Evolutionäre.

Es war an einem Samstag. Kai und Mia hatten bereits gefrühstückt und den Morgenspaziergang gemacht. Die Sonne stand klar und wolkenlos am Himmel. Kai kam in der Mittagszeit aus seinem Arbeitszimmer. Er selbst nannte es Sonnenaufgangszimmer. Kai kam in die Küche. Mia war zuvor aus ihrem Atelier gekommen. Kai erzählte Mia von einer Idee, die ihn beschäftigte. Kai hat einen Begriff gefunden, den er für nachdenkenswert hielt: „Honigsuche“.

Mia war interessiert: „Was meinst du mit Honigsuche?“ Sie war bereits dabei das Mittagessen zuzubereiten. Sie betrachtete ihren Blumenkohl, der auf dem Herd langsam köchelte. „Dies ist ein Begriff für meine Suche nach dem reinen Land“, erwiderte Kai etwas ironisch. „Nein wirklich. Es kam mir einfach so, eigentlich erst auf Englisch: honeysearch. Doch ein deutscher Begriff schien mir dann passender.“ Mia schob den Deckel auf dem Topf zurecht und machte eine dieser genialen Bemerkungen, die einer angesprochenen Thematik sofort eine andere Richtung gab. „Klingt nach Ausbeutung.“ Kai schnappte innerlich nach Luft. Früher gab es an solchen Stellen eigentlich immer Streit. Vollkommen ungewollt von beiden Parteien. Doch Streit war immer das Ergebnis. Jeder fühlte sich durch die Bemerkungen des anderen herabgesetzt oder angegriffen. Jeder musste dann „seine Wahrheit“ verteidigen.

Seit 12 Jahren sind sie nun verheiratet, und diese Narben sind natürlich präsent. Es hat lange gedauert, die eingefleischten Rituale der gegenseitigen Zerstörung in den Griff zu bekommen.

„Nenn es doch Nektarsuche“, sagte Mia. „Du hast Recht“, erwiderte Kai.
Wie leicht ging Kai diese Bemerkung heute von den Lippen. Früher wäre das undenkbar gewesen. Aber noch unwahrscheinlicher war es, dass Mia ihm einmal Recht geben würde. „So etwas hätte man rot im Kalender anstreichen können“, hätte Kai dann gesagt. Doch durch zahlreiche gemeinsame Erfahrungen war es heute viel leichter in die Perspektive und damit in den Kontext des anderen zu schlüpfen und möglichst wertfrei – und auf keinen Fall reflexartig – das Gesagte des Partners – schon gar nicht einfach abfällig – zu kommentieren.
Kai fuhr fort: „Nur denke ich nicht, dass ich Anderen etwas wegnehmen möchte. Mit Ausbeutung hat das also nichts zu tun. Mir gefällt der Begriff Honigsuche einfach. Es ist eben nur ein Begriff. Ich denke dabei an meine Suche. Endlich das Land, in dem Milch und Honig fließen, zu finden.“
Mia erwiderte trocken: „Die ewige Story? Die Jagd nach dem goldenen Irgendetwas?“ Mia wusste schon, wie Kai es gemeint hat. Dennoch konnte sie gar nicht anders, als hier tiefer zu gehen. Täglich quatsche ihr Mann sie voll mit Erkenntnissen und Gelesenem. Nicht, dass diese Gespräche trivial wären oder sie daraus keinen Nutzen zog. Doch sie hatte einfach einen anderen Zugang zu den Dingen. Sie würde niemals so viel lesen oder im Internet recherchieren. Das war einfach nicht ihr Ding. Wenn sie etwas brennend interessierte, klar. Aber lieber ging Mia schweigend im Wald spazieren. Oder sie malte ein Energiebild – so nannte sie ihre Kunst, die viele andere Menschen inspiriert. „Erneut gebe ich dir ein Ja“, antwortete Kai.

Er nutzte gerne ihre Sicht auf die Dinge. Das hat ihm so oft geholfen. Schon als sie sich kennenlernten, prallten ihre Welten aufeinander. Das war vor 17 Jahren. Er ein Intellektueller, ein „Öko" mit wissenschaftlichen Anstrich. Mia war eine promovierte Ökonomin und sehr fleißige Geschäftsfrau. Kai war im Westen geboren und in den verschiedensten Regionen von Niedersachsen, Nordrhein-Westfahlen und Hessen aufgewachsen. Mia kam aus dem Osten. Sie war in der DDR, in einer Kleinstadt geboren und aufgewachsen und schon ewig – seit ihrem Studium – in Berlin zuhause. Mia tat ihm mehr als gut und er profitierte von ihrer Perspektive. Es wurde immer deutlich, dass sie eine gemeinsame Sicht auf das Leben teilten. Doch diese gemeinsame Sicht war eher etwas prozesshaftes. Außenstehende konnten dies nicht wirklich nachvollziehen. Und dies führte dazu, dass sie sich Geborgenheit gaben in dieser Welt. Und sie zollten sich gegenseitigen Respekt für die gemeinsamen, wie die eigenen Erfahrungen.

Mia und Kai haben dazu einen Leitsatz aus einem Gedicht von Erich Fried: *„Es ist was es ist, sagt die Liebe"*
Kai ergänzte: „Ich habe lange darüber nachgedacht, wie mein Leben verlaufen ist und wie ich zu welchen Erkenntnissen gelangt bin. Du weißt, dass mich die spirituelle Anatomie des Seins schon immer interessiert hat. Wir haben gemeinsam und einzeln unglaubliche Erfahrungen gemacht und können dadurch über so viele unbekannte Zusammenhänge im Universum philosophieren. Doch ist das alles?"
Mia und Kai sind beide 49 Jahre alt. Es ist Winter. Wir schreiben das Jahr 2012. Die Endzeit. Die Mutter aller prophezeiten Jahre. Sie leben in einem gemeinsamen Haus. Es ist ein Plusenergiehaus (darauf bestand Kai ausdrücklich). Es steht am Waldrand nahe dem See. Aber dennoch in der Metropole.

Das Haus war so was von unbezahlt, dass ernsthaft dunkle Wolken am Horizont standen und sie tagtäglich existenzielle materielle Fragen beutelten. Dennoch haben es beide, wie durch ein Wunder, bis hierher geschafft. Irgendwann hatte Kai für sich „erarbeitet", dass das Leben so oder so immer weitergeht. Und Mia kannte diesen wunderschönen Bonmot vom Dalai Lama: Hast du ein Problem und du kennst die Lösung, waren die Sorgen umsonst. Kennst du die Lösung nicht, sind sie auch umsonst.
„Philosophieren ist nicht Leben", unterbrach Mia ihren Mann. „Deck mal den Tisch. Die Suppe ist bald fertig." Sie nahm den Topf vom Herd und begann mit wenigen Handgriffen eine Suppe zu improvisieren. Kai nahm die Teller aus dem Schrank und führte seinen Gedanken fort: „Ich meine natürlich unsere Erfahrungen, unsere unglaublichen Reisen, insbesondere die nach Ägypten, die uns in all diese Tempel führte, wo wir auch die „Blume des Lebens" entdeckten. Unser Aufenthalt in der Königskammer in der großen Pyramide. Und nicht zu vergessen unsere Aufstiegs-Seminare in Österreich."

„Aufstieg" war ein heiliges Wort für einen Suchenden. Aufstieg verhieß aufzusteigen. Was es bedeutet? Wer wusste es? Jesus ist aufgestiegen. Dafür musste er sterben. Das wollte niemand. Heute würde Kai eine eigene Definition geben: der Suchende wird mehrdimensional. Mia ergänzte: „Und die vielen einzigartigen Belehrungen von unserem Lama, das Phowa, also alle unseren gemeinsamen Bewusstseinsprägungen."
Es war wirklich eine Fülle von Orten und Begegnungen. Mit weisen wie herzlichen Menschen. Jede Erfahrung für sich war geprägt durch eine nachhaltige Erkenntnis. Die Bestätigung, dass es mehr gab als das, was die materielle Welt an sich zu bieten hat. Von Beginn an teilten sie die unglaublichsten spirituellen Abenteuer, was schließlich auch zu ihrer Hochzeit führte.

Wenn man Kai fragen würde, was er dabei übersinnliches erlebt hat, würde er wohl vier Dinge nennen: der Kronleuchter, der in dem Schloss in Salzburg bei der atlantischen Hochzeitszeremonie von sich aus zu schwingen begann; seine „Begegnung“ mit Jesus während eines unglaublichen Rituals, die in einem türkisfarbenen Mosaik-Licht geflutet war; die tiefe unaussprechliche, nicht-duale Erfahrung der Einheit in ebendiesem Ritual; und vielleicht auch den Blitz, den es über der großen Pyramide gab, nachdem er mit seiner Frau und einer Gruppe ein Ritual in der Königskammer, die sie dafür exklusiv gemietet hatten, durchführen durfte.

Natürlich gab es weitaus mehr Berichtenswertes. Es wäre spannend und erhellend zugleich. Doch sind dies allesamt so persönliche Erfahrungen, die schlichtweg nicht so einfach zu teilen sind. Kai erzählte sie nur wenigen Menschen. Bei Mia war das noch viel restriktiver. „Meine Dinge sind meine Dinge“, pflegte sie zu sagen.

Kai stellte die Teller auf den Tisch. Mia war weiterhin mit der Suppe beschäftigt. Sie schmunzelte. Sie musste unweigerlich an viele dieser genannten gemeinsamen Momente denken. „Also Honigsuche?“ brachte sie nun selbst Kai wieder in die Richtung, die er eingeschlagen hatte.

Kai fuhr also fort: „Honigsuche schien mir für all das ein toller Begriff zu sein. Das Land hinter dem Regenbogen, quasi. Ist es nicht das, was wir uns von dem Jahr 2012 erhofft haben?

Wie gesagt, dachte ich darüber nach, mal etwas aufzuschreiben und meine Gedankenbücher durchzugehen. Es sind ja ein paar geworden in all dieser Zeit. Und da ich nun wirklich keinen Zugang habe zu übernatürlichem Wissen und mir keiner etwas ins Ohr flüstert oder durch mich sprechen will, war ich bisher eher gehemmt irgendetwas von all dem Zeugs, wie du und ich die Welt sehen, für die Allgemeinheit festzuhalten. Woher weiß ich, dass es richtig ist?“

„Du meinst Channeling?“ „Ja, wie bei Marie, die immer mit der Geisteswelt kommunizierte und mich fast wahnsinnig machte, da wir ja nicht prüfen konnten, wo das nun wieder her kam und wie sich diese Welt außerhalb unserer Welt gestaltet. Natürlich, das sage ich immer, war viel Herz dabei und ich fühlte mich sicher mit dieser Art Information. Doch heute, ein paar Jahre später, frage ich eben danach, was ist geblieben? Wir haben 2012, wir sind nicht aufgestiegen oder erleuchtet, wir haben materielle Probleme, wir haben weiterhin Gefühle, Ideen, Hoffnungen. Ich...“

„Glaube, Liebe, Hoffnung“ unterbrach Mia den Redefluss von Kai und stellte den Topf auf ein Brett, das Kai auf den Tisch gelegt hatte. Glaube, Liebe, Hoffnung war ihr Leitspruch bei ihrer Eheschließung. Und es war wieder so eine Gelegenheit, die Dinge einfach auszudrücken. Und damit, so meinte jedenfalls Kai, vom Thema abzulenken.

„Soll ich Brot schneiden?“, fragte Kai und setzte sich, als klar war, dass es kein Brot geben sollte. „Sieht lecker aus.“ Mia füllte die beiden Teller und Kai redete weiter: „Mir ist halt deutlich geworden, dass wir weiterhin Suchende sind und wir, also ich – was ich mir hier eingestehen muss, dass ich noch immer nicht das gefunden habe, was ich dachte zu finden. Auf der anderen Seite habe ich inzwischen eine Art Wissen angehäuft, das mir überhaupt erst ermöglicht, die Welt, wie sie mir heute erscheint zu verstehen und zu lieben.“ Mia dröhnte der Kopf: „Das erinnert mich daran, dass ich wieder unglaublich schlecht geschlafen habe. Ich hatte so etwas wie Wachträume ohne Zusammenhang und ich konnte nicht einmal meditieren, geschweige denn ruhen.“ Kai schwieg. „Ich habe deswegen beschlossen, dass ich mich von Allem nicht mehr aufregen lasse. Ich lasse das jetzt einfach nicht mehr an mich ran.“

Mia meinte natürlich auch den materiellen Druck, der derzeit auf der ganzen Situation lastete. Aber sie hat natürlich auch verstanden, was ihren Mann so sehr bewegte.

Mia fuhr fort: „Die Zeit der Dramen ist vorbei. Das habe ich schon seit einiger Zeit gewusst und auch danach gehandelt. Doch der Mut, dies immer und jederzeit umzusetzen, ist halt schwer. Doch ich weiß ja, dass im Chaos auch eine gewisse Ordnung ist."

„Genau davon rede ich ja", sagte Kai. „Wir haben unsere Erfahrungen und Einsichten in das Leben. Und dies ist in jahrelanger Suche herangereift. Also haben wir auch etwas gefunden. Und für mich entspricht dies meiner jetzigen Wahrheit. Es ist keine Ideologie oder esoterisches Krimskrams, wie dass die Erde auf dem Rücken einer Schildkröte verweilt. Es sind Erkenntnisse die du und ich haben und die uns geholfen haben und helfen. Und deshalb: all diese Erfahrungen und mein Wissen würde ich auch jederzeit mit Menschen teilen. Und so kam ich auf diesen Begriff Honigsuche. Er ist nur eine Vokabel, ein Kontext, ein Begriff, der meinen Weg durch dies Chaos zeigt, beziehungsweise benennt. Denn eins ist gewiss, insbesondere wenn man im Außen auf die sogenannten Verantwortlichen schaut. Die haben keine Ahnung von dem, was derzeit geschieht. Gerade im Finanzbereich und ..." „Wir ja wohl auch nicht", unterbrach Mia mit einem Schmunzeln. „Ja, aber das ist wohl eher anders zu sehen." Kai wurde sehr ernst: „Mia, ist es nicht so, dass wir all diese Herausforderungen erleben, damit wir die Gefühle erfahren können, die wir im Umgang mit dieser Situation erleben?"

Mia schaute Kai an und sagte spontan: „Du meinst, wir leben in einem ewigen Workshop?"

Kai hielt inne. Kai erinnert sich. Kai wusste, dass er das schon einmal gehört hatte. Es war ein Satz, den er vor ein paar Jahren prägte. Er erinnerte sich an den Zusammenhang. Im früheren Ägypten lebten die Adepten in den Tempeln am Nil. Sie lebten

in einem Tempel mehrere Jahre. Dann zogen sie weiter zum nächsten Tempel. Den Nil hinauf. Die Tempel standen für Energie-Chakren. In jedem Tempel wurde von dem Adepten ein grundlegendes Lebensgefühl gelernt. Praktisch ein Mehrjahres-Workshop. Er wusste, dass sie heute wahrscheinlich mehr grundlegende Lebensgefühle an einem Tag erleben, als die Adepten in vielen Jahren.
Kai sagte: „Wir haben doch gelernt, nicht nach dem Warum zu fragen, sondern ein Wozu vor die Frage zu stellen."

Die Frage „Wozu" erwartet als Antwort ein Argument. Eine Begründung. Eine Kernaussage. Einen Hinweis, auf das, was ist. Klarheit. Hinter den Emotionen suchend. Emotionen enttarnend. Zeitlos und nüchtern. Es zeigt die Zeitqualität, würde Kai sagen. Mia wusste das. „Du meinst, dass deine Honigsuche dir und mir hilft, mit dieser Zeitqualität besser umzugehen?"
„Ja, du merkst es doch selbst. Dieses finale Denken führt mich automatisch dazu, zu erkennen, dass da noch einige unschöne Dinge verweilen, die in mir oder in dir geklärt werden wollen. Auch das ist Honigsuche für mich. Es ist die Beschreibung eines Prozesses, besser eines Weges, der uns durch diese Zeit bringt."
„Der Weg ist das Ziel?" „Ja und Honigsuche soll mich daran erinnern. Sonst bleibe ich mitten auf der Strecke liegen und verzweifle. Die Tatsache ist doch, dass ich das gelobte Land noch nicht erreicht habe. Und der Fakt, dass wir jetzt schon in 2012 weilen, lässt mich angesichts der Gesamtsituation zweifeln, ob ich je am Horizont habe etwas aufblitzen sehen."

Mia nahm die Hand ihres Mannes. Mia antwortete: „Das erinnert mich irgendwie an einen Marathonlauf. Das geht doch auch nur in Etappen. Es kommen sicher bessere Zeiten. Ich weiß das. Wir können nicht falsch liegen mit Allem." „Nein, sicher nicht“, antwortete Kai. „Wir lernen im Vorwärtsgehen. Es ist ein Prozess, aber dieser Widerspruch, dass die Zeit so dermaßen schnell rennt und dennoch wirklich alle Themen sich so zäh anfühlen, lässt mich fast verzweifeln. Ich will das nicht einfach erdulden. Deswegen bin ich hier quasi als spiritueller Unternehmer aktiv.“ „Jetzt bin ich gespannt.“ „Als Unternehmerin weißt du ja, dass es darauf ankommt, das jeweilige Vorhaben immer wieder so zu definieren, dass das Projekt in einem realistischen und erfolgreichen Kontext mit guten Wachstums-Chancen erscheinen kann.“ „Spirituelle Schönfärberei?“ „Nein. Es ist die realistische Darstellung eines Prozesses – meines Weges – in meiner Bewusstseinsentwicklung, oder besser: auf dem Stand meiner Bewusstseinsentwicklung, Vor zwei Jahren hätten wir dieses Gespräch so nicht führen können. Honigsuche trägt dieser Tatsache Rechnung und zeigt, dass ich ein Suchender bin – nach spiritueller Nahrung, dass es ein individueller Weg ist und dass es auch ein Ziel gibt.“ „Ich verstehe. Es ist praktisch auch eine Bestandsaufnahme?“ „Genau. Ohne Bestandsaufnahme keine Weiterentwicklung und keine wirkliche Lösung. Wie im richtigen Leben. Aber vor allem mit Aussicht auf Lösungen!“

Sie hatten die Suppe komplett aufgegessen, sehr zum vermeintlichen Nachteil ihrer Hündin „Cara“. Sie hätte gerne etwas abbekommen. Cara kam kurz nach ihrer Hochzeit zu ihnen. Cara war für Mia und Kai ein fast gleichwertiges Geschöpf. Cara war voller Liebe und Persönlichkeit. Natürlich war sie mehr Mia zugetan, aber wenn Kai einmal außer Haus war, wartete sie genauso lange und ausdauernd an der Tür auf die Rückkehr von Kai, wie bei Mia, wenn sie Besorgungen machte.

Sie räumten gemeinsam den Tisch ab. Kai spülte die Teller und stellte sie in die Spülmaschine. „Lass uns doch einfach heute einen ausgedehnten Spaziergang machen. Der See ist zugefroren

und ich würde gerne die eine oder andere Flussinsel umwandern. Dies könnten wir mit einer Bestandsaufnahme verbinden. Wie geht das Leben weiter heute, 2013 und im Universum."
Mia war sofort einverstanden. Sie holte die Leine und den roten Mantel für die Hündin. „Warum auch etwas Geringeres versuchen, als die Welt zu erklären", sagte sie beim Schuhe anziehen. Sie verließen das Haus.

Fragen zum Sein oder Nicht-Sein

Sie hatten bereits den Wald betreten. Sie wohnten nah am Waldrand. Mia reflektierte das Tisch-Gespräch: „Wenn ich so über deine Honigsuche nachdenke, fällt mir auf, dass Männer immer alles beschreiben und wissen müssen, während Frauen eher beobachten."
Mia war eingemummelt mit Schal, Handschuhen, einer schwarzen Bogner-Jacke. Sie trug ihre ultraleichten wie trittfesten Wanderstiefel. Natürlich passte alles wie immer genial zusammen. Auch bei dieser Kälte hat sie ein Outfit, das ihre ansehnliche Figur betonte. „Madonna könnte sich da auch warm anziehen", dachte Kai und freute sich diebisch über sein Wortspiel. Er ging damit manch einem Mitmenschen auf die Nerven. Besonders Mia. Aber es gab auch schon gute Brüller. Letztendlich war diese scharfe Ironie auch ein Grund, warum Mia ihn so mochte. Irgendwie wirkten seine Vergleiche direkt auf die Durchdringung der sogenannten Wirklichkeit. Kai enttarnte dadurch so manche Situation auf eine witzige Art als vergänglich.
Kai ging auf das Argument ein: „Ich muss alles beschreiben, um es in einen Kontext zu setzen. Du weißt genau, dass ich auch sehr gut beobachten kann."

Kai betrachtete die hohen Bäume. Er wollte schon lange einmal nachschauen, ob diese Bäume hier nur so hoch wirkten oder ob sie wirklich größer gewachsen sind, als vergleichbare Bäume in anderen Gegenden.
Mia konterte: „Ja, beobachten ist das eine, aber der Zwang, alles zu kommentieren ist das andere." Das konnte Kai nicht auf sich ruhen lassen. „Hast du wirklich nicht eine innere Stimme die gnadenlos alles in Schubladen rückt, was dir ins Blickfeld kommt? Ehrlich gesagt möchte ich dir nicht als einfache Frau in der Modeboutique begegnen, dein Urteil könnte vernichtend persönlich ausfallen."

Mia ärgerte sich sofort über diesen Angriff. Kai tat es sofort leid, denn er wollte gar keinen Angriff starten. Er versuchte vermittelnd sein Thema voranzubringen. „Lass uns doch einfach von dieser Honigsuche reden. So wie ich dies definiere kommen zwar Bewertungen gegenüber Menschen und Ereignissen im Leben vor, aber es geht doch darum zwischen dem Ereignis und der eigenen Nase einen Abstand zu wahren. Ich würde hier gerne mein Lieblingswort nennen – „absichtslos" –, Kai markierte mit seinen lederbehandschuhten Fingern Anführungsstriche. „Und ich denke, dass wir mit jedem Schritt, den wir bewusst bewerten, uns immer mehr diesen Abstand verdeutlichen und ihn zum Schluss kultiviert haben." „Schlechte Gewohnheiten gegen gute Gewohnheiten austauschen", komplementierte Mia verständnisvoll.
Dies war ein Satz von „ihrem" Lama. Sie traf ihn vor vielen Jahren. Über Kai. Kai war bereits sein Schüler. Lama Ole brachte den Diamantweg-Buddhismus in den Westen. Mia nahm damals mit Kai an einem Phowa teil. Es war ein unglaubliches wie urschönes, Jahrhunderte altes buddhistisches Ritual. Es hilft einem Menschen „das Sterben zu lernen". Mia musste damals ziemlich genau über-

legen, ob sie das überhaupt wollte. Doch Neugierde und Abenteuerlust und die Liebe zu Kai brachten sie dann doch zu dem Ort, wo hunderte Menschen sich gemeinsam in einem Meditationszelt versammelten. Die Meditationen waren wunderschön. Begleitet von einem Gesang der die Engel rührte. Zwischendrin gab es eine geleitete Meditation. Den eigenen Geist zu sammeln und in das „reine Land“ zu schicken. Dies ist ein Heiligtum der Karma Kagyü Linie, die Lama Ole vertritt. Mia las im Internet, dass die Karma Kagyü Linie zu einer der vier großen buddhistischen Schulen Tibets gehört. Als Linie der direkten mündlichen Überlieferung legt sie besonderen Wert auf Meditation und die unmittelbare Verwirklichung der Natur des Geistes durch die Anleitung des Lehrers. Das klang für Mia vertrauenserweckend. Und auch das Phowa setzte in ihr, wie auch bei Kai, starke Energien frei. Letztendlich wurde dieses Ritual, „und dies ist jetzt nicht gelogen“ würde Kai sagen, erst beendet, wenn man bei jedem Teilnehmer ein Loch im Kopf gefunden hat. Also der physische Beweis, dass der Geist die Materie durchdrungen hat. Für Kai zählten jedoch nur diese unvergesslichen, zeitlosen Ausgenblicke, in denen er im reinen Land weilen und gleichzeitig in die Ferne hören konnte.

Kai riss Mia aus ihren Gedanken: „Also, ich habe mit Wolfgang telefoniert und wir haben zusammen ein paar Fragen aufgeworfen. Es geht um die Erfassung der Zeitqualität. Ich halte diese Fragen für die Honigsuche ziemlich brauchbar. Eigentlich sind es fast schon Antworten.“

Zeitqualität war auch so ein Lieblingswort von Kai. Kontext, Zeitqualität, absichtslos, evolutionär, Flow, spirituelle Anatomie – sein Vokabular war unermesslich an solchen Wortschöpfungen. Wolfgang war Kais Freund. Seit seinem achtzehnten Geburtstag.

Wolfgang ist Künstler. Mia dagegen will keine Künstlerin sein. Obwohl sie diese berührenden Energiebilder malt. Man mag sie entweder total oder man nimmt sie einfach nicht wahr. Kai mochte ihre Bilder.

Kai und Wolfgang leben in verschiedenen Welten. Wolfgang lebt in Frankfurt/Main. Kai lebt in Berlin. Wolfgang ist Single. Kai ist verheiratet. Beide haben eine gemeinsame Sozialisierung. Beide verstehen sich. Wie man so schön bildlich ausdrückt: blind. Doch „diese Blindheit muss sich immer wieder gemeinsam erarbeitet werden“. Wieder so ein Kai-Wortspiel. Und genau das ist für Kai auch Honigsuche. Kai konnte sich mit Wolfgang in seiner Weltfindung, die er jetzt Honigsuche nennt, orientieren. Kai würde sagen: kontextualisieren. Schon lange ist für Kai deutlich geworden, dass es gar nicht weiterhilft, einen Standpunkt zu haben. „Da kann man nur umfallen“. Flexibel, Flow oder besser evolutionär durchs Leben finden. Das sollte der Weg sein. Da war er sich mit Wolfgang einig. Wolfgang ist auch ein Suchender.

„Wolfgangs und meine Einstiegsfrage war der Ausdruck unserer Sehnsucht: Was integriert Lebendigkeit in dein Leben?“ Kai machte eine Pause und schaute auf Mia, um eine Reaktion zu erhalten. Es kam keine. „Lebendigkeit dient uns als der evolutionäre Faktor – also als gestaltendes Lebensqualitätsmoment! Aber, wie fühle ich mich dabei? Was verschafft mir mehr Klarheit?“

Mia verstummte weiterhin. Hier konnte sie nur etwas Falsches sagen. Sie genoss dagegen die klare Luft. Sie lauschte vor allem den Spechten. Diese haben – viel zu früh – mit ihren unüberhörbaren Revierbegrenzungen durch lautes, monotones baumpicken, begonnen.

„Darauf aufbauend die nächste Frage: Wie kannst du deiner inneren Stimme Wahrhaftigkeit verleihen? Und dann dieser Hammer von Wolfgang: Wie schaffe ich eine Veräußerung von Inhalt?“

Jetzt schwiegen beide. Kai hörte das Knirschen des Schnees unter sein Schuhen. Er genoss die Sonne, die klar diesen wunderschönen Tag erhellte. Er freute sich. Kai machte sogleich ein inneres Dankbarkeitsritual. Er wusste, dass die Weitsicht heute unvergleichbar sein wird. „Was für ein Zeichen", dachte er. Und quasi zur Bestätigung flogen zwei Bussarde hoch über ihnen ihre Kreise in der beginnenden Thermik.

„Sprich ruhig weiter, ich lasse es nur auf mich wirken", ermunterte Mia ihren Mann. „Okay, wie schaffe ich eine Veräußerung von Inhalt? Also wie kann ich das, was ich in mir spüre, möglichst authentisch nach außen bringen?" Kai machte eine Pause. Er freute sich über diesen vermeintlichen Widerspruch, den er jetzt konstruierte: „Um das wahrhaftig hinzubekommen, muss man sich dieser Frage stellen: Wie funktioniert das Verlernen von alten Mustern insbesondere implantierter gesellschaftlicher Mu ster, wie persönliche Ansprüche an einen selbst?"

„Kenne ich, langweilt mich, ist wohl trotzdem angesagt", antwortete Mia.

Natürlich akzeptierte sie diese Frage. Inhaltlich gehörte sie zu Kai, wie Kai zu ihrem Leben. Davon sprach Kai. Seitdem sie ihn kannte. Damals nachts um zwei Uhr. Vor dem verhüllten Reichstag. Ein unfassbares Spektakel, in das sie beide so reingeschliddert sind. Und an jedem weiteren Tag von da an gemeinsam genossen. Christo und Jeanne-Claude, sie hatten nie zuvor von diesen Künstlern gehört, hatten dieses riesige Gebäude, den Reichstag, einfach mit Stoff eingehüllt. Die Menschen kamen aus der ganzen Welt. Es wurde an allen Ecken geschaut und gefeiert. Selbst um zwei Uhr nachts. Es gab improvisierte Picknicks. Mit eigenen Tischen und weißen Tischdecken. Kai war außer sich vor Begeisterung.

Damals erzählte Kai auch von seiner persönlichen Begegnung

mit dem Zukunftsforscher Ervin Laszlo. Dieser vermittelte ihm eine wichtige These: „*Wie verlernen wir erfolgreiche Instrumente?*“ Was und ob das damals etwas für sie bedeutete, weiß sie nicht mehr. Heute schon.
Kai trommelte weiter seine Fragen, als würde er Geld dafür bekommen: „Wie können wir die Egoschleimspur transzendieren und dabei trotz alledem zu den eigenen Schwächen stehen?“ Damit riss Kai Mia unvermittelt aus ihren Gedanken. „Was?“ „Wie können wir die Egoschleimspur transzendieren und dabei trotz alledem zu den eigenen Schwächen stehen?“ betonte Kai jetzt sehr langsam wiederholend. „Was?“ „Auch egal. Jedenfalls stand nach Beantwortung dieser Fragen für uns fest, dass es im Außen dazu keine Antworten mehr gibt! Es gibt keinen Zug, auf den du aufspringen kannst. Es fehlt uns einfach die Wahrheit im Außen!“

Mia schwieg. Mia dachte nach. Das war beängstigend. Nichts zum Festhalten. Keine Orientierung. Keine heile Welt?! Sie verwarf diese Gedanken. Dann sagte sie: „Also meine Wahrheit im Außen ist es, dass es hier phantastisch schön ist, mein Hund mit mir einen wunderschöne Zeit genießt und ich geblendet bin, nicht nur von Sonne und Schnee, sondern von allem, was ich hier gerade sehe.“ Auch Mia hatte gerade ein kleines Dankbarkeitsritual vollzogen. Das tat sie inzwischen mehrmals am Tag. Sie hatte verstanden, dass es nur den Augenblick gibt. Und keine Vergangenheit oder Sorgen auf die Zukunft. „Nur das integriere mal“, würde Kai das kommentieren. Und diese Rituale helfen, sich selbst von Augenblick zu Augenblick der eigenen Dankbarkeit an Allem das was ist, zu vergegenwärtigen. Und genau das schien doch auch die Antwort zu sein auf Kais Fragen, dachte Mia.
„Weißt du Kai, du erinnerst dich doch an das Pendeluhrbeispiel. Wenn du kräftig schwingst, schwingt dein Umfeld mit. Im

Ergebnis kommt dann Hilfe „auf eigenen Impuls". Dankbarkeitsrituale helfen."
Mia freute sich über diesen Impuls. Diese Eingabe. Natur ist mächtig. Deswegen sind sie auch hierher gezogen. Stundenlange Spaziergänge und das in einer Millionen-Metropole. „Jeder Tag hier ist ein eigenes Kunstwerk", pflegte sie zu sagen.
Cara tollte herum. Ihr ging es hervorragend. Inzwischen hatten sie das Ufer erreicht. Sie gingen auf dem Uferweg, um eine gute Einstiegsstelle zu finden.
Sie wollten nicht durch das Schilf gehen und dabei vielleicht Tiere erschrecken.
„Lass mich das trotzdem noch zu Ende führen", sagte Kai. „Uns ist eigentlich klar, und so viel zur Zeitqualität, du kannst keine Verantwortung mehr im Außen abgeben an einen Pfad, wie eine Lehre oder ein anderes Wirklichkeits-Konstrukt. Du kannst nur noch Stimmigkeit zulassen, erforschen, suchen, kreieren." Kai machte eine Pause. Er ging zum Eisrand und betrachtete das Eis. Es war locker 30 Zentimeter tief gefroren, so seine fachmännische Meinung. „Hier geht's jetzt rauf."
Cara peste los. Mia öffnete die Arme. Es sah so aus, als empfing sie die Eislandschaft, die nun vor ihnen lag. Kai spann seinen Faden weiter: „Je authentischer du diese Zeitqualität lebst, desto mehr tust du anscheinend für dich und damit für die ganze Welt. Weißt du noch unser Tolle-Hörbuch? Ich glaube, Eckhart Tolle nennt genau diese Menschen „Frequenzhalter einer neuen Erde". Und anscheinend sind wir spätestens jetzt und heute dazu aufgerufen, ebenso zu handeln. Das ist also die einfache Antwort, auf diese anspruchsvollen Fragen. Lebe authentisch!"
Mia verstand, was Kai meinte: „Nicht umsonst nennt man Jesus auch den Wahrhaftigen!"
Cara hat wedelnd einen Stock auf dem Eis ergattert. Cara forderte Mia auf, sich am Stockspiel zu beteiligen.

Kai schrieb am Abend in sein Gedankenbuch die folgenden Sätze:
Der Weg des Leidens ist relativiert. Das Außen ist wichtig zur Erhöhung der inneren Schwingung. Sollte Dunkles aus dem Innern kommen, schaue dich um, und sieh, wie schön alles ist. Sei dankbar. Tagtäglich und tief aus dir heraus. Liebe alles was ist – ohne Wenn und Aber. Sage Ja zum Leben und freue dich über die Existenz. Mehr kannst du nicht tun und wisse, dass dies schon eine mächtige Herausforderung ist.

Das Außen bleibt auch als Indikator für deine innere Schwingung bestehen. Bestenfalls führt uns das in Kohärenz mit dem Leben selbst. In einem kohärenten System geht praktisch keine Energie verloren, weil alle Bestandteile harmonisch zusammenarbeiten. Pendeluhren in einem Raum schwingen nach einer gewissen Zeit immer im Gleichklang. Dieses Phänomen ist in der Natur überall zu finden. Für Eckhart Tolle sind Blumen die erleuchtete Form der Pflanzenwelt. Ihre Schönheit erinnert uns an unsere Formlosigkeit, an unsere eigene Erleuchtung. Buddhas stille Meditation – er hielt einfach eine Blume hoch – bestätigt diese Sicht.

Frage nicht, wie du dein Universum so aufladen kannst, dass deine Umgebung in Resonanz geht. Schwinge dich ein in dein Universum im Kontext der Evolution.

Gibt es ein Außen?

Das Eis war wunderbar. Es gab eine dünne Schneeschicht. Dies verhinderte ein Ausrutschen. Gleichzeitig wurde die Szenerie in Lautlosigkeit getaucht. Dies flößte Kai schlagartig Ehrfurcht ein: „Wir betreten einen Naturdom.“
Kai ging in dieser Lautlosigkeit auf. Er wurde eins mit Allem. Er merkte, wie laut sein Leben ist; trotz aller Bemühungen, in die Stille zu gelangen.
Mia hielt ebenfalls inne. Sie erblickte zwei Menschen weit hinten auf dem Eis. Sie schienen Schlittschuh zu laufen. Die Sonne knallte förmlich ihr Licht in die betrachtete Landschaft. Weite wurde fühlbar. Beide meditierten im Gehen.
„Das Prinzip ist einfach zusammengefasst“, setze Kai seine Ausführungen nach einer Pause leise und behutsam fort. „Das Außen ist nicht wirklich existent. Es geht im Ergebnis also nur noch um dich, deine Person, deine Gefühle und deine Wahrnehmung über die Welt. Es ist sozusagen ein Denkinstrument, ein Denkmodell zu dem ich hier einlade.“ „Ein sehr bekanntes Denkmodell. Die einen oder anderen Buddhisten würden da wohl zustimmen.“ „Sicher, doch ich finde es schon spannend, wie Wolfgang und ich das hergeleitet haben. Und es ist doch sinnvoll, immer wieder die Sicht auf die Dinge zu hinterfragen. Wolfgang ist da sowieso unschlagbar. Ich habe erst kürzlich von ihm eine Mail wiederentdeckt, wo er die Entstehung von Gedanken thematisiert… “

„Wie die Dinge sind“, zitiert Mia einen Buchtitel von Lama Ole und unterbrach Kai in seinem Redefluss, der ihre Ruhe beeinträchtigte. Wie oft hatte sie dieses Buch gelesen und auch verschenkt. Manche Wahrheiten sind wahrlich zeitlos.

Nach einer Weile brach Mia das Schweigen: „Gehe ich den Waldweg entlang, oder wandele hier auf dem Eis, so empfinde ich mich eins mit den Bäumen und dem Himmel oder“, und Mia machte im Vorwärtsgehen eine Halbkreisbewegung in Richtung Kai und öffnete ihre Handflächen, „ich denke daran, wie ich meinen Nachbarn neidisch machen kann. So sind beides praktisch die Wege des Lebens, entweder das Leben zu verschwenden oder es bejahen und zu lieben.“
Sie waren bereits mitten auf dem Eis. Ein paar hundert Meter vom Ufer entfernt. Es waren so gut wie keine anderen Menschen zu sehen. Über ihren Köpfen vernahmen sie ein bekanntes Geräusch. Ein Kranichvogelzug näherte sich. Beide schauten in Richtung Ufer. Über dem Waldhorizont zeichnete sich eine Vogellinie ab. Cara verweilte schauend bei Mia. Es wurden immer mehr Vögel. Kai fing automatisch an zu zählen. Da machte er bereits eine zweite Vogellinie aus. „Unglaublich“, murmelte er. „Das werden viele Vögel sein.“ „Wollen sie landen?“ „Nein, aber sie ziehen wirklich schon zu den Brutplätzen. Doch wo wollen die Nahrung finden?“ Inzwischen waren drei weitere Vogellinien sichtbar. Und parallel flogen dann auch noch zwei Linien. Jetzt waren es insgesamt sieben. Kai verlor den Überblick beim Zählen. Er hatte noch nie so viele Zugvögel auf einmal erlebt. „Das waren sicher 1.000 Stück“, sagte er mit anerkennender Stimmlage. „Möge ihre Reise sicher sein.“
Sie lauschten noch eine Weile. Sie lauschten den vielfältigen Schreien der Kraniche hinterher. Die Sonne schien wärmend. Cara begann mit einem Eisstück zu spielen. Es war klar, dass sie weiter gehen mussten, denn für einen Hund ist es zu kalt, wenn man zu lange rumsteht.
„Eine schöne Synchronizität“, fasste Kai das Ereignis zusammen, während er sich in Bewegung setzte und Mia an die Hand nahm.

„Die Vögel fliegen zum Horizont und weiter. Mir geht es genau um dieses unentdeckte Land, das alle Menschen und die Menschheit seit ewigen Zeiten suchen. Ebendiese Suche wird in allen Kulturen gepriesen und kulturell mit herzbewegenden, bewusstseinserweiternden, individuellen wie gemeinschaftlichen Ritualen unterstützt."
Kai fühlte die Freude. Dann fühlte Kai das Leid.
Er fuhr fort: „Durch das finstere Mittelalter und den unfassbaren wie wahnsinnigen Ereignissen im letzten Jahrhundert sind die Menschen jedoch gerade im deutschsprachigen Raum dieser Traditionen beraubt worden. Individuell wie gesellschaftlich gibt es so gut wie keine zyklische Zeiterfahrung mehr, keine wirklichen Rituale des In-die-Welt-Gehens, keine Übergangs-Traditionen zwischen den einzelnen Bewusstseinsentwicklungen – nur kommerzialisierte und religiös okkupierte Scheinfeiern von Ostern und Weihnachten – Echo-Reste der Mond- und Sonnenwenden, der Naturzyklen."

Kai merkte, wie er sich ereiferte. So war er nun einmal. Er begeisterte sich für die Dinge, die ihn beschäftigten. Und es berührte ihn, wenn er Unrecht oder Seelenschmerz spürte. Kai liebte inzwischen die Jahreszyklen. Er beobachtete den Lauf der Sonne. Er freute sich, wenn die Tage wieder heller wurden. Er kannte ein heiliges Ritual. Das zelebrierte er immer zu den Sonnenwenden: das Agnihotra-Feuer. Dafür hatte er eine Stumpfpyramide aus Kupfer. „Um die kosmischen Kräfte zu akkumulieren". Für das Ritual brauchte man getrockneten Kuhdung, ausgelassene Butter (Ghee) und möglichst unpolierten oder braunen Vollkornreis.*)

**) Materialien für das Agnihotra erhaltet Ihr bei:*
Homa-Hof Heiligenberg, Oberhaslach 6, 88633 Heiligenberg
Telefon: 07552-938754, Telefax: 07552-938756
E-Mail: shop@homa-hof-heiligenberg.de

Das Ghee wird auf den Kuhdung gestrichen. Es wird in die Pyramide gelegt.
Die Pyramide wird eingenordet aufgestellt. Zum genauen Zeitpunkt des am Ort stattfindenden Sonnenaufgang oder Sonnenuntergang wird es entzündet. Mit einem Mantra wird rituell der Reis in das Feuer geschmissen. Zuvor kann man die Engel, die Elementarwesen und weitere Bewohner der formlosen Welt in einer Anrufung herbei bitten. Kai machte das Ritual immer zum Sonnenuntergang. Zur Sonnenwende. Am 21. Juni und am 21. Dezember. Das Mantra, das dann gesungen wird, lautet: AGNAYE SWAHA, AGNAYE IDAM NA MAMA, PRAJAPATAJE SWAHA, PRAJAPATAJE IDAM NA MAMA. (Als Übersetzung: O Gott, alles ist dein, nicht mein.) Der ganze Ablauf klingt so verrückt. Es machte Kai immer eine riesige Freude. Denn während des Rituals und auch danach war am Ort spürbar eine andere Energie. Die Asche verteilte Kai bei den Pflanzen, mit denen er und Mia lebten.

Kai sprach weiter über die Zeitzyklen: „Du weißt, das Leben und das Universum ist voll von Zyklen der Zeit und individuell erfahrbaren Neu-Anfängen und den entsprechenden persönlich erfahrbaren Zeit-Enden – wobei alles eigentlich nur ein ständiges Kommen und Gehen, Werden und Sein ist. Ich brauchte bis heute, gefangen in meinen eigenen Traumata und blockiert von schmerzhaften Seelenrissen, um das tief in mir zu erkennen, was wir alle schon immer wissen. Dass wir im Grunde unseres Seins vertrauen können auf die unendliche Weisheit des Lebens."
Mia verstand genau, was Kai meinte. Sie hatte da sowieso einen eigenen Zugang. Dieser ließ sie schon immer genau so Denken und Handeln. Ihre Bilder waren Zeugnis dieses Vertrauens.
Cara schlich ihr durch die Beine. Ihr Spieltrieb hatte zugenommen. „Hier ist eine sehr schöne Energie", stellt Mia fest. „Schau

wie Cara spielt." Sie hielten inne und spürten in die Umgebung hinein. Etwas Warmes kroch in ihre Nervenbahnen. Die Anwesenheit freundlicher Wesen machte sich bemerkbar. Es gab dafür keinen anderen Ausdruck. Kai war sehr aufmerksam nach innen gerichtet. Es dauerte lange, bis er sich wieder in Bewegung setzte.

Kai richtete das Wort an Mia: „Die Menschheit ist heute in der glücklichen Lage durch die Erfindungen der letzten Jahrzehnte, das vorhandene Wissen über alles fast stündlich zu verdoppeln. Durch diese Vielfalt kann man schon mal die Übersicht verlieren. Doch mir war mit meinen ersten nachvollziehbaren Ideen und Erkenntnissen deutlich, dass es eine Art Struktur geben muss, die hinter allem existiert. Leider war die Suche danach „nur" eine starke Intuition und wie in jeder Heldensage, weiß der Held am Anfang nicht, welche Gefahr während der Reise lauert und vor allem: wohin der Weg führt."

Kai fühlte sich nicht als Held. Kai fühlte sich als Pionier. Suchende sind Pioniere. Er sagte: „Ich fühle mich nicht als Held, sondern ich sehe in allen Menschen, die ihren Weg gehen, egal was am Ende der Reise auf sie wartet, das Heldentum, das wir zurecht preisen."

Sie hatten die Inselmitte erreicht. Sie waren ca. 100 Meter vom Inselufer entfernt. Es war wie auf einem anderen Planeten. Nichts war bekannt. Und doch war alles so vertraut.

Vor vielen Jahren las Kai ein Buch. Gleich mehrmals. Es war von Ken Wilber. Der deutsche Titel lautete „Halbzeit der Evolution". Ohne zu wissen, wer Ken Wilber war und was er sich für eine Aufgabe gestellt hat, begann Kai damit einer Spur zu folgen. Heute ist dies als „Ewige Philosophie" oder auch „Integrale Philosophie" bekannt. Das Schöne. Das Wahre. Das Gute. Die „Philosophia Perennis". Heute wusste Kai ein bisschen über die Geschichte dieser Philosophie. Er ist auf seiner Lesereise auf zahlreiche Autoren gestoßen. Inzwischen zählt er diese zu den interessantesten Individuen auf diesem Planeten. Darunter war auf jeden Fall Aldous Huxley. Für Kai ein Mensch, der in vielen Dingen ein Pionier war. Und auch andere Pioniere erkannte. Vor allem erkannte Huxley nach Meinung von Kai, wie die Menschheit sich individuell und gemeinschaftlich in einem unsichtbaren Gefängnis der Nicht-Erkenntnis freiwillig aufzuhalten schien. Bereits 1945 schrieb er sein Buch „Philosophia Perennis". Darin brachte er sein Wissen darüber zum Ausdruck, dass es eine gemeinsame, sich evolutionär entwickelnde Weisheit hinter allen Kulturen und Religionen gibt.

Und natürlich hielt Kai auch den integralen Philosoph Ken Wilber für einen der bedeutendsten Menschen auf diesem Planeten.
„Du weißt, es war immer mein Weg die „Weisheit des Lebens" anzunehmen, zu entdecken und auszusprechen. Ich weiß nicht, ob es hier je eine Ende, oder ein Ziel geben kann. Doch genau diese permanente, ganzheitliche Lebensanalyse nenne ich Honigsuche. Dabei ist auf jeden Fall zu betonen, dass dies kein stringenter Bergaufstieg ohne Pausen und Rückschläge ist. Im Gegenteil tun sich Klippen und Felsvorsprünge auf, die gemeistert werden müssen. Insbesondere meine sehr tiefen Seelen-Spalten galt es zu erkunden. Auch wenn ich hier darüber so einfach rede, bedeutet dies nicht, dass ich darin besonders gut bin oder war. Und darum geht es auch gar nicht. Ich habe schon früh begriffen: Es geht darum, da lang zu gehen, wo die Angst ist. Und nicht zurück zu schauen."
Seine wohl wichtigsten persönlichen Erfahrungen machte Kai bei seinen unzähligen Atemsitzungen. Und in den vielen Wochenenden. Diese verbrachte er in sogenannten psychologisch geleiteten Selbsthilfegruppen. Mitte der 80er Jahre. "Homo sum, humani

nil a me alienum puto – Ich bin ein Mensch. Ich meine, nichts Menschliches ist mir fremd". Das war seitdem sein Lieblingsspruch. In seiner Eitelkeit hat er früher gerne darüber gesprochen, dass er Altgriechisch und Latein und auch ein wenig Hebräisch gelernt hat.

„Honigsuche steht für meine Gewissheit, dass über allen Gipfeln die Sonne scheint." Kai grinste und schaute in die Sonne, die über den Gipfeln stand. Er musste sich dafür etwas umdrehen. Mia vollzog diese Drehung ebenso. Mia antwortete: „Ja, es ist wirklich außerordentlich schön hier. Was für ein Geschenk." Sie gingen weiter am Ufer entlang. Kai blieb bei seinem Thema: „Viele Menschen haben sich in der heutigen Zeit diesen Weg der Erkenntnis verbaut, da sie sich aus der fehlerhaften Analyse immer noch gültiger kultureller Über-Begriffe unreflektiert bei ihrer Honigsuche in Warteschleifen ziehen lassen. Und noch etwas: Wer von all diesen Dingen redet, kommt nicht daran vorbei, auch die Mega-Vokabel GOTT anzusprechen." Mia wusste, dass das Gespräch mal wieder elementar wurde.

Gott. Was für ein Wort. Du sollst dir kein Gleichnis machen. Natürlich. Sonst verpasst du Gott. Wer Gott sucht, muss Gotten fallen lassen.

Mia sagt: „Vielleicht ist diese Vokabel nur ein Synonym für Honigsuche?" Kai sagt: „Könnte sein. Wer weiß, wohin uns diese Gedanken führen?"

Sie gingen den Weg am Ufer entlang. Auf dem Eis. Die Insel lag rechts neben ihnen. Sie schauten auf die Insel. Sie wollten irgendetwas Spannendes erkennen. Doch bis auf ein paar schöne alte Bäume, die sich majestätisch in der Sonne rekelten, gab es nichts Aufregendes zu vermelden.

„Dass Gott in jedem von uns lebt, dass jeder Fleck Erde uns Heimat sei, jeder Mensch uns verwandt und Bruder ist, dass das Wissen um diese göttliche Einheit alle Trennung in Rassen, Völker, in Reich und Arm, in Bekenntnisse und Parteien als Spuk und Täuschung entlarvt – das ist der Punkt, auf den wir zurückkehren, wenn furchtbare Not oder zarte Rührung unser Ohr geöffnet und unser Herz wieder liebefähig gemacht hat."
Herrmann Hesse (von Mia für diesen Abschnitt ausgesucht)

Individuum

Kai schlenderte beschwingt über das Eis. Kai setzte die Analyse fort. Kai fand einen Dreh- und Angelpunkt. Einen Nabel. „Wer ist der Beobachter?", fragte sich Kai.
Kai: „Ich habe einen weiteren Punkt in meiner Analyse. Meine Frage war: Wer ist der Beobachter? Meine Antwort ist: das Individuum. Individuum heißt eigentlich übersetzt etwas Unteilbares, also eine einzelne Person. Nun wissen wir ja inzwischen, dass es nichts Unteilbares gibt und alles letztendlich in reiner Energie endet, doch was für ein schönes Bild, dass die Menschheit aus unteilbaren Geschöpfen besteht. Und wenn ich daran denke, dass Jesus sich als Menschensohn bezeichnete, bekommt dieser Gedanke für mich eine noch tiefere Wahrheit."
Man sah ihm förmlich an, wie er mit seinem Gedanken etwas zu fliegen begann. „Ich glaub, ich bin da einer Sache auf der Spur. Das da mit dem In-di-vi-du-um", er zog die Silben bedeutungsvoll auseinander, „scheint mir wirklich eine geschickte Schöpfungssache zu sein. So hat Gott doch die Wahrheit über

sich in jedem einzelnen Menschen versteckt."
„Ja, diese schöne Weise hat mir schon vor Jahren sehr gefallen. Gott ist in mir, wie wunderschön." „Das stimmt. Und ich erinnere dich an das Thomasevangelium wo unser lieber Menschensohn mit Thomas zur Seite geht und er ihm die drei Wörter sagt, so wie bei dir."

Mia durchzog ein Freudenstich. Das tat es eigentlich immer, wenn sie sich an diese Situation erinnerte. Der Alltag schüttet wirklich alles zu. Selbst eine Wiedergeburt. Und das war es für sie. Zu Beginn der Beziehung mit Kai. In einem Workshop. Es ging um Energien und Heilung. Clearing nannten sie das damals. Wie Kai erlebte sie Szenen aus „früheren Leben". Bei Kai war es sogar ein wirklich authentisch nacherlebtes Harakiri. Er flog dabei praktisch durch den Raum. Eine der anwesenden Begleitpersonen zog ihm intuitiv ein virtuelles Harakiri-Messer aus seinem Bauch. Man hörte ein Geräusch. Abermals ging Kais Körper mit. Es war wie in einem Film.
Und während dieser Sitzungen, als Mia mal ertrank und sich mal an einem Ufer fand, schaute sie auf einmal in die Augen von Jesus. Und Jesus sprach mit ihr. Jesus sagte die drei Worte. Jesus sagte: Ich bin Du!
„Mir musst du das nicht erzählen", sagte sie freundlich zu Kai. Mia war dankbar. An diesem wundervollen Tag. An diesem wundervollen Ort. An diese wundervolle Begegnung erinnert zu werden. Kai merkte, dass der Augenblick heilig wurde. Er sagte ein buddhistisches Mantra: „Om mani peme hung."
Kai konnte einfach nicht anders. Er musste wieder frotzeln: „Ich hatte es glatt vergessen, mit welch ausgesuchter Person ich verheiratet bin." Mia knuffte ihn. „Sei nicht immer so ironisch. Du kannst auch sehr ergriffen sein."

Sie ließen den Augenblick auf sich wirken. Die Sonne schien sie förmlich mit ihrer Helligkeit zu durchdringen. Kai machte eine Übung. Er lud seine Zirbeldrüse auf. Schon vor Jahren hatten sie eine Technik gelernt, mittels einer Atemübung dies zu tun. Das war anstrengend. Und aufregend zugleich. Lichtkreisarbeit wurde das damals genannt. Dann ist das total eingeschlafen. Doch irgendwie kam er vor ein paar Wochen an eine Musik. Eine CD. Die die Zirbeldrüse aktivierte. „Aufstiegsmusik". Kai erinnerte sich an die vielen Informationen die er zur stattfindenden Entwicklung der Sonnenaktivitäten für das Jahr 2012 gesammelt hatte. In Gesprächen mit seiner Frau wurde beiden deutlich, dass wahrscheinlich wirklich vermehrt „Aufstiegsenergie" über die Sonne auf die Erde geleitet wird. Kai wollte diese Energie nutzen. Kai wollte diese Energie einfangen.
„Ich lade übrigens meine Zirbeldrüse auf. Bin schon ganz benommen." „Sehr witzig." Beide schwiegen.
Dann fiel Kai etwas ein: „Ach ja, ich wollte dir unbedingt noch was erzählen. Ich habe von uralten Sonnentempeln in Ostdeutschland gehört. Man kann sie nur aus der Luft wahrnehmen, da sie komplett eingeebnet sind. Sie sind 7.000 Jahre alt, älter als Stonehenge oder die Pyramiden. Und das in Ostdeutschland. Es ist der Kreisgrabenkult. Man findet sie an der Elbe und an der Donau zu Dutzenden. Teilweise echt riesige Flächen. Die Anlagen waren genau auf die Wintersonnenwende ausgerichtet. Man kann beweisen, dass es astronomische Beobachtungszentren und möglicherweise eben Sonnentempel waren." „Dann ist dein Sonnenkult ja gar nicht so falsch." „Ich weiß, dass er nicht falsch ist. Das einzige das falsch ist, ist unsere Art, die Zyklen in den Gestirnen zu ignorieren. Mit dem Gregorianischen Kalender wurde unser Ur-Wissen über die gleichmäßigen Zeitzyklen begraben. Seitdem geht die Zeit nicht mehr nach dem Mond. Im Gegenteil wurde dies ein Ausdruck für Hinterwäldlertum."

Kai schwieg. Mia fühlte die Gegend. „Hier ist es übrigens wieder wie an unserem Uferstück. Ich merke eine Leichtigkeit. Es ist wie diese eine Wanderin, der wir dort letztens begegnet sind, sagte: ein Jungbrunnen." Kai spürte. In der Tat wuchs er um fast zwei Zentimeter. Er richtete seinen Körper auf. Er sagte: „Wirklich irre, wie manche Orte wirken können." Sie fühlten sich verbunden. Sie meditierten. Sie gingen einen gemeinsamen Weg.

Mia hielt Ausschau nach Cara. Mia begann Cara anzuspielen. Mia ging in die Hocke. Cara kam wedelnd herbei gelaufen. Cara umrundete beide.

Kai erinnerte sich an seinen Gesprächsfaden. „Eigentlich wollte ich dir doch von meinen Ideen zum Individuum erzählen." „Du schaust zu viel Voyager", antworte Mia.

„Könnte sein. Aber zuvor mal was ganz anderes, aber zum Thema: Vor kurzem habe ich erneut die Information erhalten, dass jede Schneeflocke auf diesem Planeten einzigartig ist, und dass es länger dauern würde, als das Universum alt sei, bis überhaupt die Wahrscheinlichkeit besteht, dass eine Schneeflocke einmal so aussieht wie eine andere. Das hat der Physiker John Hallet bereits um die vorletzte Jahrhundertwende herum ausgerechnet." Mia schaute ihn von unten nach oben in die Augen. „Hat er wohl alle nachgezählt?" „Nein, aber ein paar Tausend soll er in der Tat untersucht haben."

Kai fuhr fort: „Machen wir uns bewusst, dass wirklich jeder Mensch eine eigene Persönlichkeit hat. Und wir wissen auch, dass jeder Mensch eigene ihm zugehörige Fingerabdrücke hat. Dann die DNA und wer weiß was es da noch eigenes, individuelles gibt?" „Ich habe gehört, dass jeder Mensch einen völlig ihm zugehörigen Herzton hat", ergänzte Mia. „Und es gibt eine komplett individuelle Sexualität. Sexualität ist eigentlich vollkommen individuell also „ungenormt" wie du es ausdrückst. Erinnerst du dich an Film Kinsey – die Wahrheit über Sex.

Dieser Typ hatte das schon in den 60ern bewiesen." „Wow, weißt du was das bedeutet. Nicht nur, dass wir ein tolles Team sind und uns ergänzen. Alle Gleichmach-Utopien ob Gesellschaft oder Religion sind zum Scheitern verurteilt."

Kai hüpfte ein wenig, als er das aussprach. Mia ergänzte: „Ja und es gibt die Nutzung von Augen und Stimme in der Sicherheitstechnik, also ist auch das komplett individuell."

Kai blieb stehen und schaute Mia bedeutungsvoll an. „Wenn Jesus so sehr darauf bestand ein Menschensohn zu sein, dann sollte man sich doch mal ehrlich mit dem Menschsein beschäftigen. Erst gestern hatte ich wieder so ein Gespräch, wo ein älterer Mann einen Abgesang auf die Menschheit veranstaltete. Ist das nicht schade. Menschsein ist anscheinend das Beste, dass dir in diesem Universum passieren konnte. Selbst Jesus wollte dazugehören. Ein Unteilbares im Ganzen. Bringen nicht wir Menschen den Himmel auf die Erde – gerade auch energetisch gesehen?" Mia antwortetet spontan: „Ja, und das ist eine ganze Menge Arbeit. Die Herausforderung ist nur, dass dies kaum ein Mensch weiß!"

Kai verstand Mia nicht wirklich, doch das Gesagte war für seine Argumentation stimmig. Kai fuhr fort: "Es heißt doch nicht umsonst, dass wir Sternenkinder sind. Kosmische Wesen, die menschliche Erfahrungen machen wollen. Oder, wie ich jetzt gehört habe, kosmische Wesen, die sich über die Nahtstelle Mensch selbst erfahren."

„Wenn ich dich richtig verstehe, sind wir alles absolute Einzelwesen, praktisch jeder ein eigenes Universum?", fragte Mia.

„Jetzt sind wir da, wo ich hinwollte. Das ist die Mutter der Honigsuche. Viele Universen formen ein gemeinsames Universum im Universum. Und jedes Universum hat ein Grundrecht auf seine eigene Wahrheit und wenn es – also das jeweilige Individuum – diese Wahrheit authentisch mitteilen will, so soll dies geschehen. Ich rede hier nicht über Ego-Universen sondern wirklich über das, was in jedem Menschen tief an Wahrheit verborgen ist und sich als Persönlichkeit entfalten will. Hier muss natürlich auch die menschliche Sprache versagen, denn ich will wirklich nicht die Person oder das Ego in den Vordergrund spielen. Ich sehe den evolutionären Kontext. *Honigsuche ist somit die Freilegung unseres individuellen evolutionären Auftrags.*"

Kai betonte den letzten Satz besonders. Kai sprach ihn heilig. Den Satz. Sich selbst. Diese Erkenntnis. Diesen Augenblick. Kai spürte, dass etwas in ihm diesen Satz formuliert hat. Er kannte diesen Satz nicht. In diesem Gefühlt sprach Kai weiter:

„Ich glaube, dass wir alle Diamanten sind und jeder seine Leuchtkraft für alle Menschen gemeinsam entwickeln darf, kann und auch muss. Nur so kann die Evolution, vor allem die Evolution des Bewusstseins stattfinden."

Mia steuerte das Ufer der Insel an. Dort lag ein fünf Meter langer Baumstamm. Er lag im rechten Winkel zum Ufer. Er ragte aus dem Eis. In der Sonne. „Zeit für eine Pause."

Cara sprang über den Ast. Sie setzten sich. Kai fasste das Gespräch zusammen: „Ich glaube, dass wirklich jeder Mensch einzigartig ist und dass wirklich jeder Mensch zur Evolution beitragen kann und wird. Jeder Mensch hat eine völlig eigene Antizipation der sogenannten Wirklichkeit. Damit ist jeder Mensch ein komplett eigenes Universum. Ist das nicht phantastisch?" „Ich bin begeistert!" „Warte ab, denn jetzt kommt mein Lieblingsthema: Selbstliebe!"

Mia stöhnte. Das konnte sie nicht verhindern. Sie erschreckte sich sogar ein wenig darüber. Aber beim Thema Selbstliebe wurden einfach ihre Punkte gedrückt. Kai konnte es nicht lassen. Immer wieder betonte er, wie wichtig es ist, sich komplett so wie man ist, anzunehmen. Er trug sogar mal ein T-Shirt mit dem Aufdruck: „Ich liebe mich“. Mia hätte schreiend weglaufen können. Kai reagierte ganz nüchtern. Kai erklärte. Dass der Mensch aus 80% Wasser besteht. Dass der Wissenschaftler Masaru Emoto nachgewiesen hat, wie Gedankenkraft und Worte Wasser bzw. gefrorene Wasser-Kristalle in der jeweiligen Form beeinflussten. Masaru Emoto fotografierte diese Wasserkristalle. Tatsächlich haben Mia und Kai dann auch eine Foto-Ausstellung besucht. Sie haben die Fotos von den wunderschönen harmonischen Formen gesehen. Die entstehen, wenn das Wasser zuvor in einer Flasche war. Mit einem Etikett, auf dem die Vokabel „Liebe“ stand.

„Honigsuche ist Selbstliebe. Wie könnte es anders sein?“, grinste Kai, der wusste, dass er ein Reizthema ansprach. „Nun kannst auch du die Selbstliebe lieben!“ Kai freute sich sehr über diese triumphale Zusammenfassung.

„Mia, wenn wir unteilbare Lichtwesen und Sternenkinder mit absolut eigenen Mustern bzw. Eigenschwingung sind, dann können wir gar nicht anders. Wir müssen uns selbst lieben um damit „All das, was ist“ lieben zu können.“

Diesem Gesprächsabschnitt möchte ich diesen Text aus Kais Gedankenbuch hinzufügen: Es ist aber so, dass auch jeder Mensch anscheinend komplett ein Individuum ist. Das bedeutet, dass wir eben nicht eine genormte Daseinsform haben, die vorgeschriebene Wege geht wie männlich, weiblich, Heiraten und Kind, Haus, gesellschaftliches Dasein je nach Kultur, etc. Wenn wir es zulassen könnten, sind wir wahrscheinlich Milliarden von einzelnen Universen, die gemeinsam auf diesem Planeten entstehen und existieren. Diese Vorstellung ist so unvorstellbar, dass wir im Grunde genommen nur mit (außer-)sinnlichen Experimenten – wie sie in allen Kulturen beheimatet sind, hier eine Antwort erlangen könnten und zwar – wie sollte es anders sein – eine individuelle!

Der Physiker Nassim Haramein schreibt zu diesem Thema: „Ihr seid wie eine Sonde der Raumzeit, die auf sich selbst von der Außenseite zurückblickt und die Informationen über ihre eigene Existenz sammelt." Mögen alle Kulturen zusammenfinden und ihr jahrtausendaltes Wissen freigeben. Mögen wir es alle erfahren. Mögen wir einzeln und gemeinsam Bestandteil dieser evolutionären Erfahrung sein.

Tagesaktuelle Recherche zum eigenen evolutionären Auftrag

Die Pause tat gut. Sie beobachten. Zwei Enten flogen knapp über das Eis. Am fernen Ufer kreisten zwei Greifvögel. Kai machte einen Reiher aus. Kai fragte sich, warum die Reiher hier überwintern. Als wenn Mia in seine Gedanken schauen konnte, und das konnte sie wahrscheinlich wirklich, fragte sie Kai: „Wo wohl die Kraniche, die wir heute und gestern gesehen haben, hinfliegen?"

Gestern hatten sie nach dem Abendessen ein unglaubliches Erlebnis. Mitten in dunkler Nacht. Es flogen auf Baumwipfelhöhe Kraniche über sie hinweg. Sie konnten die Fluggeräusche hören. Und erstmalig so nah das Schreien der Vögel. Dies war einzigartig. Wunderschön. Und es ging ihnen direkt durch Mark und Bein.

„Der Kampf um die Brutplätze hat begonnen", kommentiere Kai schnöde und auf Abstand mimend. In Wahrheit war er von diesen Naturschauspielen natürlich ergriffen. Kai fieberte mit den Vögeln, dass sie ihr Ziel erreichten.

Mia sagte: „Weißt du, ich habe die Meisen bei uns beobachtet. Dank deiner Futter-Installation haben wir ja was zu schauen und sie haben was zu fressen. Wusstest du, dass sie ganz komisch landen“, fragte Mia Kai erwartungsvoll anschauend. „Nein.“ „Ja, erst pfeffern sie zum Landeplatz und stoppen kurz vorher noch einmal ab. Witzig.“

Sie standen auf. Sie setzten ihre Reise fort. Kai sondierte seine Gedanken. Nun kam er zu einem anderen schwierigen Lieblingsthema. Der Evolution des Bewusstseins. Dazu hat er das eine oder andere geschrieben. Sprüche wie: „Nur Evolutionäre sind Revolutionäre“. Oder Begriffe wie „Evolutionäre Spiritualität“. Dies war auch Mia bekannt. Doch durch dieses Gespräch hatte Kai verstanden, dass sein Begriff Honigsuche anscheinend diesen evolutionären Impuls eines Menschen, sei es aus intellektuellen oder aus religiösen, spirituellen Gründen, seinen Wurzeln folgend die Zukunft zu beschreiben, die nötige Aufmerksamkeit zollt, die es in der heutigen Zeit und insbesondere im Jahr 2012 braucht.
Kai sagte: „Alle Entscheidungen geschehen in einem kosmischen Kontext. Wir sind Teil eines 14 Milliarden Jahre alten Prozesses. Wir stehen mit diesem Prozess, den wir Evolution nennen, in Beziehung. *Honigsuche* heißt also, genau diese Zusammenhänge zu sehen, zu bejahen und individuell auszuleben. Ich bin sicher, nur so können wir den nächsten Schritt der Evolution meistern.“
Mia hörte aufmerksam zu. In ihr schwang Resonanz zu diesem Thema. So viel ist sicher. Die letzten Jahre waren schwer für sie. Sie hatte eigentlich nur überlebt, weil sie für sich das Malen entdeckt hatte. Aus ihr heraus strömten kosmische Wahrheiten. Nicht für andere, nur für sie. Sie verstand, dass dies das Ergebnis von Honigsuche ist. So wie Kai es beschrieb. Der eigenen inneren Wahrheit authentisch Ausdruck zu verleihen. Dabei entstanden die verrücktesten Ideen. Sie malte die „Blume des

Lebens". Sie malte die „Platonischen Körper". Sie malte Labyrinthe. Und andere Energieformen, die der Menschheit seit tausenden Jahren bekannt sind.
Mia antwortete Kai: „Ich glaube, dass ich das bestätigen kann. Ich glaube auch, dass das ein evolutionärer Impuls ist. Ich musste mich auch einfach ausdrücken und mitteilen. Die Literatur und Kunst ist voll von diesen Impulsen. Was für ein Geschenk."
Kai fuhr fort: „Kultur ist natürlich Teil der Evolution. Dies geschieht über die Noosphäre, also praktisch der menschliche evolutionäre Part in der Biosphäre. Das Schöne, das Wahre, das Gute – nur in einem evolutionären Kontext betrachtet macht das Sinn. Ich denke, dass wir uns immer wieder, jeder für sich, für diesen kreativen evolutionären Impuls entscheiden müssen. Nur so können wir das Ego transzendieren, nur so finden wir Gott, auch als Antwort auf die individuelle Starrheit des Seins. Wir sind gefangen zwischen Begierden und Ängsten, in einer Komfortzone die wir vermeintlich zum Überleben brauchen. Mit Nachrichten um uns nach-zu-richten und Unterhaltung um uns unten-zu-halten."
Kai blühte auf. Er liebte diese Wortspiele. Hier waren sie wirklich sehr angebracht. Endlich einmal bestimmte Muster benennen. Und aufzubrechen. Mia fand es hin- und wieder auch lustig. Manchmal fühlte sie sich in die Ecke geredet. Hier jedoch spielte all dies keine Rolle. Irgendwie schrieben sie gerade gemeinsame Schöpfungsgeschichte.
„Evolution ist nicht einfach", sagte Kai. Mia rutschte auf dem Eis. Mia fiel eine Redewendung ein: *„Das Leben gehört den Lebenden an, und wer lebt, muss auf Wechsel gefasst sein."*
Kai: „Keine eigenen Worte?" Es tat ihm leid. Er wollte nicht grob rüber kommen. Sofort lenkte er ein. „Wirklich passend. Etwa Goethe?"
„Ja, diesmal Goethe, du Kulturbanause."

„Ich hab auch einen: *Wenn der Wind der Veränderung weht, bauen die einen Mauern und die anderen Windmühlen.* Das ist ein chinesisches Sprichwort. Verstehe gar nicht, warum der Windenergieverband das nicht als Motto hat."
Ihr Weg führte am Insel-Ufer lang. Dann machte er eine Biegung. Die Weite öffnete sich. In der Ferne fiel Kai ein Strich auf. Er zog sich komplett durch den Horizont. Kai wurde klar, dass dies eine Schifffahrtslinie sein musste. Das Eis war dort anscheinend gebrochen. Und wieder zugefroren. Kai blieb stehen. Kai sah unter seine Füße. Kai schob den Schnee mit einer Fußbewegung zur Seite. Er entdeckte einige Luftblasen ca. 20-30 Zentimeter tiefer. Sie waren eingefroren. Also war keine Panik angesagt.
„Schaue nur für dich ob das Eis hält". „Ich habe keine Angst."

Mia war in Gedanken. Mia hatte schon lange erkannt wie wirklich wichtig ihr Malen war. Für ihre Entwicklung. Und wie wichtig das Malen damit auch für Kai war. So schlug die eigene Bewusstseinsentwicklung Wellen. Diese Wellen wiederum inspirierten andere. Die Welt wird damit wirklich zu einem besseren Ort.
Mia sagte: „Kai, ich gebe dir unumwunden Recht. Die Welt wird zu einem besseren Ort. Genau das habe ich gerade gedacht. Honigsuche gefällt mir immer mehr." Kai grinste. Es war eine sehr transparente Situation. Der Himmel klar. Das Eis klar. Die Gedanken klar.
Kai sagte: „So muss es sein, wenn Jesus auf dem Wasser wandelt. Es ist wie die Transparenz des Seins." Kai zog die Luft tief in seine Lungen um dieses Gefühl zu ankern. Auch Mia spürte die Freiheit, die in der Luft lag.
„Wieso nur haben die Menschen so viel Angst vor der Veränderung, wenn alles Leben eigentlich ständige Veränderung ist. Mir fällt auf einmal dieser von mir sehr geliebte Spruch von Mahatma Gandhi ein:

Wir müssen der Wandel sein, den wir in der Welt zu sehen wünschen. Wenn das mal kein Banner-Spruch für die Honigsuche ist."
Mia merkte, wie das Gespräch und die Inhalte in ihr etwas zutage brachten, was sie bisher eher nicht wahrnehmen konnte. Sie spürte so etwas wie Angstlosigkeit. Früher hatte sie Angst. Oder sie empfand Freude. Das war neu.
Mia sagte: „Kai, kann es sein, dass für uns bei der Honigsuche, wie du sie siehst, die Enge der Vergangenheit dann irrelevant ist? Das dieses „Auf zu neuen Ufern" dein ständiger Schlachtruf ist?" „Aufgrund meiner individuellen Erfahrung kann ich das für mich bestätigen", antwortete Kai. „Wir können uns endlich mit dem beschäftigen, was in unserem Leben geschehen soll. Wie du ja immer sagst: „Die Zeit der Dramen ist vorbei". Mir fallen dazu zig Bibelsprüche ein: „Mir wird nichts mangeln!" Schon irgendwie irre."

Cara fing an zu bellen. Ein anderer Hund hatte sie erreicht. Und wurde von ihr prompt erzogen. „Eine erfahrene Hundedame darf man eben nicht so einfach anspringen. Da muss man erst einmal Benehmen zeigen", rief Mia dem zugelaufenem Hund zu. Cara machte das, indem sie sehr hohe, einzelne Belllaute von sich gab. Das hat leider zur Folge, dass andere Hunde das häufig als Ausladung verstehen und von dannen ziehen. So auch jetzt. Wie er gekommen war, verschwand der Hund ebenso plötzlich.
Kai fasste für sich zusammen: „Es ist schön, dass wir feststellen, dass alles ein evolutionärer Prozess ist. Das bedeutet wohl auch, dass es letztendlich keine wirkliche Vollkommenheit hier in unserer Welt und auf unserem Planeten Erde gibt. Wir können uns zwar immer anstrengen und anstreben uns evolutionär weiterzuentwickeln, aber letztendlich leben wir in einer dualen Welt. Eigentlich ist es eine Sorge weniger. Es gibt sie nicht, die „Heile Welt"."

Mia durchzuckte eine Art Unwohlsein. Sie fühlte sich rund und für sie war es der Augenblick, der zählte. Das Hier und Jetzt. Jede Sekunde war so, wie sie ist. Sie wusste, dass Kai dies auch so empfand. Doch sie wollte seine philosophische Betrachtungsweise nicht beurteilen.
Kai hielt inne und schaute. Kai sagte: „Da vorne wird wohl die Insel zu Ende sein. Dann müssen wir entscheiden, ob wir weitergehen oder umdrehen.“ „Umdrehen? Niemals. Immer vorwärtsgehen!“

Vollkommenheit

Sie konnten nun um die Insel schauen. Sie blickten gen Norden. Links am offenen Horizont erströmt sich die Havel. In ihre Richtung. Rechts eine kleine Insel in der Havel. Dahinter beginnt rechts der Wannsee. Mit Waldrandbegrenzung am Horizont. Eine gewaltige Ausbuchtung von ähnlichem Ausmaß. Unsichtbar sind circa zwei Kilometer Wannsee-Ausdehnung. Was man sah war eine unermesslich riesige weiße Fläche. Zig Quadratkilometer Eislandschaft. Und kein Mensch weit und breit. Und das alles in Berlin.
„Diese Weite macht mich fertig“, sagte Kai eher ironisch. Sie setzten ihren Weg um die Insel fort. Nun war jeder für sich. Cara erkundete mit Mia das Ufer. Kai folgte einer Art Energielinie. Sie führte vom Insel-Ufer weg. Kai blieb stehen. Mia war sehr in ihren Gedanken. Mia schaute auf. Kai machte ein Foto. Mia dachte, Kai würde telefonieren. Doch Kai war komplett im Hier und Jetzt. Die Gedanken setzten ein, als er sah, wie Mia schon hundert Meter vor ihm war. Kai bewegte sich in Mias Richtung.

„Schon eigenartig, wie sich diese wunderschönen Momente häufen", dachte er zu sich. Erst gestern schrieb er ein paar Zeilen. Er beobachtete wie drei Schwäne an dem Haus vorbei flogen. Er wusste nicht, woher sie kamen. Oder wohin sie flogen. Die Flugbewegungen waren unendlich schön. Sie vollzogen praktisch eine eigene Harmonik. Ohne sie herabzusetzen zu wollen beschrieb er diese Bewegung dennoch als „eher etwas schwerfällig": „Trotz alledem kommen sie an ihr Ziel und wahrscheinlich werden sie auch den Flug genießen, sowie ich gerade diesen Anblick genieße. Es lässt mich ins Hier und Jetzt eintauchen. Und deshalb ist dieser gesamte Kontext – das Beobachten und das Beobachtete; das Bewerten und das Loslassen; das Eintauchen und das Absichtslose; - dimensionserweiternd: die vermeintliche Unharmonik des Schwanenfluges wird zur schönsten Erscheinung am Himmel – ein Hauch von All-Ein".

Die Beobachtung der Schwäne löste in ihm eine Erinnerung von großer Wichtigkeit aus: „Während ich darüber sinniere, und den Schwänen hinterher sehe, senken sich in meiner Wahrnehmung optische Schlieren über meine Augen hinweg. Seit über 30 Jahren weiß ich inzwischen, dass diese Schlieren Schmutzpartikel auf meiner Augen-Hornhaut sind und ich erinnere mich an ein Gespräch mit meinem damaligen Freund Potter, der schon lange verstorben ist, indem es genau um diese Erscheinung ging. Dieses Gespräch war für mich sehr wichtig, denn es bestätigte mir zum ersten Mal durch einen Zeugen, meinem Freund Potter, dass ich mit meiner Art wahrzunehmen und mich darüber mitzuteilen, nicht alleine war. Im Gegenteil, diese Art der Wahrnehmung war sogar ein unerwarteter Schatz in der Kommunikation."

Kai hatte inzwischen Mia eingeholt.

Mia begrüßte Kai mit einem Wink und sagte: „Es gibt hier unendlich viele Eindrücke. Ich danke dir, dass wir diesen Spaziergang machen." „Du hast es doch auch gewollt." „Ja, aber du hast gedrängt, diese riesige Insel zu umrunden". Kai war nach Smalltalk zumute: „Wusstest du, dass Wannsee auch eine Insel ist? Ja wirklich, es ist komplett eine Insel, umgeben von Havel, großer Wannsee, kleiner Wannsee und ein paar durch Kanäle verbundene Seen. Aber weißt du, was noch viel spannender ist? Die Havel!" „Was ist mit der Havel?" „Sie fließt nach Süden." „Verstehe ich nicht." „Also pass auf. Die Spree kommt aus Südosten und fließt nach Mitte und dann nach Spandau. In Spandau fließt die Spree in die Havel und dann fließt die Havel eben – mit der Spree zusammen – nach Süden und kommt an Wannsee vorbei, bildet praktisch den Wannsee und fließt dann weiter nach Potsdam." „Irre! Ganz Berlin ist also umströmt." „Ja, es muss ja einen Grund geben, warum hier so viele Menschen sein wollen. Und dies ist wirklich einmalig."

Sie gingen weiter. Cara machte nicht den Eindruck, als ob ihr irgendwie kalt war. Im Gegenteil merkte Kai, als er ihr eine Pfote säuberte, dass diese ungewöhnlich warm war. Er kannte seinen Hund. Er hatte ein gutes Gefühl, obwohl es locker minus 10 Grad war.

Kai nahm seine Gedanken auf und berichtete Mia: „Manchmal ist es so, dass man nie genau weiß, was zu tun ist. Ich habe mein Leben lang gefragt, was ist richtig und was ist falsch. Und dann kommt eine einzige Information, Töne, oder Licht durch ein Medium – Luft, Radio, Stimme – zu dir, wie ein Satz, ein Gebilde... und wenn du dies wirklich wahrnimmst und in deinem Informationsraum zulassen kannst, dann führt dies spontan zu einem völlig neuen Kontext der Situation."

Kai war noch immer in seinen Gedanken. Er versuchte, seine Erkenntnisse in das Gesprächsthema umzuformulieren. Seine Erinnerung an die Betrachtung seiner Augen-Schlieren beim Schwanenflug führte ihn in einen solchen neuen, wie auch bekannten Kontext. Er hatte einfach das Gefühl, dass das Leben total harmonisch ist. Diese Erfahrung wurde sicherlich damals während des Gesprächs mit seinem Freund Potter gelegt. Aus dieser Offenheit heraus eröffnete sich ihm das Universum. Die Welt, in der er heute lebt.

Er schrieb weiter in sein Gedankenbuch: „Ich durfte, in dem ich so sein konnte wie ich bin, mit allen Widrigkeiten in dieser Materie, meine Grenzen in vielen Abenteuern überschreiten und Freiheit erfahren. Auf diesem Wege habe ich viele Methoden aus verschiedenen alten Kulturen erfahren, die mir halfen mein Bewusstsein zu erweitern und mich zu der Erkenntnis führten, dass nicht nur ich, sondern jeder Mensch von unfassbarer Einzigartigkeit ist. Erst am heutigen Tage kann ich das für mich so zusammenfassen. So kam ich irgendwann darauf, dass das Leben eine Honigsuche ist. Eine Suche nach dem Nektar der individuellen Erkenntnis."

„So kam ich irgendwann darauf, dass das Leben eine Honigsuche ist", zitierte er sich nun laut selbst. „Und ich habe einfach das Gefühl, dass das Leben total harmonisch ist." Kai grinste.

Mia war aufmerksam. Mia versuchte erst gar nicht, alles zu verstehen. Mia ließ diese Sätze auf sich wirken. Mia erhielt eine Gefühlsinformation. Eine Ahnung.

„Du springst mal wieder zu allem was man erzählen kann. Wie soll man dir da folgen?“, fragte Mia. Erst gibt es keine „Heile Welt“ und dann ist alles harmonisch?“
„OK. Du hast doch angefangen und gefragt, was ich damit meine. Honigsuche! Und ich beschreibe die vielen Gedankenwege, die mich dahin gebracht haben. Es ist wohl wie bei Faust – ein Taumeln zwischen Begierde und Genuss.“
Sie schwiegen eine Weile. Kai nahm das Gespräch wieder auf: „Eigentlich ist die Honigsuche so uralt wie die Menschheit selbst, dennoch wurde aus gesellschaftlicher Sicht alles getan, dies immer wieder zu verleugnen. Religionen, Ideologien und Dogmen spielen auf hervorragender Weise ein Spiel der Manipulation, um im Ergebnis die Menschen davon abzuhalten, das in jedem Menschen vorhandene Bewusstseinspotential auf seine ureigene spezifische Weise zu erweitern.“
Und nun kommt noch ein Höhepunkt.“ Kai grinste. Mia verdrehte fast die Augen. Es war nur spielerisch. Zwei Langläufer auf Skiern kreuzten 150 Meter vor ihnen ihren Weg. Ein weiteres Pärchen mit einem Hund zog in eine andere Richtung an ihnen vorbei. Der Hund bellte aus der Ferne. Cara ignorierte ihn.
„Uns allen ist doch die Gralssuche ein Begriff für dieses hier von mir geschilderte Phänomen. Es geht um unsere Visionen oder besser gesagt darum, dass wir offen sind für Visionen, denn nur so denke ich, ist evolutionäres Handeln möglich. Nicht nur bibelkundige Menschen wissen, dass Jesus 40 Tage in der Wüste auf Visionssuche war. Die Visionquest gehört zu den Übergangsritualen der indianischen Kultur und die Visionssuche ist in unserer Kultur in Zeitabschnitten des Fastens oder des Pilgerns wie z.B. die Begehung des Jakobswegs integriert. Doch eigentlich ist dieses Wissen inzwischen total verschüttet.“
„Wenn das heute keine Visionssuche ist, was dann?

Du musst dich doch nur einlassen. *Geh einmal ohne alles in die Wildnis, es sind die größten Erfahrungen deines Lebens.*" „Ja, genau, wie stimmig, oder? Wieder Goethe?" „Nein. Henry David Thoreau."

Kai blieb unermüdlich bei seinem Thema: „Das wirklich spannende jedoch scheint zu sein, dass wir alle völlig verschiedene Individuen sind, die sich über eine gemeinsame Kultur und Gesellschaft für ein Gemeinschaftsleben organisieren."
Kai war der Meinung, dass das Leben in „Kleinfamilienstrukturen" – wie Kai es als gruppenerfahrener Mitmensch gerne formulierte, keine Lösung bereithielt. Kai lebte einst in einer Gruppe. Sieben Jahre in einer Gemeinschaft. Und Kai besuchte während seines Studiums viele andere Lebensgemeinschaften in Deutschland. Und er lebte ein paar Wochen in Findhorn, in Schottland. Die Findhorn Foundation ist die größte spirituelle Gemeinschaft. Kai traf die Gründer Eileen und Peter Caddy. Eileen versicherte Kai, dass auch Kai Gott treffen wird. Da wurde Kai offenbar, dass er ein Suchender war.
Mia war das fremd. Gemeinschaft. Gruppe. Mia liebte ihre Familie. Sie rief regelmäßig zu Hause an. Doch heute ist Mia deutlich, wie wichtig eine Gruppe ist. Deshalb entwickelt sie ein Grundstück. Für Menschen und Tiere. Für Alt und Jung. Mia kennt diesen Zusammenhang von Individuen und Gesellschaft.
Kai sagte: „Wir haben in den letzten Jahrtausenden immer mehr verlernt, uns unseren Ängsten zu stellen und opfern unsere Entwicklung eher der Ideologie, dass es einen NORM-Menschen gibt, dessen Ideale wir anzustreben haben. Ob in der Mode oder im Aussehen oder in so grundlegenden Dingen wie der Sexualität. Wir haben uns so systemisch in die Gesellschaft und ihren Institutionen integriert, einer extremen Normierung ausgesetzt. Wir wissen schlichtweg nicht, dass wir alle einzigartig sind."

Mia stimmte Kai zu. Kai fuhr fort: „In der Literatur und Philosophie gibt es zum Glück viele wunderschöne Beispiele, die diese Zwangsnormierung thematisieren. Du hast schon darauf hingewiesen. Angefangen von Platons Höhlengleichnis, über Werke von Goethe, Fontane, Mann, Huxley bis hin zu Filmen wie Pleasentville, Matrix 1– 3 und anderen Science-Fictions, die bestimmte Aspekte durch eine in die Zukunft gelegte Fokussierung viel besser herausarbeiten können, als es im Alltag möglich erscheint." „Horton hört ein Hu!", ergänzte Mia. „Äh, ja das stimmt natürlich."

Mia und Kai liebten es, stundenlang Star Treck zu schauen und Dialoge nachzuahmen. Reisen durch die Galaxie stimulierten ihre Phantasie. Außerdem haben manche dieser Filme auch anspruchsvolle Theorien, wie Ideen, Gesellschaftsformen, Lösungen und vieles mehr, über die sie beide auch mit anderen Menschen immer wieder eine interessante Gesprächsbasis aufbauten.

Kai spannte seinen Faden weiter. „Honigsuche ist für mich der Weg aus dieser Norm. Besonders furchtbar ist für mich jedoch die Tatsache, dass es wirklich böse Situationen und Taten gibt, die Menschen sich gegenseitig antun, in Unkenntnis dieses Geschenks der Einzigartigkeit. So kommt es zu Übergriffen, wo Täter und Opfer sich individuell oder auch auf gesellschaftlicher Ebene auf dauerhafte Zeit versündigen. Einfache Gewalt führt zu struktureller Gewalt die uns – nicht nur in der westlichen, industrialisierten Welt, letztendlich in patriarchalen Strukturen, Kleinfamilien und genormten Gesellschaftsstrukturen mit diversen ideologischen Überbauten quasi materiell für immer und scheinbar aussichtlos gefangen halten. Honigsuche hilft wohl nur denen, die sich hier selbst befreien können." Kai atmete tief ein und aus. Wie heißt es doch so schön bei Huxley:

Den Fortschritt verdanken die Menschen den Unzufriedenen.“

Sie bogen erneut um eine Land-Kurve. Sie sahen in der Ferne am Ufer eine Menschtraube. „Glühwein!“ riefen beide synchron. Sie setzten einen gemeinsamen Kurs.

Zielgerichtet auf die Menschentraube zulaufend erinnerte sich Kai an eine Analyse der Offenbarung von Marko Pogacnik: „Der Geomant Marco Pogacnik kam bei einer Analyse der Offenbarung nach Johannes zu einer Ethik des Christosprinzips. Ich habe erst gelesen: Ethik des Chaosprinzips.“ Beide lachten laut. „Deshalb erinnere ich mich daran. Er erkennt Verhaltensweisen, so würde ich es formulieren, die für die Zeitqualität des Wandels, wie sie in der Offenbarung beschrieben werden, wichtig sind: Bewahrung des inneren Friedens – jederzeit; der Stimme des Herzens folgen – jederzeit; unablässig dem Strom der Wandlung zu folgen; Aspekte der Wahrheit in dir und vor anderen nicht zu verleugnen; sich immer wieder seiner vielschichtigen Ganzheit bewusst werden und entschieden deiner geistigen Widmung zu folgen. Honigsuche pur!“

Am Abend schrieb Kai in sein Gedankenbuch, auch diese Zeilen:
„Soziale Normen, staatlicher Terror, familiäre Übergriffe, geschlechtsspezifische Gewalt, kulturelle Drohungen und Diffamierungen – all diese Erscheinungen lassen sich aber auch einer inzwischen bekannten evolutionären Entwicklungsstufe auf einer Bewusstseinsspirale zuordnen. Es gibt eine Evolution des Bewusstseins.“
Dann hielt er Inne und fragte sich, ob dies überhaupt jemand je lesen werde. Dann kam ihm der Gedanke, dass er seine Ideen so offen wie möglich niederschreiben muss: „Ich werde versuchen, meine Erkenntnisse so wenig wie möglich aus meiner Sicht als

die für alle geltende Wahrheit zu beschreiben. Es sind meine für mich geltenden Erkenntnisse und sie mögen und müssen auch fehlerhaft sein, denn nur so vermag ich meinen Weg zu finden. Es gibt dieses schräge Beispiel, wie eine Langstrecken-Rakete den Weg zum programmierten Ziel findet: Der Navigationscomputer vergleicht die Landschaft mit der programmierten Landschaft und findet so durch ständige Korrekturen den Einschlagspunkt. Dieses Beispiel taugt aber auch noch für eine andere bekannte Wahrheit: die Landkarte ist nicht das Gelände."

Transpersonalität und Bewusstsein

Der Glühwein schmeckte prima. Kai trat von einem Bein auf das andere. Er hörte diese furchtbare Schlagermusik. Mia kümmerte sich um einen weißen, kleinen Hund. Ihre Blicke trafen sich. Kai wusste, dass Mia gleich wieder einen Hund retten wollte. Mia bückte sich und der kleine Hund zitterte am ganzen Leib. Mia schaute sich um. Zum Glück hob eine Frau mit Glühweinglas die Hand. Das Frauchen war gefunden. Kai atmete auf.

Sie führten ihren Weg fort. Der Weg führte sie nun am Ufer des Festlands vorbei. Es gab jetzt mehr Menschen auf dem Eis. Sie übten zwanghaft alle Arten von Sport aus. Dennoch war es eine recht friedliche Atmosphäre.

Kai führte den Dialog unvermittelt fort. „Honigsuche bedeutet also, dass alle Schatzkarten sinnlos sind. Der Weg ist wirklich nur in uns. Wir können im Außen allenfalls sehen, wohin er uns gebracht hat." Kai wollte den heutigen Tag nutzen. Kai wollte zu einer Art Ergebnis kommen.

„Am Anfang stehen, und dies habe ich wohl erst in der Mitte meines Weges erkannt, sogenannte tiefgreifende Erkenntnisse über unsere Wirklichkeit. Klar: Einmal alles loslassen können, dann fällt es auf der Reise leichter, emotionalen, wie intellektuellen Ballast zurückzulassen. Wie bei jeder Reisebeschreibung gibt es auch bei der Honigsuche Spannendes, Neues, aber auch Bekanntes oder Irrelevantes zu berichten – nur eins sollte nicht unbedingt vorausgesetzt werden, dass die Honigsuche ein ständiges Honigschlecken ist und wir, trotz aller Umwege, unweigerlich in das Land kommen, in dem Milch und Honig fließen." Kai hoffte insgeheim, dass ihm diese Sätze später noch genauso präsent wären, damit er sie in sein Gedankenbuch schreiben konnte. „Ich glaube, die Honigsuche ist in uns Allen angelegt. Es gibt anscheinend eine universale Transzendenz als Ziel allen universalen Lebens: Die Erleuchtung für alle Lebewesen zur gleichen Zeit. Dieses Wissen war bisher in den mystischen Traditionen der alten Kulturen verborgen." „Jetzt hebst du ab. Bringt uns das weiter? Ich glaube auch an viele Dinge, doch es ging doch darum, was wir wirklich wissen."

Kai antwortete ihr liebevoll: „Mia, du hast recht. Im Grunde geht es nur um Liebe. Liebe zu dir, zu mir und zu Gott oder Allem das, was ist. Ich mag diese „Allwissenheit" auch nicht. Ich will wirklich schauen, was aus mir herauskommt. Deshalb strebe ich immer wieder an, diese transpersonale Liebe zu erfahren. Transpersonal deswegen, da sie uns über unsere einzigartige Individualität hinausführen kann. Honigsuche heißt also auch, in transpersonaler Liebe zu sein."

Mia wurde der Weg auf einmal lang. „Wie kommen wir eigentlich auf das Ufer?"

Kai grinste. „Siehst du mal. Jetzt müssen wir wohl doch umkehren. Wie im wahren Leben. Wie in der wahren Honigsuche."

Kai konnte seine Gedanken nicht stoppen. Die Honigsuche hatte ihn vollkommen eingefangen. Seine Ideen spann er später in seinem Gedankenbuch weiter:

„Wenn also Hermann Hesse und Aldous Huxley Recht haben, liegt etwas Gemeinsames hinter Allem, das uns erscheint. Ebendiese Wahrheit wurde in Abermillionen Ritualen aller Völker und Menschen über alle Zeiten individuell und gemeinschaftlich erfahrbar. Psychoaktive Pflanzen spielen dabei eine erhebliche Rolle. Aber auch Schmerzrituale, Entzug und Zuführung von Nahrung jeglicher Art und vieles mehr wurden für die Erkenntnissuche eingesetzt. Und auch die Visionssuche.
Seit Mitte des letzten Jahrhunderts sind zahlreiche dieser Riten mittels Einnahme von Drogen individuell nachgestellt worden. Meskalin und LSD sind in diesem Zusammenhang bekannt geworden. Die gute Nachricht ist, dass wir auf chemische Substanzen zur Bewusstseinserweiterung nicht mehr zurückgreifen müssen. Dies haben wir einer von mir sehr bewunderten Person zu verdanken: Stanislav Grof. Als Psychiater hat er sein Leben der geistigen Heilung von Menschen gewidmet. Er war einer der ersten Menschen überhaupt, die LSD zu ebendieser Heilung kontrolliert einsetzten und diese individuellen Prozesse dokumentiert in tausenden Sitzungen verantwortungsvoll begleiteten. Grof ist der Pionier in der Feldarbeit der Bewusstseinsforschung. Er erkannte mit seiner Frau, dass man durch gezielte Atemübungen entsprechende persönliche auf das Bewusstsein zielende Erfahrungen machen kann, wie durch Einnahme dieser Substanzen. Er nannte diese Sitzungen „holotropes Atmen". Bereits bis zum Ende des letzten Jahrtausends begleiteten die Grofs zigtausende Menschen in Einzel- und Gruppensitzungen auf dieser Reise durch ihr Bewusstsein. In seinem Hauptwerk „Kosmos und Psyche" beschreibt er umfassend seine Reise an

die Grenzen des menschlichen Bewusstseins. Dabei kommt er zu der Erkenntnis, dass Bewusstsein kein Produkt des einzelnen Gehirns sei, „sondern ein primäres Seinsprinzip ist und dass es bei der Erschaffung der Erscheinungswelt eine entscheidende Rolle spielt".

Ebendiese „Erfahrungen und Seinsbereiche" wurden in den letzten Jahrhunderten im Kontext verschiedener spiritueller Philosophien und mystischer Traditionen der Welt beschrieben. Grofs Werk ist eine Landkarte des menschlichen Bewusstseins.

Sie konfrontiert uns mit der Transpersonalität der Menschheit. Dies bringt mich zu der grundlegenden Fragestellung: Ist die HONIGSUCHE also in uns Allen angelegt? Stimmt es, dass es eine universale Transzendenz als Ziel allen universalen Lebens gibt: Erleuchtung für alle Lebewesen zur gleichen Zeit? Dieses Wissen war bisher verborgen in den mystischen Traditionen der alten Kulturen.

Der Zukunftsforscher Ervin Laszlo schreibt zu dieser grundlegenden Thematik in seinem Buch „Weltwende": „In der Religion und Spiritualität gehören „Liebe" und „Einheit" zu den Schlüsselbegriffen, während für die Naturwissenschaftler heute „Verbundenheit" und „Kohärenz" zentrale Begriffe sind. Unter dem Strich mag dasselbe gemeint sein.

„Liebe, Einheit, Kohärenz, Verbundenheit – Ist das nun aufkommende Zeitalter, der Neubeginn nach der Endzeit, dem Ende der Zeitzyklen und Beginn einer neuen menschlichen Ära das Land der Offenbarung? Wird die Menschheit auf dieser gemeinsamen Reise diesem Ziel jetzt näher kommen? *Honigsuche bedeutet, diesen Raum der Transpersonalität zu erfahren."*

Während Kai diese Zeilen schrieb, setzt sich ein Rabe auf die höchste Spitze der höchsten Pappel und hat große Schwierigkeiten auf diesem fragilen Punkt zu balancieren. „Die Pappel bildet meine Grenze zum Horizont gen Osten. Gestern leuchtete ebendiese Pappel unfassbar golden – angestrahlt durch die untergehende Sonne“. Kai machte ein Bild.

Davon inspiriert schrieb Kai weiter:
„Es gibt ein Lied von der Musikgruppe Klee, das mich, seitdem ich es kenne, bei meiner HONIGSUCHE motiviert.
Es hat den erhabenen Titel „Gold“:

„Wir sind im Dunkeln der Nacht entflammt,
wir blieben lang unerkannt
und dann sind wir hinaus in die Welt,
hinein ins Licht,
erst allein, dann Hand in Hand, Schritt für Schritt,
und jeden Augenblick gibt`s kein Zurück,
wir sind Teil eines Ganzen, das größer ist als Du und Ich,
Du und Ich.
Wir werden wie Gold sein (...)“

Es ist praktisch ein Lied, das die HONIGSUCHE preist und ich danke Klee dafür von ganzem Herzen!

Ich weiß, dass ich nichts weiß

Erst nach einem längeren Rückweg gelangten Mia, Cara und Kai am Ort des Glühweines endlich ans Ufer. Der Tag war immer noch herrlich. Es war schön, wie das Licht in den Wald einfiel.

Kai wurde nicht müde, das Thema von allen Seiten anzugehen. Er sagte: „Im Grunde genommen gilt die Erkenntnis, dass es keine wirkliche Wahrheit gibt, außer der Wahrheit über uns selbst in unserem eigenen Universum. Wir können uns selbst erschließen und als einzelnes Individuum kann ich lediglich meine eigene Wahrheit mitteilen." „Ja, und wer will schon so etwas wissen und vor allem von jemanden anderen, als von sich selbst?" „Genau. Dazu kommt dann noch die entscheidende Frage, ob diese Dinge, deine persönlichen Antworten, wirklich existieren, ob es überhaupt wahr ist? Entspricht das Gesagte den Ur-Gesetzen des Kosmos? Gibt es solche Ur-Gesetze?" „Starker Tobak. Honigsuche heißt also Anspruch auf Blaupausität?"

Mia wollte natürlich die kosmischen Ur-Gesetze als kosmische Blaupause bezeichnen. Mia freute sich diebisch, dass auch sie ein intelligentes Wortspiel anbringen konnte. Sie gingen den Berg hoch. Mia war glücklich: „Dass es selbst in dieser platten Stadt Gipfel gibt, die zu erklimmen sind."

Kai antwortete auf die vorherige Bemerkung: „Viele dieser Fragen könnten wir mit Ja beantworten. Dennoch lade ich dazu ein, die meisten Dinge mit dem wunderbaren Erkenntnis-Satz: „Ich weiß es nicht!" zu betiteln. Oder es gemäß der Sokrates-Philosophie zu halten: οἶδα οὐκ εἰδώς, oîda ouk eidōs – ich weiß, dass ich nichts weiß. Diese Herangehensweise kann sogar die Neugierde und die Wahrnehmung schärfen. Dieses „Nichtwissen" führt den Nichtwissenden aufgrund der intrinsischen Dialektik zur EIN-SICHT, also letztendlich zur Erleuchtung." Kai unterstrich mit seinen Handkanten die Trennung zwischen den Wörtern EIN und SICHT.

„Okay, nun will ich über Zitronenkuchen sprechen", sagte Mia völlig unerwartet. Kai merkte sogleich seine Chance: „Und ich über Schnitzel." „Anscheinend haben wir Hunger!" „Lass uns einkehren. Ich kenne da ein wunderschönes, italienisches Restaurante." „Was du nicht sagst."

Sie brauchten eine halbe Stunde um zum Italiener zu gelangen. Der Kamin brannte. Sie waren die einzigen Gäste. Der Wirt begrüßte sie als alte Bekannte, die sie auch waren. Hier gab es wirklich sehr leckeres Essen. Und der Wein war zauberhaft. Eigentlich tranken sie nur spanischen Wein. Sie liebten Spanien. Doch es gab nichts Vergleichbares zu diesem Stück Urlaub, den sie hier immer empfanden. Alles stimmte. Auch der trockene, italienische Hauswein.

„Also, wie wir es drehen und wenden, es kann nicht falsch sein, eigene Erkenntnisse weiterzugeben, auch wenn einem wahrscheinlich das Ego dabei in die Quere kommt, sei es durch falsche Bescheidenheit oder falsche Allwissenheit..." Kai unterbrach, denn die Kellnerin brachte die Oliven, etwas Brot und sie schenkte den Wein ein.
„Also beginne ich mal mit meiner Weltsicht. Ich habe für mich begriffen, dass es höchstwahrscheinlich eine mehrdimensionale Welt gibt. Burkhard Heim, ein genialer aber leider schon verstorbener Berliner Physiker, hat das sogar nachprüfbar in seinen Werken errechnet und bei verschiedenen Mayaautoren wird ebenfalls eine mehrdimensionale Welt erwähnt.

Der Geomant Marko Pogacnik, ich hatte ihn vorhin erwähnt, schreibt darüber sehr anschaulich und meint, dass wir die materialisierte Erdsphäre als eine von mehreren Sphären des Erdclusters erkennen sollten." „War das dies Buch mit den Engeln, den Elementarwesen und den anderen Welten, die sich mit unserer Wirklichkeit überschneiden?" „Ja, doch da gehe ich später mal drauf ein. Mir ist es wichtig mich damit zu beschäftigen. Ich werde es wohl noch ein paarmal lesen, bis ich es wirklich verstehe. Bis jetzt hat es mich sehr berührt und ich habe einige neue Erkenntnisse über die Welt erfahren. *Ich weiß jetzt, dass Honigsuche bedeutet, mehrdimensional zu werden.*"

Kai machte eine Pause, um den Satz auf sich wirken zu lassen. Doch sein Rededrang war nicht zu stoppen.

„Eine weitere Wahrheit für mich ist es, dass die Menschheit in ihrer gemeinsamen Evolution, in ihrem Bewusstsein zu einem Omegapunkt strebt, wie das Teilhard de Chardin schon Mitte des letzten Jahrhunderts in seinem Werk herausgearbeitet hat. Und ich glaube an die Bewusstseinsspirale der Evolution, die in der integralen Philosophie ausführlich beschrieben wird und von der wir schon viel gesprochen haben. Und ich glaube, dass wir allesamt demnächst als Menschheit die Kraft haben werden, individuell, also jeder für sich, das Denken auf eigene Art und Weise radikal zu erweitern."

„Ein bisschen viel Glauben in deinen letzten Sätzen", fasste Mia zusammen um eine Unterbrechung herbeizuführen. Sie hob das Glas und fragte wie immer: „Auf was trinken wir?" Kai konnte es nicht lassen und sagte: „Auf den Weltfrieden!"

„Also – im Ergebnis weist das, was ich hier aufzähle und was ich bereits in ein paar Notizen festgehalten habe, darauf hin, dass sich die Menschheit individuell in der Wahrnehmung erweitern wird und es wahrscheinlich ermöglicht wird, eine wei-

tere Dimension, die zeitlose Dimension, verstärkt wahrnehmen zu können. Die Menschheit, unsere Welt, wird interdimensional. Und ich gehe sogar so weit zu behaupten, dass ich glaube, dass zahlreiche Menschen wahrscheinlich auch dann innerhalb dieser Dimension ihr Leben leben können."
Mia war ernüchtert. Das kannte sie irgendwie alles. Sie sagte: „Du wolltest schon 1995 aufgestiegen sein. Willst du wirklich in all deiner Verzweiflung, da wir das Jahr 2012 nun erreicht haben, diese Superidee auf Teufel komm raus erneuern?" Bei dem Wort „Superidee" streckte Mia ihre beiden Daumen in Kinnhöhe in die Luft. Doch Kai ließ sich nicht beirren. „Es geht mir doch wirklich nur um ein Gedankenbild. Was könnte das bedeuten? Die Kommunikation zwischen Dualer und Nicht-Dualer Welt wird dann über Telepathie möglich sein. José Argüelles definiert Telepathie als eine vier-dimensionale Kraft der Intelligenz… „

Mia war sauer. „Bitte, jetzt drehst du ab. Es ist eine Sache, wenn du diese Bücher liest und mir daraus berichtest. Und ich höre dir gerne zu. Aber ich dachte, wir sprechen über deine Art, wie du die Welt siehst und wie du sie jetzt erlebst. Jetzt, hier und heute. Verstehst du?"
Kai trank einen Schluck Wein. Er schmeckte köstlich. Wie gerne war er hier. Sie wussten wirklich, wie man das Leben genießt. Früher wäre das undenkbar gewesen, Geld für solch eine sinnlose Nahrungsaufnahme zu vergeuden, wenn andere Löcher zu stopfen waren. Kai verstand nicht, warum Mia sich so erregte.

Am Abend schrieb Kai in sein Gedankenbuch: „Aber es geht nicht mehr darum, in die Vergangenheit zu schauen. Es geht ausschließlich um die Zukunft. Jetzt vielleicht sogar noch mehr als in der vorhergehenden Zeit.

Alle Utopien, die die Menschheit bisher angestrebt hat, vereinigten sich im Grunde genommen aus meiner Sicht in einem Bild, dass der Mensch frei ist, frei zu entscheiden und frei zu existieren, um sich weiter zu entwickeln. Durch die Mediation konnte ich, wie jeder andere Mensch auch, die eigentliche Grundlage der Realität für mich – vielleicht – erfahren. Es ist natürlich ein ständiger Weg.
Doch bisher war diese Freiheit im Außen nicht wirklich gegeben: Weil die Menschheit durch Ideologien und Fremd-Energien komplett in einer bestimmten Norm eingeschränkt wurde, aber das Leben erst hinter dieser vermeintlich unüberschreitbaren Normen beginnt und es erst dort spannend wird. Aber eins ist schon jetzt deutlich: Weltfrieden ist an diesem Ort definitiv möglich – das Paradies ist dort definitiv zuhause und wir können dort in Freiheit existieren. Mein Trinkspruch war also perfekt."

Kai lächelte und berührte Mia an ihrer Hand. „Reg dich mal nicht so auf. Wirklich wichtig wäre es doch immer wieder herauszubekommen, wie das Leben sein könnte. Wie könnte mein Leben aussehen, gäbe es keine Normenrestriktionen und Dummheit auf diesem Planeten. Andersherum: Welche Potentiale stecken in jedem von uns?"
Mia nickte. Mia wusste, was Kai meinte. In letzter Zeit gab es zu viele Hinweise. Dass das Leben, so wie es von 99,9% der Menschen wahrgenommen wird, wahrscheinlich nur ein absoluter Witz ist. Kai war es eine Freude immer wieder die folgenden Tatsachen zu zitieren: 99,9% der Materie ist Raum. So wie jedes Atom zu 99,9% Raum ist. Ebendiese Atome schwingen mit 99,9% Lichtgeschwindigkeit. Und neuerdings zitierte Kai die spirituelle Autorin Jeanne Ruland: dass der Mensch zu 99,9% aus Geist besteht. Nur 0,1% ist Mensch.
Mia schwenkte ein. Sie sagte unterstützend: „Ich habe vor kurzem einen Spruch gehört: „Die, die sich nicht anpassen,

sind die, die die Entwicklung vorantreiben."
Kai war begeistert. Das Essen kam.

Ein weiterer Text aus einem von Kais Gedankenbüchern. Die am Ende des Textes folgenden Zitate waren an die Buchseite angefügt: Warum lebt sich mein Leben immer so schwer? Um erste Zusammenhänge zu erkennen zu können, musste ich warten, bis ich 16 Jahre alt geworden war. Doch dieses Erkennen von Zusammenhängen war äußerst schmerzvoll und dramatisch. Monatelang wurde ich verfolgt von eigenen dunklen Geistern und gepeinigt von Erkenntnissen darüber, wie dramatisch die Zustände in meinem Leben und in deinem Leben und auf unserer Erde waren. Ich flog komplett aus jeglicher „heiler Welt", die man sich natürlicher Weise schon aus einem Selbsterhaltungstrieb heraus zusammenspinnt.
Ich begann mich für globale Zusammenhänge zu interessieren, insbesondere für ein natürlich vorhandenes Umweltbewusstsein. Die Zerstörung der äußeren sichtbaren Natur – und langfristig habe ich mich über diese Thematik hin zur eigenen Natur vorgearbeitet und erkannt, wie wir diese individuell und gemeinsam zerstören. Wir sind alle Individuen, die vor allen Dingen durch die eigene Furcht in einem Gedankenkasten, in einem Kerker des Materialismus gefangen gehalten werden und dies führt wiederum zu all diesem (materiellen) Leid, das wir und unsere Mitmenschen in unserem Alltag auf diesem Planeten tagtäglich erfahren.

Erst die Transzendenz in die Welt hinter der Materie, also die Erfahrung in der Meditation, sei es in Stille oder durch psychoaktive Praktiken, und das kann auch durch sportliche Ereignisse geschehen, ermöglichten mir an eine Art „realistische heile Welt" zu glauben.

Ich wollte ja nichts als das zu leben versuchen, was von selber aus mir heraus wollte. Warum war das so sehr schwer?
Hermann Hesse

Selbst wenn noch irgendwo ein Krieg stattfindet, lasst Eure Urteile über Gut und Böse fallen und beginnt Euch geistig in die Richtung zu bewegen, in der Ihr erkennt, dass alles, was wir die letzten 200.000 Jahre getan haben, uns zu einer gottgewollten Stufe der Entwicklung führen wird, die wir uns jetzt noch nicht einmal im entferntesten vorstellen können. Dafür gibt es keine Worte. Drunvalo Melchizedek

2012 was nun?

Das Essen war wie immer wunderbar. Kai fütterte Cara. Mit der Karottenbeilage. Cara fraß Karotten so gerne. Wie ein Pferd. Natürlich bekam Cara auch Nudeln. Aber das ließ Kai gerne Mia übernehmen.
„Kommen wir erneut zu einem Höhepunkt unserer Analyse", sagte Kai und bunkerte die Muscheln auf den Nudeln indem er mit einer Muschelschale die andere auskratzte. „Ich kam auf den Begriff Honigsuche um mir und dir eine Antwort zu kreieren, wie wir mit dem 2012 Mythos umgehen können."
Kai gab Mia den Parmesan. Auch wenn es sich (in einem italienischen Restaurant) nicht gehörte, sie mussten diese Nudeln einfach auch mit Käse bestreuen.
Kai fuhr fort: „Sind wir nicht alle Mitglieder einer geheimen Sekte geworden, deren geheime Botschaft war: macht euch keine Sorgen – nach 2012 wird alles besser?" „Bitte übertreibe nicht." „Doch, irgendwie stand das doch in allen Texten zwischen den Zeilen."

Mia grinste nachdenkend. Kai senkte den Kopf. Das macht er immer, wenn er sich fokussierte. Kai sagte: „2012. Zwei Null Eins Zwei. Zwanzig Zwölf. Oder auch die Quersumme vier. Ich wusste schon als ich 16 Jahre alt war, wie alt ich im Jahr 2000 sein werde und deshalb hatte ich mir ja auch ausgerechnet, wie alt ich in 2012 bin. Sieben mal Sieben Jahre – das fand ich transistisch. Ok, aber was bleibt, wenn wir genau hinschauen, von diesem mechanischen Mythos über. Das ist mein Hintergrund bei der Honigsuche.
Ich wollte den Prozess der Erkenntnissuche in den Vordergrund stellen und nicht das allgemeine Erlösungsversprechen."
Erneut betonte Kai seinen letzten Satz. Als bedeutend.
Kai sprach ihn heilig. Den Satz. Sich selbst. Diese Erkenntnis. Diesen Augenblick. Kai spürte erneut, dass etwas in ihm diesen Satz formuliert hat. Er kannte diesen Satz nicht. In diesem Gefühl sprach Kai weiter: „Schon Jesus sagte: „klopfet an, so wird euch aufgetan". Ohne Arbeit keine Ernte." Kai atmete ein. Kai verharrte. Kai blickte in die Ferne. Kai aß genüsslich ein paar Nudeln.
Mia: „Das hört sich stimmig an." Kai: „Also mal weiter." Kai erhob das Glas. Mia erhob das Glas. Sie schauten sich in die Augen: „Prost".
Kai sagte: „Ich glaube auf jeden Fall daran, dass wir mitten in einer Schwingungserhöhung sind. Im Außen zeigt sich dies ja auch durch diese aberwitzigen exponentiellen Wachstumskurven in allen Bereichen. Wenn man so eine Kurve betrachtet entsteht doch eigentlich eine Himmelsleiter?" Kai malte mit dem linken Zeigefinger eine Kurve in die Luft, die am Schluss fast rechtwinklig anstieg. „Oder?" „Ist das nicht Schönfärberei?" „Ja, ich könnte auch auf die Kurven verzichten, aber ich habe gelesen, dass am Ende solcher Kurven die Phase der Synchronisation beginnt. Ich fand, dass sich das spannend anhört. Vielleicht treten

wir ja in ein selbstheilendes, hohes gemeinsames Schwingungsmuster ein. Die Buddhisten sagen, dass jedes Atom vor Freude schwingt. Und wir sind doch alle Kinder der Sonne und die Sonne ist Teil des Universums. Unsere DNA schwingt, wie jedes Atom schwingt. Man kann das sogar hörbar machen. Das sind Eigenfrequenzen. Du kennst die Biophotonenforschung, dass im Grunde genommen alles Licht ist. Selbst unsere Nahrung ist Licht." „Du würdest ganz schön dumm aus der Wäsche schauen, wenn diese Nudeln hier aus Licht wären", flunkerte Mia. Sie gab Cara eine Nudel und griff dann zum Weinglas.
„Also wir sind Lichtwesen. Und die alten Kulturen sagen: Passt mal auf! Die Sonne wird jetzt durch die Zentralsonne höher programmiert, das heißt, es kommt mehr Energie auf der Erde an. Höher schwingende Energie." „Ich folge dir soweit. Das hat mit Sektentum aber wenig zu tun. Wir haben uns halt in den letzten Jahren auf diese Schwingungserhöhung vorbereitet und haben mit diesen kosmischen Toröffnungen dazu beigetragen, dass diese Schwingungserhöhungen in unser Leben und auf der Erde integriert werden. Das hat doch großen Spaß gemacht. Ich werde unsere Ägyptenreise nie vergessen. Wir haben damals die wichtigsten Tempel den Nil hoch energetisch reaktiviert. Und es war doch irre, dass dies von einem Medium in den USA ohne Anlass bestätigt wurde. Mir war diese Bestätigung immer egal, denn ich hatte das schon damals gespürt, dass diese Arbeit authentisch ist. Nur unser Menschenmind ist da wohl eher begrenzt." Kai bestätigte Mia: „Kein Wunder, sind wir doch auf Materie geeicht."
Kai streichelte Cara. Kai sagte: „Ich wollte herausarbeiten, dass diese Informationen mit den Schwingungserhöhungen einen Prozess darstellen. Ein Prozess, dem wir uns individuell angleichen. Deswegen ist Honigsuche für mich die Beschreibung dieses Prozesses. Für meinen ganz persönlichen Anteil an diesem Vorhaben."

Die wie immer sehr freundliche Bedienung kam und fragte, ob alles in Ordnung sei. Das Essen und der Wein wurden gelobt und Cara bekam einen Wassernapf.
Kai erzählte weiter: „Wenn wir nun den Informationen der Mayas folgen, tritt unsere Sonne jetzt über den Äquator der Galaxie und dies führt zu einer anderen Schwingung. Einer ziemlich anderen Schwingung. Die omnigalaktische Quelle informiert über das Galaktische Zentrum den Sirius, die Plejaden und damit unsere Sonne und damit die kristallene Erde, wo wir uns gerade aufhalten." „Geht es noch bombastischer?" „Zahlreiche Autoren haben zahlreiche Theorien. Ich vertraue hellsichtigen Menschen, die voraussagen, dass nun die Weltensphäre erneut wechselt. Feuer war die Weltensphäre Lemuriens, dann kam mit Atlantis Wasser, dann die Erde und nun kommt die Weltensphäre Luft. Mayas sagen, also ihre heutigen Schamanen, dass jetzt die Schwingungsinformation zunimmt. Unsere Sonne wird aufgeladen. Also: Ich glaube hier an das nicht entdeckte Land, sozusagen."
Mia schwieg. Sie wusste da wenig zu erwidern. Sie wusste selbst, wie Kai mit strahlenden Augen von zukünftigen Ereignissen sprach. Doch sie lebte sowieso eher im Augenblick. Sie machte alle Dinge, auch die Meditationen, das Malen, die Workshops, das Spazierengehen, die Unterhaltungen, das ganze Leben, ihr Leben im Jetzt. Sie machte es nicht, um irgendwo anzukommen. Sie war angekommen. Trotz all ihrer Befürchtungen. Sie war zufrieden, mit dem was ist. „Vielleicht ist das auch so ein Mann-Frau-Ding?", dachte sie zu sich selbst.

„Ervin Laszlo schreibt in seinem Buch „Weltwende", dass es ähnliche Analysen zu der bevorstehenden Transformation der Erde auch bei den Hopis gibt, und in der islamischen Astrologie, in der vedischen Astrologie, in der jüdischen Kabbala, in der christlichen Metaphysik und selbst im I Ging. Natürlich erfahren wir in den Medien wenig darüber, dass wir zum Beispiel auf einen Höhepunkt in der Sonnenaktivität zusteuern. Doch auch du hast bereits in den Nachrichten gehört, dass es verstärkt Sonnenstürme gibt." Kai aß fleißig seine Nudeln und nahm reichlich von dem frisch gebackenen Brot. Er hatte mal wieder Angst nicht satt zu werden.

„Ich habe dir doch die CD vorgespielt, die mit der Musik zur Aktivierung der Zirbeldrüse. Immer wenn die Sonne scheint und ich verweilen kann, nutze ich wie vorhin die Zeit und die Sonnenstrahlen um meine Zirbeldrüse aufzuladen. Und jetzt haben wir in diesem Film über 2012 das über die Magnetosomen im Gehirn gelernt." „Das habe ich wohl verpasst." „Also, wir haben im Gehirn anscheinend fünf Millionen Magnetit-Kristalle pro Gramm, und in der Gehirnmembran sollen es sogar 100 Millionen Kristalle pro Gramm sein. Also praktisch Magnete im Gehirn. Die kann man dann wohl auch programmieren. Ich habe den menschlichen Schädel schon immer für ein Frequenztor gehalten, spätestens als wir mit diesem Kristallschädel gereist sind und du dir monatelang einen ans Bett gestellt hattest. Ich denke, dass wir mit dieser Schwingungserhöhung eine enorme Energiequelle aktivieren werden." „Mir ist schon ganz schwindelig. Ich glaube ich muss mal Sonne tanken."
Beide lachten. Mia gab Kai ihre restlichen Nudeln. Dafür bekam Mia den restlichen Wein.
„Wir leben definitiv in zwei Welten. Die vermeintliche Mehrheit lebt auf einem vermeintlichen Luxusdampfer, der jedoch den Namen Titanic trägt. Frei nach Udo Lindenbergs Motto: „Immer lustig und vergnügt, bis der Arsch im Sarge liegt". Und wie bei einem Riesenschiff üblich, schlägt die Fahrt natürlich ordentlich

Wellen. Und deswegen bekommen wir von dieser Geisterfahrt noch so viel mit. Die Medien sind voll von falscher Berichterstattung über Krisen und Chaos. Alles Echos dieser Reise." Kai stellte seinen nun geleerten Teller beiseite.
„Der andere Zug, wie wir es sagen würden, ist aber auch schon lange auf dem Weg. Es gibt eine Fülle von Beispielen über hervorragende Ideen, die Welt zu einem besseren Ort zu machen. Doch bis diese Ideen an die Macht kommen, nicht nur zur Macht durchdringen, braucht es für den institutionellen Weg einfach seine Zeit. Dennoch, Revolutionen können natürlich nicht einfach geplant werden. Die finden einfach statt, wie damals der Mauerfall. Der Wandel der bereits stattgefunden hat, ist nicht sofort sichtbar. Er findet überall in den Köpfen statt. Und die jetzige Zeit beschleunigt gerade diese Art des Wandels. Wir werden uns noch alle wundern."

Wir sind kosmische Wesen die menschliche Erfahrungen machen

Sie tranken Ramazzotti. Auf Eis. Mit Zitrone. Die Spagetti mit Meeresfrüchten waren traumhaft gewesen. Ruhe kam auf. Der Tag begann sich zu verdunkeln. Kai schaute in sein Glas.
Kai sagte: „Wir hatten doch vorhin die Fragestellung, ob es ein Außen gibt. Mir fiel dazu noch etwas ein. Ich habe von dem Physiker Nassim Haramein gehört. Der kommt in seiner Forschung zu dem Ergebnis, dass wir selbst schwarze Löcher sind. Ich habe das noch nicht so richtig verstanden, denn obwohl ich mich viel mit Quantenphysik beschäftige, kann ich hier eigentlich nur Ergebnisse zitieren. Es gibt da dieses Video auf YouTube, das ich gesehen habe. Ich schicke dir nachher den Link.

Jedenfalls führten die Wissenschaftler in den letzten Jahrhunderten ihre Forschung unter der Annahme durch, dass sie etwas über die physikalischen Prozesse außerhalb, also in ihrer Umwelt und dem Kosmos erforschten. So ist ja eigentlich Wissenschaft entstanden. Und heute wird uns allen deutlich, dass wir im Grunde genommen die Prozesse erforschen, die uns Menschen selbst hervorgebracht haben. Unsere eigene Evolution. Evolution überhaupt. Wenn du Sternenstaub untersuchst musst du die Evolution mit einbeziehen und voila: hier sind wir, entstanden nach 14 Milliarden Jahren Sternenstaub. Was ist das wohl für ein irrer Moment, zu erkennen, dass wir im Grunde genommen existieren, um ebendiese Existenz zu bezeugen! Nassim Haramein sagt, und das habe ich jetzt auswendig gelernt: „Ihr seid wie eine Sonde der Raumzeit, die auf sich selbst von der Außenseite zurückblickt und die Informationen über ihre eigene Existenz sammelt."
Mia atmete tief ein. „Lass uns einen Nachtisch bestellen, ausnahmsweise."
„Mia, ich habe etwas geschrieben, dass ich dir gerne heute Abend vorlesen möchte. Es ist eigentlich eine Meditation und wir könnten das heute Abend machen, aber ich denke wir werden nach diesem Tag sehr müde sein."
Mia nickte. Sie liebte es, wenn Kai ihr etwas vorlas. Das hat er früher immer getan. Und nun nutzte sie gerne diese Initiative.
Kai ergänzte: „Es passt einfach gut zum Thema und natürlich kennst du das bereits, aber ich habe schon selbst darüber meditiert und ich bin gespannt, ob auch dir etwas dazu einfällt."
Sie aßen Tiramisu. Mia zahlte die Rechnung. Kai hatte sein Geld vergessen. Mal wieder. Alle drei gingen nach Hause. Die Straße entlang. Und dann quer durch den Wald.

Auf der Ebene der Form wirst du nie weiterkommen

Abends tranken Mia und Kai wie fast an jedem Abend eine Flasche spanischen Wein. Zum Glück war es ein spanischer Wein. Kai hatte sich nämlich vor zwei Jahren für 5.000 Euro an einem pfälzischen Weinfonds beteiligt und vor ein paar Monaten kamen dann die Paletten. Der Keller stand nun voll mit deutschem Wein. Die Flasche zwischen 40-70 Euro. Doch er war über die Jahre falsch gelagert worden und eigentlich verrottet. Nur ein paar sehr leckere, kleine Flaschen Eiswein hatten es überlebt. Kai musste damals unweigerlich an seinen Vater denken. Auch er hatte stolz Unmengen von Wein preiswert erstanden, der dann komplett umgeschlagen war. „Die Traube fällt nicht weit vom Weinstock“ flunkerte er, war aber dennoch mächtig sauer.

Kai begann die Meditation vorzulesen: „Stell dir vor, dein Körper ist ein Avatar. Du bist nicht dein Körper. Du bist nicht deine Gefühle. Du bist nicht deine Gedanken. Dies sind grundlegende Belehrungen die ich dank des buddhistischen Gedankengutes erfahren durfte.
Der integrale Philosoph Ken Wilber hat in einer Meditation zu diesen grundlegenden Einlassungen über Körper, Gedanken, und Gefühle die folgenden Sätze formuliert: „Ich bin, was übrig geblieben ist, reines Zentrum des Gewahrseins, ein unbewegter Zeuge all dieser Gedanken, Emotionen, Gefühle und Begierden. Alles was Sie sehen können, kann nicht der Sehende sein. Alles, was Sie von sich wissen, ist gerade nicht Ihr Selbst, der Wissende, die innere Ich-heit, die weder wahrgenommen, definiert oder in irgendeiner Weise zum Objekt gemacht werden kann. Knechtschaft ist nichts als die irrtümliche Identifizierung des Sehenden mit all diesen Dingen, die man sehen kann. Die Befreiung beginnt mit der einfachen Umkehrung dieses Fehlers.“

Beide meditierten. Nach ein paar Minuten las Kai noch einen Text von Eckhart Tolle. Für Mia und Kai war Eckhart Tolle ein außergewöhnlicher Mensch mit einer außergewöhnlichen Erfahrung. Von ihm stammt die Überschrift zu diesem Kapitel.
Kai: „Ich zitiere Eckhart Tolle aus seinem Buch „Eine Neue Erde". *Nun kannst du zwar das Bewusstsein selbst nicht erkennen, aber es kann Dir als dein Selbst bewusst werden. Du kannst es in jeder Situation unmittelbar spüren, egal, wo du bist. Du kannst es hier und jetzt als deine eigene Präsenz spüren, als innerer Raum, in dem die Worte auf dieser Buchseite (in diesem Text) wahrgenommen werden und sich in Gedanken verwandeln. Es ist das grundlegende Ich-bin. Die Worte, die du liest und denkst, schaffen den Vordergrund, während das Ich-bin das Substrat dazu bildet, den tiefer liegenden Urgrund aller Gedanken, Erfahrungen und Gefühle.*"
Beide meditierten.

Mia schenkte Wein nach. Der Abend war noch jung. Sie schlug vor, statt fernzusehen, eine DVD über einen Vortrag von Eckhart Tolle anzuschauen.
Mia fütterte Cara mit ihren Tabletten: „Eine für dein glänzendes Fell, eine für deine strahlenden Augen, eine für deinen klaren Geist, eine für deine Gesundheit. Und zum Schluss zwei Schokodropies." Es war eine dieser Zeremonien, die sie tagtäglich ausführte. Kai legte die DVD ein. Sie schauten die DVD. Sie gingen nicht gemeinsam ins Bett.

An diesem Abend schrieb Kai sehr viele Seiten in sein Gedankenbuch. Es waren immer hochwertige, liebevoll eingefasste Bücher. Zuletzt zwei Bücher, die er aus Australien mitgebracht hatte und die einen künstlerischen Einband von Aborigines aufwiesen.

Kai empfahl immer allen, sich wirklich dauerhaft mit den Schriften von Eckhart Tolle zu beschäftigen. Dies durchzog im Übrigen das Leben von Kai. Immer wenn er ein für ihn wichtiges Buch gelesen hatte, verschenkte er es an alle Menschen, die ihm zu der jeweiligen Zeit nahe standen.
(Die Bücher, die ihn augenscheinlich zuletzt berührt haben, – sie stehen natürlich auch in seiner Bibliothek –, wurden in einem Literaturverzeichnis übernommen, das diesem Kompendium beifügt ist. Möge der ein oder andere daraus Anregungen übernehmen und lasst es bitte wissen, ob ihr Zitate gefunden habt, um die hier bisher beschriebene Honigsuche umfassender zu dokumentieren.)

Kai schrieb zu Eckhart Tolle:
Von Eckhart Tolle gibt es ein paar wunderschöne Aufzeichnungen von Vorträgen die im wahrsten Sinne zeitlos sind. Seine Belehrungen über Form und Formlosigkeit haben auch mir sehr geholfen. Eckhart Tolle spricht aus einem authentischen Raum und alle seine Texte beinhalten erwachtes Bewusstsein und Liebe. Ich zitiere hier aus seinem Werk „Eine neue Erde“:

> *„Wer also macht die Erfahrung? Du. Und wer bist du? Bewusstsein. Und was ist Bewusstsein? Diese Frage lässt sich nicht beantworten. In dem Augenblick, indem du sie beantwortest, hast du es schon verfälscht und zum Gegenstand gemacht. Bewusstsein, traditionell Geist genannt, kann nicht im normalen Wortsinne erkannt werden, weshalb es fruchtlos ist, danach zu trachten. Alles Erkennen gehört dem Reich der Dualität an – Subjekt und Objekt, Erkennender und Erkanntes. Das Subjekt, das Ich, der Erkennende, ohne den nichts erkannt, wahrgenommen, gedacht oder gefühlt werden kann, bleibt für immer unerkennbar. Das liegt daran, dass das Ich keine Form hat.*

Nur Form kann erkannt werden, und doch kann die Welt der Form ohne die Dimension der Formlosigkeit nicht bestehen. Sie ist der leuchtende Raum, in dem die Welt entsteht und vergeht. Dieser Raum ist das Leben, das Ich-bin.
Er ist zeitlos. Ich bin zeitlos, ewig. Was in jenem Raum geschieht, ist relativ und zeitgebunden: Lust und Leid, Gewinn und Verlust, Geburt und Tod."
(Eine Neue Erde, S. 251)

Und Ken Wilber schreibt zum Thema Bewusstsein:
„Bewusstsein entwickelt sich, wenn etwas, das bisher nur Subjekt meiner Wahrnehmung ist, nun auch zum Objekt meiner Wahrnehmung wird."

Mein Freund Wolfgang hat mir im letzten Jahr eine Mail zu dieser Thematik geschrieben. Ich zitiere ihn hier, da seine Gedanken, wie so oft, die Schwierigkeit in dieser Aufgabe erfasst haben:

In einem Spannungsfeld zwischen Prägung und Fluktuation ist die Welt jetzt.

„Aus der Quantenmechanik weiß man ja, dass die entscheidenden Faktoren für das Eintreten oder Ausbleiben von Ereignissen die Wahrscheinlichkeiten sind. Die Frage ist also, was der Avatar veranstaltet um Wahrscheinlichkeiten für Ereignisse zu generieren. Sprich Welt zu erschaffen oder zu verhindern. Da das Hirn in definierten Bahnen agiert, die durch Blaupause, Erdenbewusstsein und soziokulturelle Emanationen geprägt sind, ist die Erschaffung von Welt also maßgeblich bestimmt durch unser Selbstverständnis.
Das Verständnis des Selbst für den AVATAR. Eine Sphäre, die im Alltagsüberlebensmodus eher unbewusst agiert. Das erschwert es, dem Avatar mit seinen Bezügen zu vertrauen.

Wenn kein Vertrauen da ist, greifen wir zurück auf unsere Prägungen. Lineare Gedanken schmeicheln dem Hirn und erklären die Welt. Es funktioniert, weil es belohnt wird. (What you see is what you get). Kommunikation und Interaktion lassen sich gerne darauf ein (da kann man sich gegenseitig auf die Schulter klopfen, wir sind richtig).
Es schafft aber kein Gefühl von Freiheit und des „Aufgehoben Seins" in der Welt. Kein Selbst-Vertrauen! Es ist ein lineares Konstrukt, das die Vergangenheit erklärt und Sicherheit für die Zukunft verspricht. Vergangenheit und Zukunft sind also Geschöpfe der Gedankenwelt."
Wolfgang 16.06.2010

Der letzte Tag

Die Woche verging. Wie im Fluge. Kai arbeitete ununterbrochen. In seinem Zimmer. Er sprach wenig. Mia spürte, dass etwas passierte. Mia warf Kai vor, nur noch Pascha zu sein. Sich nur noch die Unterhosen waschen zu lassen. Nicht einmal staubsaugen würde Kai. Oder irgendetwas für die Gemeinschaft tun. Von Nähe und Zärtlichkeit oder gar Sexualität kaum zu sprechen. „Millionen Frauen würden das sofort begeistert lesen, wenn ich da mal drüber schreiben würde", schimpfte Mia, wobei sie das Wort da bedrohlich betonte.
An den Abenden lag Kai wie eingeschweißt auf dem Sofa und schaute in den Flatscreen. Mia flüchtete sich in den Keller und malte.

Es war Samstagmorgen. Mia hatte wieder sehr schlecht geschlafen. Kai stand ungewöhnlicher weise vor 8 Uhr auf. Er las ein neues Buch. Es kam am Tag vorher mit der Post. Es hatte ein Wetterwechsel stattgefunden. Die Nacht über hatte es stark

geregnet. Es war kein Schnee mehr zu sehen. Sie machten ihren üblichen Morgenspaziergang.
„Ich bin ziemlich verzweifelt“, sagte Kai. „Doch in dieser Verzweiflung erinnere ich mich an meine eigenen Sprüche und rede mir Geduld zu. Ich sage mir, dass wir alle nur zwei Hände haben mit denen wir etwas erreichen können.“ Mia erwidert umgehend: „Auch ich hatte eine schlechte Nacht. Doch ich denke nicht, dass wir verzweifeln müssen. Auch wenn wir vielleicht jetzt nichts ausrichten können.“
In der Woche kamen Briefe. Es kamen Rechnungen. Es kamen Absagen. Mia war bedrückt. Kai war entrückt.

Kai: „Ich arbeite nun schon seit ewigen Zeiten für eine bessere Welt und dennoch passieren immer noch so unglaublich dumme wie schlimme Sachen weltweit.“
Mia: „Aber das stimmt doch mit den zwei Händen und du weißt auch, wenn du etwas denkst dann passiert das überall. Wie viele Erfindungen wurden gleichzeitig an verschiedenen Orten auf unserem Planeten erfunden. Das morphogenetische Feld. Der Hundertste Affe. Das zeigt doch, dass wir im Bewusstseinsfeld verbunden sind und deine guten Ideen sicherlich eine positive Wirkung haben.“

Kai hatte die Woche über gelesen. Und geschrieben. Er hatte seine Ideen zur Zeitenwende niedergeschrieben. Eigentlich hätte er sich um das Geschäft kümmern müssen. Er konnte es einfach nicht. Er fand Ausreden. Eine Menge.

Beide stritten. Beide sagten Dinge, die besser nicht gesagt werden. Sie bemerkten nicht, dass Angst die Ursache war. In ihrer Angst schlugen sie mit Worten aufeinander ein. Die Worte trafen ihr Ziel. Ungewollt. Kai schwieg darüber. Mia schwieg darüber.

Kai: „Ich habe mich jetzt sehr damit beschäftigt, wohin mich die Honigsuche führen wird und ich habe darüber nachgedacht, wie eine andere Art von Gesellschaft aussehen wird, wenn die Menschen das Bewusstsein erweitern. Es gibt einen literarischen Jesus in diesem wunderschönen Buch: „Die Hütte. Ein Wochenende mit Gott." Dieser Jesus nennt zum Beispiel die Bereiche Ökonomie, Politik und Religion die „selbsterschaffene Dreifaltigkeit des Schreckens". Und er spricht voller Mitgefühl über die Angst und Verwirrung, die bei Menschen entsteht, die damit nichts zu tun haben wollen."
Kai macht eine Pause. Kai atmet ein und aus. Er schaut auf Mia.
Kai: „All diese Strukturen und Ideologien sind schlichtweg ein Versuch ein Gefühl der Sicherheit zu erzeugen. Du würdest sagen: getrieben aus einer Mischung von Angst und Dummheit. Es ist eine Schein-Sicherheit. Jesus wäre gemäß unserem schon zitierten literarischen Jesus weder Christ, noch gäbe es eine Kirche in seiner Gesellschaftsform. Da fehlt ihm schlicht das Programm dafür. Und warum: *weil bei der Honigsuche die Integration der Formlosigkeit in dein Sein an erster Stelle steht und nicht eine fadenscheinige Organisation der Form im Außen.*"
Mia schwieg zunächst. Sie freute sich, dass Kai sie zitierte, doch ihr Ärger über die gesamte Situation und Kais Ignoranz waren unterschwellig da. Ihr reichte es auch irgendwie, immer nur zu theoretisieren.
Mia: „Ich bin da doch schon längst. Ich lebe das und ich glaube ja auch daran, dass sich alles zum Guten wendet. Du bist es doch, der das alles aufschreiben muss. Du scheinst doch die Gewissheit verloren zu haben, dass wir in ein goldenes Zeitalter gehen. Du bist nur „Plan" und so wenig „Moment"."
Cara lief in den rechten Waldweg. Wenn sie jetzt beide folgen würden, wäre es ein längerer Spaziergang. Die Sonne schien. Mia und Kai folgten Cara.

Kai sprach weiter ohne auf Mia einzugehen: „Ich habe in den letzten Tagen darüber gelesen, wohin sich die Wirtschaft wohl entwickeln wird. Wenn wir es als Menschen schaffen, uns selbst zu erkennen, anzunehmen und lieben. Wenn wir es schaffen, unsere Ängste zu transformieren und mutig genug sind, hinter ein normiertes Dasein zu schauen. Wenn wir uns darauf ausrichten, mehrdimensional zu werden. Dann wird das nicht nur alle Organisationen abschaffen bzw. transformieren, sondern unsere ganze Lebensweise." Der Weg zweigte erneut ab. Mia schwieg.

Kai: „Der Wissenschaftler Maslow hatte bereits in den 40ern des letzten Jahrhunderts erkannt, dass sich die Bedürfnisse der Menschheit pyramidenartig entwickeln. Die Bedürfnisse müssen stufenhaft befriedigt werden: Physiologische Bedürfnisse – Sicherheit – Soziale Bedürfnisse – Individualbedürfnisse – und am Schluss Transzendenz also Selbstverwirklichung. In den USA nennen sie diese Menschen, die dort einzuordnen wären, schon jahrelang die „kulturellen Kreativen". Und es gibt eine Menge davon. Die Wirtschaftsform wird sich entsprechend dieser Wahrheit ändern. Das wissen wir und es gibt Menschen, die anhand der Maslowschen Bedürfnispyramide bereits erkannt haben, dass die Menschheit auf der obersten Stufe angekommen ist und das bedeutet auch, dass die Wirtschaftsform sich hier annähern wird. Einzelne Menschen werden vermehrt Dienstleistungen anbieten für einzelne Menschen: Genau hier und jetzt zur Befriedigung der Bedürfnisse des Individuums."

Mia grummelte.

Mia: „Genau deswegen entwickeln wir doch das Guts-Gelände! Ich habe in meinen Projektfokus all diese Aspekte mit aufgenommen."

Kai sprach einfach weiter.

Kai: „Ja ich weiß. Wusstest du, dass es bereits Stand der Diskussion ist, dass es ein Ende der herkömmlichen Arbeitsweise geben wird. Der Ökonom Jeremy Rifkin schreibt zum Beispiel, dass das Industriezeitalter zu einem Ende der Sklavenarbeit führte und dass das Informationszeitalter die massenhafte Lohnarbeit beenden werde."

Mia fühlte sich nicht erkannt. Mia war ärgerlich.

Mia: „Ja deswegen wird sich ein neuer Dienstleistungsgedanke etablieren. Seit Jahren sage ich dir doch, dass ich keine Ware mehr anfasse."

Kai: „Das verstehe ich. Was du eingangs erwähnt hast, dass es diese Bewusstseinsimpulse gibt, sehe ich ja auch hier als Wirkprinzip. Die egozentrischen Werte und das materialistische Bewusstsein werden sich im Ergebnis selbst abschaffen. So oder so."

Mia: „Dennoch ist das alles nicht so stringent. Ich habe schon einmal erlebt, wie ein ganzes System zusammenbricht. Wir brauchen da keine Angst haben, es geht immer weiter, selbst wenn das Geld zusammenbricht und entwertet wird, wie es bei der Wende geschehen ist. Lass ruhig drei Mauern fallen, ich weiß, die Menschheit wird es schaffen, wenn sie auf sich vertraut."

Kai: „Ich bin inzwischen der festen Überzeugung, und ich fühle mich bestätigt durch die wissenschaftliche Entdeckung der sogenannten Spiegelneuronen in unserem Gehirn, dass wir als mitfühlende Wesen auf diesen Planeten gekommen sind. Du weißt ja, dass diese Spiegelneuronen auch anschlagen, wenn andere Menschen Erfahrungen machen. Wir sind traurig, wenn wir einen traurigen Menschen sehen!"

Mia: „Ja und?"

Kai: „Der Zukunftsforscher Ervin Laszlo sagt, dass unsere Kultur unseren natürlichen Hang zur Empathie und Kohärenz unterdrückt – zugunsten von egozentrischen, materiellen Erkenntnissen. Er sagt, dass wir eine moralische Pflicht haben unser wahres Sein anzunehmen. Er sagt, dass wir es nicht zulassen dürfen, dass sich das „Auge des Kosmos, das sich durch uns geöffnet hat, wieder schließt". Das ist Honigsuche, Mia!"

Mia schwieg. Sie plante bereits ihre Fahrt zu einem Treffen mit ihrer Freundin.
Mia: „Nimmst du Cara?"
Kai: „Ja, es ist schönes Wetter, wir werden wandern. Ich wollte noch einmal diese Stelle spüren, die wir letzte Woche bei unserem Riesenspaziergang entdeckt hatten."

Als Mia am Abend nach Hause kam, saß Cara vor der Haustür. Sie wirkte verstört. In der Nacht rief Mia die Polizei und fragte bis dahin alle erreichbaren Nachbarn. Der Sonntag wurde ein Suchtag. Am Nachmittag fand man die Mütze von Kai. Ein Nachbar hatte sie mit einem Teleobjektiv auf dem nicht begehbaren Eis entdeckt und fotografiert. Mia erkannte die Mütze. Bis heute gibt es keine weitere Spur von Kai.

„Mehr Licht" – ein Epilog

Kai hatte so viel Material hinterlassen, dass ich bis jetzt natürlich nicht die Zeit hatte, auch nur annähernd alles durchzuarbeiten, geschweige denn alles für dieses Kompendium zu erfassen. Es gibt so wunderschöne Zitate und Gedichte, die er gesammelt hat, dass ich beschlossen habe, diese wohl in eine eigene Sammlung zu übernehmen. Darüber hinaus gibt es die eigenen Gedichte von Kai und auch seine „Transparenz"-Fotos. Wohl ein Hobby, das er durch meine Art die Dinge zu sehen, hervorragend adaptiert hat. Dies schreibe ich ohne Ego, Neid oder Eifersucht.

Es macht mich im Herzen so glücklich, alle diese persönlichen Artefakte in den Händen halten zu dürfen und mit ihnen so viel Zeit zu verbringen. Es ersetzt mir nicht den Freund und die Traurigkeit ist unbeschreiblich, doch ebenso groß ist diese tiefe Freude über diese Klarsicht, die durch manche seiner Texte und Bilder zu mir durchschimmert.

Manchmal ist mir nicht gleich deutlich geworden, ob die Textstellen fremde oder eigene Zitate sind. Ich habe mich deshalb auf die authentischen Teile beschränkt. Doch hier ist ein Satz, der alles für mich so klar zusammenfasst, dass ich ihn nicht unerwähnt lassen möchte:

„Schön wenn Menschen etwas zu Ende denken. Schön, wenn die Erkenntnisse uns als Individuum weiterhelfen unsere eigene Evolution zu erkennen und damit zu beschleunigen. *)

*) Wir danken hier Tom Amarque.

Von den unzähligen Materialien füge ich Euch ein paar als Anhang hinzu. Es sind Gedichte und Texte von Kai, die ich in seinen Unterlagen fand, und die mich während dieser Arbeit berührten. Ich denke, dass alle Materialien im Zusammenhang mit den vorherigen Zeilen aufzeigen, was Kai in seinem Leben angetrieben hat. Ich beginne mit seinen gesammelten Zitaten und Gedichten, die ich als Gebete für ihn und uns betrachte. Ich fand Trost darin, darüber zu verweilen.

Eine seiner letzten Mails war an eine Geschäftspartnerin gerichtet. Ein Auszug verdeutlicht auch hier, wo Kai (am Ende seines Weges/zu Beginn seines neuen Daseins?) stand:
„Mein Fokus liegt auf meinen Stärken. Das Thema wird sich dann schon finden. Bei Energie kann ich eine Menge mitreden. Ich muss nicht überzeugt werden. Ich glaube nur, dass wirklich über 90% der Dinge immer noch komplett falsch laufen. Wie gerne würde ich am richtigen Ort und zur richtigen Zeit als kreativer Innovator meinen Anteil leisten, die Welt unwiederbringlich in eine andere Richtung zu bewegen. Hört sich „männlich" an, ist aber evolutionär gemeint."

Ein Nachtrag: Nachdem ich diese Arbeit in der Rohform abgeschlossen hatte, fanden Mia und ich, verborgen unter einem Stapel, eine Art Akte an mich von Kai. Es war eine Klarsichthülle mit unbekannten Texten, die Kai aus dem letzten Jahr gesammelt hatte. Er wollte sie mir anscheinend kopieren und hatte eine handschriftliche Notiz ganz obenauf gelegt: „An Wolfgang, meinen Freund und Ideengeber. Mögest du wissen, was mit diesen Texten zu tun ist." Unterschrieben mit Kai.

Ein Text ist über die Thematik Artefakte, den ich als Fragment bereits kannte. Einen weiteren konnte ich in der Entstehung miterleben. Er fußt auf einen gemeinsamen Museumsbesuch in Barcelona. Ein Redeentwurf, der dieses Kompendium, so muss ich es ausdrücken, visionär erfasst hat und ein Text über Sexualität. Ich habe sie Euch ebenfalls beigefügt.

Wolfgang U. Eipa in Gedenken
Frankfurt am Main / Berlin im März 2012

Anmerkung:
Das erste Kompendium von Kai befindet sich im Anhang 1.

Faksimile von Honigsuche Band 2.0

Das zweite Kompendium von Kai

Ein Pfad zur Entrückung

Honigsuche 2.0

Meiner lieben Frau

Ich bin die Welt.
Ich liebe.
Liebe ist der Treibstoff der Evolution.
Dies ist alles.

Aus dem Nachlass von Kai

Aufgrund des Glaubens wurde Henoch entrückt und musste nicht sterben; er wurde nicht mehr gefunden, weil Gott ihn entrückt hatte; vor der Entrückung erhielt er das Zeugnis, dass er Gott gefiel.
Hebräer 11,5

Prolog: ein Pfad zur Entrückung

Ich vermag es kaum fassen, mit welch vielfältiger Reaktion die unterschiedlichsten Menschen auf unser erstes Kompendium reagiert haben. Freude und Dankbarkeit sind die grundlegenden Gefühle die mich seit dem Eintreffen der ersten Reaktionen ständig begleiten. Es ist wie ein Vibrieren und eine ungeahnte Lebendigkeit hat mich erfasst, denn rückschauend wurde mir deutlich, was Kai mit seinen Gedanken und Schriften ausgelöst hat.

Freunde, wir haben so viel Resonanz, dass ich allein darüber eine Unmenge schreiben müsste. Doch auch in diesem zweiten Kompendium stehen natürlich die Ausführungen und die Philosophie von Kai im Mittelpunkt.

Dennoch an dieser Stelle, auch in Namen von Mia, sage ich Euch allen auf das herzlichste einen Dank für Euer Interesse und Euer Engagement. Ich sollte darüber berichten, dass Mia sich kaum retten konnte vor Anfragen und Hilfsangeboten. Und natürlich bezog sich das auch auf die Auswertung des Nachlasses von Kai. Mia und ich sind darüber überglücklich.

Anderseits scheint es uns zur Zeit noch nicht möglich, weitere Personen in dieses fast schon historische Vorhaben einzubinden. Ja, leider ist es gewiss, dass es weiterhin ungewiss ist, was wirklich mit Kai geschehen ist. Es sind nun Tage, Wochen und Monate vergangen und aus dieser Ungewissheit hat sich für mich – und auch Mia bestätigt dies – eine Art spirituelle Ruhe ergeben, die die Perspektive auf mein Leben vertieft hat.

Honigsuche – ein uralter Ritus

Auf die vielen Anrufe, Briefe, Emails und auch Internetreaktionen, wie Tweets oder Facebook- und Blogkommentare kann ich an dieser Stelle leider nicht näher eingehen. Mia und ich haben uns aber entschlossen, aus den unzähligen zugesendeten Zitaten ein paar aufzuführen. Wir wissen ja, dass Kai den Begriff Honigsuche bewusst verwendet hat. Wir vermuten, dass es eine Intuition war. Dennoch waren wir überrascht, wie sehr dieses Synonym bereits in der Literatur für ähnliche Thematiken genutzt wurde. Auch würde es Kai besonders freuen, wie viele Hinweise wir auf uralte Rituale, teilweise sogar schamanischer Natur, in Zusammenhang mit der Honigsuche bei Stämmen, Völkern und Kulturen aus zahlreichen Regionen weltweit erhalten haben.

Honigsuche war und ist dort eine wichtige, wie ehrbare, aber auch gefährliche Aufgabe in der jeweiligen Gemeinschaft. Ich zitiere beispielhaft aus dem Buch „Sinndeutung des Mythos: die Trinität in den Mythen der Urvölker" von Josef Leo Seifert (1922): „Zugleich ist er der Kulturheros, der die Pygmäen die Jagd und *Honigsuche* lehrte und ihnen die dazu nötigen Gerätschaften verschaffte."

Die Friedrich-Schiller-Universität-Jena veröffentlichte in 1956 die folgende Analyse eines Stammesrituals: „Beim *Honigsuchen* ruft er mit Kopfstimme: aya, wa, wa, wa, wa, papa, mekwetil" „o wa, wa, wa, wa, Vater, laß mich (Honig) finden!" Papa ist Mungu, er soll eine Schlange sein, wohl die des Regenbogens." Oder aus einem ähnlichen Werk aus 1958 „Wildbeuter in Ostafrika" von Ludwig Kohl-Larsen: „Wenn die Tindiga vom *Honigsuchen* zurückkommen und man ist als Fremder in ihrem Lager und begrüßt sie, ist es nicht Sitte, lange um Honig zu bitten und zu sagen: ‚Gib mir von deinem Honig!' Du gehst einfach zu den Männern hin und nimmst ihnen das Gefäß ab und damit ist es dein! Der Tindiga hat nicht den Gedanken, dass ihm etwas abgenommen wird. Er denkt sich: Derjenige, der mir das Gefäß abgenommen hat, hat Hunger, er wird mir dann später auch einmal Essen geben!". Oder ein Zitat aus dem Werk „Asien – eine allgemeine Landeskunde" von Wilhelm Sievers in 1895: „Zu den Beschäftigungen dieser wie der meisten anderen Bergstämme gehört das *Honigsuchen*, Wurzelgraben, die Bereitung berauschender Getränke und das Sammeln".

Ich bin sicher, dass ich mich diesem Analyse-Zweig der Honigsuche selbst noch einmal widmen werde.

Andere schickten uns Auszüge aus den verschiedensten Sprachbüchern um uns mitzuteilen, was das Wort Honigsuche im romanischen bedeutet und wie es in Sanskrit geschrieben wird.

Doch zunächst freue ich mich, Euch hier ein paar Literaturzitate präsentieren zu können, die Ihr uns, liebe Freunde, zugesendet habt. Dabei beginne ich mit einem Zitat von Hermann Hesse, denn das ist wieder so eine unglaubliche Synchronizität. Ich selbst habe ja das Glasperlenspiel von Hermann Hesse gelesen und deswegen weiß ich auch zu berichten, dass Kai zwei Dinge von Hesse ganz außerordentlich liebte. Zum einen Siddharta und zum anderen ebendieses Werk. Und dort insbesondere die Lebensläufe von Joseph Knecht im Anhang. Ich bin mir nicht sicher, doch ich meine mich zu erinnern, dass von diesen drei Lebensläufen für Kai der indische Lebenslauf der inspirierendste war. Und ausgerechnet dort findet sich der folgende Wortlaut, der mir wirklich komplett entfallen war: „Dasa vergaß die Honigsuche. (…) »Ich war im Walde«, sagte Dasa, »es zog mich dorthin, ich wollte nach Honig suchen. Aber dann vergaß ich es, denn ich sah dort einen Mann, einen Einsiedler, der saß da und war in Nachdenken versunken oder in Gebet, und als ich ihn sah und wie sein Gesicht leuchtete, musste ich stehenbleiben und ihn ansehen, eine lange Zeit. Ich möchte am Abend hingehen und ihm Gaben bringen, er ist ein heiliger Mann«. (Joseph Knechts Lebensläufe: Indischer Lebenslauf, Hermann Hesse, das Glasperlenspiel)

Wer nun weiß, dass Dasa am Ende seinen Weg gefunden hat, der vermag die ungeheure Wucht dieses Zitates zu ergreifen, die mich erfasste, als ich es las. Ich hatte gerade die Morgenpost sortiert und war dabei, für dieses zweite Kompendium, einen verfassten Beitrag von Kai zum Thema Honigsuche abzuschreiben. Und am Ende schreibt Kai in ebendiesen Beitrag zum Thema Honigsuche zusammenfassend: *„Du musst dich in deiner Honigsuche vergessen, wenn du deinen Weg finden willst"*. Mir stockte fast der Atem bei dieser – praktisch unterstrichenen – Präsenz von Wahrheit.

Auch andere Literaturzitate zielen auf die Spiritualität: „Wenn wir Bienen auf der *Honigsuche* sind, und der Honig heißt Glück, so haben wir nicht weit zu fliegen. Glück ist allem Geschaffenen beigemengt, und man hat es den Dingen nur zu entlocken". (Alfred Döblin; Der unsterbliche Mensch)

„Das was man Liebe nennen kann gibt mir Honigsuche“. (Joseph Beuys; Die Revolution sind wir)

„Denn in dialektischer Umkehrung des Gedankens, daß der Mensch den göttlichen Honig suche, sagt Origenes, Christus wünsche den vom Menschen bereiteten Honig zu finden und zu speisen“. (aus: Graphematisch-phonematische Untersuchungen zum Altjiddischen)

„Alles, was wir seyn sollen, die Kräfte und Fertigkeiten, die wir zum Honigsuchen, zum Wachsbereiten, zum Zellenbauen, nothwendig haben, liegen in uns selber zur höchsten Kunstvollkommenheit entwickelt und erhaben.“ Johann Heinrich Pestalozzi 1822

Mit diesem Zitat beende ich vorerst diese Sammlung.

Die letzten Wochen waren für mich sehr durchwachsen und es sollte uns, Mia und mich, noch eine weitere Prüfung heimsuchen, die ich Euch in den nächsten Kapiteln kurz schildern werde.

Doch eins will ich Euch schon jetzt wissen lassen: ja, wir haben die letzten Texte von Kai erhalten und geben sie Euch in diesem Kompendium wieder. Es sind alle seine Aufzeichnungen zum Thema Honigsuche.

Kai hat in unglaublicher Zeit eine in ihm herangewachsene Innenschau in seinem letzten Gedankenbuch dokumentiert, welches uns auf mysteriöse Weise erreicht hat. Ich musste praktisch das ganze Kompendium 2.0 neu denken, doch auch dies scheint mir in diesem Zusammenhang kein Zufall zu sein. Mia und ich wurden praktisch in diese nun folgenden Zeilen mit hineingezogen. Diese Begebenheiten habe ich notwendigerweise an den Anfang des Werkes gestellt.

All das in diesem Zusammenhang Erlebte ist nicht einfach in Worte zu fassen und bestimmt nicht nur meine gesamte Aufmerksamkeit, sondern auch meinen Tagesinhalt. Das Leben scheint mich und Mia in eine tiefe Erkenntnis zu verstricken und die bisherigen Vorkommnisse könnten sicherlich auch in einer Life-Dokumentation zur spannenden Unterhaltung der interessierten Zuschauer beitragen, wäre da nicht dieser ureigene Geschmack von Schicksal.

Ich muss Euch daher zunächst die Vorgänge schildern, wie wir in den Besitz des letzten Gedankenbuch von Kai gekommen sind, was gleichzeitig auch die Dramatik sowohl der Ereignisse, als auch dem von Kai hinterlassenen Schrifttum unterstreichen wird.

Nach alledem ist meine grundlegende Erkenntnis: ich bin im tiefsten Herzen zuversichtlich, dass wir Menschen einen Weg finden werden, uns und unserem Planeten zur Selbstheilung zu verhelfen. Dieser Weg ist die Entwicklung unserer individuellen Spiritualität und die Entwicklung unseres Bewusstseins – mit Eigenzeit und Selbstliebe, gehen wir gemeinsam in ein neues Zeitalter.

Kai hat uns hierfür in seinen Schriften eine Wegbeschreibung als Vermächtnis hinterlassen: die Honigsuche.

Euer Wolfgang U. Eipa
Berlin/Frankfurt a.M. Mai 2012

PS: Ihr batet auch darum zu wissen, wie es denn nun weiterge- he. Die nächsten Schritte die wir unternehmen werden sind sicherlich die Einrichtung einer Website und die Fortführung unseres Twitteraccount „Honigsuche“. Es wurde auch angeregt, demnächst ein Seminar für Honigsuchende auszurichten und Mia hat ein Angebot erhalten, einmal ein Unternehmen in Be- zug auf Honigsuche zu beraten.

Ihr seht, liebe Freunde, wie sehr unser Thema in die Zeitqualität passt.

Integrales Sein

Kai besuchte Wolfgang sooft er konnte. Er in der Gegend war. Er es einrichten konnte. Es ihn trieb. Oder, wie Kai es heute formulieren würde, es geschah.

In Kai gab es einen Impuls mit Wolfgang zu sein. Ein ausgeprägter Impuls. Wenn es seinerzeit die Geschäfte erlaubten, oder es gar ermöglichten, kam er zumeist mit dem Flieger, aber auch mit dem Zug und ein, zweimal mit Auto nach Frankfurt. Wenige Male holte Wolfgang Kai von Bahnhof ab. Viele Male trafen sie sich in einem Hotel, meistens im Hessischen Hof. Sehr oft zum Frühstück, denn es gab für Kai (und dann auch für Wolfgang) kein reichhaltigeres Frühstück als dort. Stundenlang saßen und aßen sie in dem kleinen pompösen Frühstückssaal, sprachen über all die Dinge, die zu der Zeit wichtig waren, lasen Zeitung und beobachteten manchmal auch die Gäste, unter denen nicht selten Persönlichkeiten des öffentlichen Lebens waren.
Und wenn es nicht zum Frühstück klappte, kam Wolfgang am Abend und sie gingen in der Nähe ein Steak essen, was ebenfalls ein Genuss war, denn ein solches Restaurant gab es kein zweites mal. Es gab immer eine Flasche Wein und man schwelgte von Spanien, denn das war eigentlich ihr wahrer Ort der zwanglosen Begegnung und Freude.
Barcelona zum Beispiel, wo Kai durch seine Geschäftstätigkeiten drei ideale Restaurants kannte, wo er sein *Seelensein* entdeckte und fast extatisch speiste (der Wein, das Essen, das Licht, die Menschen...) Kai liebte Barcelona. Es war ihm die schönste Stadt. Er weilte dort mehrmals mit Mia, aber auch mit Wolfgang. Die Museen wie Fundació Joan Miró und das Museu Picasso. Die Architektur wie La Catedral, Sagrada Familia, der Park Güell und die Häuser von Antoni Gaudi. Stundenlang weilte er

dort und machte Fotos. Kai fand mit Wolfgang Miro´s Ei und sie redeten stundenlang und abends speisten sie in einem Restaurant, einen Steinwurf von ihrem unfassbaren Hotel, wo man aus dem Zimmer die Sagrada Familia sehen konnte. Und gegenüber des Restaurants gab es ein Gaudi-Haus, das nachts beleuchtet war. Und als Kai und Wolfgang davor standen, konnte Kai überzeugend argumentieren, dass er glaube, das Gaudi – zumindest dieses Haus – von oben nach unten gebaut habe.

Genau an diesem Ort, nach dem Besuch des Miro-Museums, fragte Wolfgang Kai: „Warum muss bei Dir immer alles „integral“ sein?“ Kai zögerte keine Sekunde: „Weil alles mit allem verflochten ist. Spürst du das nicht gerade in dieser Stadt? Die Luft, der Wein, die Aussicht, die Ruhe und die Hektik, die Unterschiede und die Gemeinsamkeiten… Nichts ist getrennt. Jedes hat seine Bedeutung und keine Bedeutung. Integrales Sein. Es bedeutet für mich, alles zuzulassen und mit Neugierde absichtslos zu betrachten.“ Wolfgang wusste, was Kai meinte, doch er wollte es genauer: „Das ist nicht integral, das ist weltoffen, das ist pure Lebenslust und Neugierde.“ „Ja, natürlich, doch wieso nicht. Lass es sein, wie es ist. Ich glaube jedoch, dass diese Sicht kulturbestimmend sein wird. Du musst nicht alle Werke von Ken Wilber durchlesen, um zu einer integralen Philosophie zu gelangen. Die Zeit hat einfach diese Qualität bekommen. Warum auch immer, es geht nicht mehr um Dogmen sondern um das pure Sein. Und andere und anderes in diesem zu betrachten, quasi als Zeuge, das ist doch der beste Spaß, den man haben kann.“

Wolfgang stimmte Kai zu. Und dann kam dieser Satz von Kai, der für uns heute rückwirkend betrachtet, wichtig wurde: „Integrale Kultur entwickelt sich permanent. Ich werde eines Tages meinen Beitrag dazu leisten und etwas darüber schreiben, wie ich zu dieser Sicht gelangt bin. Ich spüre, dass es etwas mit dem Wissen in meinem Herzen zu tun hat. Verstehst du Wolfgang, es sind nicht die Gedanken, die mich ziehen, die sind sowieso da und irgendwie haben die wenig mit mir zu tun." Dabei grinste Kai und machte einen unvergesslichen, entrückten Gesichtsausdruck.

Kai sprach: „Es war einmal ein Mensch, der kannte das Wort Spiritualität. Irgendwann merkte er, dass er ein Suchender war und irgendwann schrieb er ein Buch über dieses Suchen. Dieser Mensch wurde geboren und starb, wie Milliarden andere Menschen auch. Das ist nichts Außergewöhnliches. Doch muss es außergewöhnlich sein? Ich denke, dass die Authentizität entscheidend ist, mit der er sein Leben lebt. Wenn wir die Bewusstseinsspirale betrachten ist ein integrales Leben erst seit kurzem auf unserem Planeten möglich. Wer also in seinem Leben integrales Bewusstsein erlebt, betritt Neuland. Das ist berichtenswert."
Wolfgang stimmte zu. Wolfgang fragte: „Warum bewegt dich das so?" Kai: „Wie immer auf den Punkt gefragt, lieber Wolfgang. Weil es mich bewegt – im Herzen! Mir fällt ein, dass ich vor kurzem einer integralen Organisation einmal die Energiebilder der Malerin Anthara*) zur Kenntnis gegeben habe. Die Antwort war mehr als ernüchternd: „Sieht eher ein bisschen nach "Mandala-Mal-Workshop" aus... Schön bunt... Esoterische Symbolik allein finde ich noch nicht besonders integral..." „Wirklich?" „Ja und da habe ich mich gefragt, was denn nun integrale Kunst ist und ich kam auf einen einfachen Nenner: *wenn ein Künstler sein intrinsisches Sein und Streben künstlerisch artikuliert und in diesen Prozess seine Transformationserfahrungen einfließen – möglichst mit einem Anspruch an Ästhetik und eigenem Stil.*

Das war's – der Rest möge vom Betrachter gewertet werden. Und das gilt dann ebenso für einen Autoren. Natürlich wäre es klasse, wenn wir die kosmische Adresse**) des Künstlers oder des Autoren kennen, aber ich vertraue da auch meiner Intuition."

Sie sprachen dann weiter über eine gelebte integrale Kultur. Nur so viel: Kai vermisste – bildlich gesprochen – das Lagerfeuer, um das sich die vielen verschiedenen Individuen sammeln konnten, um ihre Erfahrungen und Leidenschaften in ihrer Art das Leben zu leben, auszutauschen.

Genau an diese Begegnungen dachte Wolfgang als er im Mai nach Berlin anreiste. In seinem Gepäck waren erneut eine Fülle von Materialien, die er in das zweite Kompendium einarbeiten wollte und eine große Frageliste für Mia, denn es gab da für ihn einiges zu klären.

Doch der wahre Grund seiner eher spontanen Anreise war eine Postkarte, die er vor zwei Tagen erhalten hatte – mit der Handschrift von Kai.

*) ***Anmerkung von Wolfgang U. Eipa:*** Anthara malte die Bilder, die wir auf den Covern der beiden Kompendien abgebildet haben. **) Begriff von Ken Wilber

Unsterblichkeit

Mia holte Wolfgang vom Bahnhof ab. Die Sonne schien wie im Frühsommer und in der Luft lag Frühling, Freiheit und Ausdehnung. Sie umarmten sich. Mia war wie immer abgestimmt gekleidet und sie schaffte es, dem Frühling mit ihrem Duft noch eine entscheidende Note hinzuzufügen.

Während der kurzen Autofahrt redeten sie über das Wetter und freuten sich gemeinsam, als sie die vielen Boote auf dem Wannsee sahen, die bei diesem „Kaiserwetter“, – es war ein stetiger, fester Wind und die Sonne schien fast wolkenlos – weiße Streifen in die Wasseroberfläche zeichneten.

Wolfgang bezog erneut das Gästezimmer und war ruck zuck in der Küche, wo Mia sich und ihm einen Milchkaffee bereitete. „Nun zeig mir schon, was du mir zeigen willst“, begann Mia das Gespräch, auch um deutlich zu machen, dass es jetzt nicht der Zeitpunkt war für eventuelle gefühlige Anteilnahme im Hause von ihr und Kai. Wolfgang war es Recht und zog aus seiner Jacke eine Postkarte: „Zuerst dachte ich an einen Werbegag, doch die Adresse scheint mir ernsthaft von Kai geschrieben.“
Er gab Mia die Postkarte mit dem Bild voran. Mia nahm die Karte und sah einen Fußballspieler mit einem Nutellaglas. Es war anscheinend wirklich ein Ausschnitt aus einer Werbung. Mia zuckte mit den Mundwinkeln um zu zeigen, dass sie nichts damit anfangen konnte und drehte die Karte um. Sie erkannte sofort die Schrift ihres Mannes. Das durchzuckte sie ohne Vorwarnung: “Scheißkerl!“ sprach sie laut und erneut durchzuckte es sie, denn ihr wurde gewahr, dass sie ihren Gedanken laut ausgesprochen hatte. Sie las das einzige Wort auf der Karte. Es war in Versalien mit einem Ausrufezeichen geschrieben und lautete: TSIELK!

„Tsielk? Kannst du da was mit anfangen?“, fragte Wolfgang. Mia setzte sich an den Tisch, nachdem sie den Kaffee verteilt hatte und widmete sich erneut der Karte. „Wolfgang, was soll das denn jetzt hier? Ich glaube nicht, dass Kai mir das antut und angetan hat. Wochen der Ungewissheit und all dieser

Stress. Das brauche ich echt nicht." Wolfgang wusste keine Antwort. Er wusste auch nicht, was er davon halten sollte. Gab es eine Hoffnung, dass alles nur ein schlechter Scherz war? Das sah Kai nicht ähnlich. Und irgendwie kam ihm aus seinem Herzen eine Bemerkung: "Mia, bewerte es nicht. Es ist nur eine Situation. Lass es dabei."

Mia atmete tief ein und konnte alles loslassen. Und in diese Freiheit kam eine Art Geistesblitz. „Du hast doch im ersten Kompendium das sogenannte Alltags-Koan „NUTELLA" abgedruckt. Die Antwort war: *alle tun*. Also rückwärtsgelesen.
Es kann also kein Zufall sein, das wir hier Nutellawerbung haben – Tsielk heißt Kleist!"

Nun atmete Wolfgang tief ein. „Kleist. Kleist. Ja Kleist kenne ich. Der zerbrochene Krug. Deutscher Autor um Jahrhundertwende Achtzehnhundert. Aber..." Mia lief dunkelrot an. „Wolfgang, verstehst du denn nicht. Du bist hier am Wannsee. Und hier hat Kleist sich 1811 umgebracht. Selbstmord mit seiner Geliebten. Vielleicht auch Mord und Selbstmord. Kleist ist am Wannsee begraben." „Gibt es ein Grab?" „Ja, Kai und ich haben es mal besucht." Zu Fuß ist es von hier einen halbe Stunde."

Wolfgang spürte die Betroffenheit von Mia. War die Karte eine geschmacklose Anspielung von Kai auf das, was mit ihm geschehen ist? Wolfgang beschloss, auch diese Situation als Situation zu sehen und entnahm sich jeglicher Bewertung. Er sagte: „Ich wäre dafür, dort hinzu gehen."

Sie gingen mit Cara durch viele kleine Straßen bis sie auf der Bundesstraße 1 landeten. Mia wusste zu berichten, dass es die wahrscheinlich zum Todeszeitpunkt von Kleist noch nicht gegeben hat. Das Grab liegt am „kleinen Wannsee“ und es gab einen Fußweg durch einen kleinen Park.

„Wir sind gleich da. Das Grab liegt auf einer kleinen Kuppe, umgeben von Eiche und Ahorn. Ahorn ist Freude, sagte Kai damals.“ Sie gingen den Pfad entlang und ein kleines Flecken mit einem eingezäunten Grabstein wurde sichtbar. „Ich bin damals noch runter zum „kleinen Wannsee“ gelaufen, doch Kai hat hier alles genau betrachtet. Mehr gibt es hier aber nicht.“

Wolfgang und Mia standen vor dem Grabstein. In ihm waren ein paar Daten und Namen und ein Spruch mit Unsterblichkeit eingraviert. Wolfgangs Blicke suchten alles genau ab und dann traute er seinen Augen nicht. „Siehst du das, Mia?“ Mia schaute.

Am Ende des Grabes zur linken lag ein kleiner Gehwegstein auf der Umrandung. Der Stein gehörte da nicht hin und er hatte ein aufgemaltes Gesicht, wie ein Smiley. „Lässt uns hier jemand grüßen?“, fragte Mia und nahm den Arm von Wolfgang.

Hätten sie den Stein nicht gesehen, wären sie sicher einfach wieder gegangen. Doch jetzt hatte Wolfgang auch eine Idee. „Wenn es um „rückwärts“ geht, geht es wohl um rückwärts.“ Er umrundete umgehend das Grab. Ungewöhnlicherweise gab es auch hier eine Inschrift – in Versalien:

NUN.
O UNSTERBLICHKEIT.
BIST DU GANZ MEIN.

„Das ist nun schon der Hammer“, sagte Wolfgang und Mia betonte, dass sie von dem Vorhandensein der Rückseiteninschrift nichts gewusst habe. Sie machten Fotos und irgendwann traten sie schweigend den Rückweg an.

> *„Nie in meinem Leben, und wenn das Schicksal noch so sehr drängte, werde ich etwas tun, das meinen inneren Forderungen, sei es auch noch so leise, widerspräche.“*
> Heinrich von Kleist

Ungeliebte Pfade

Am Morgen traf Wolfgang Mia wie immer in der Küche. Sie stand barfuß am Kühlschrank und holte das Futter für Cara. Es roch nach Kaffee und die aufgehende Sonne tauchte die Szene in dieses „unbeschreibliche Wannseelicht“, wie Kai es einst nannte.

Wolfgang hatte sich am Abend früh zurückgezogen um zu meditieren. „Mit der ständigen Konfrontation von Kais Büchern, Gedichten und Schriften ging das gar nicht mehr anders“, sagte er zuvor Mia.

„Wie war die Meditation?“, fragte Mia Wolfgang und ging zum Kaffeeautomaten um ihm einen Espresso zuzubereiten. „Mir fehlt wohl die Übung“, antwortete Wolfgang und lehnte sich an den Küchenschrank. „Irgendwie fällt es mir sehr schwer, wirklich und wahrhaftig loszulassen.“

Mia schaute ihn wortlos an. „Ich weiß wirklich nicht, wie ich mit all dem umgehen soll. Was bedeutet die Postkarte?“ Wolfgang schwieg. „Ich muss dir mitteilen, dass auch ich eine Postkarte erhalten habe.“ „Wie bitte?“ Ja, sie hängt am Kühlschrank. Auch hier ist es wieder die Handschrift von Kai. Sie muss zeitgleich mit deiner Karte versendet worden sein.“ Mia zeigte mit dem Finger auf die Mitte der silbernen Kühlschrankfront.

Wolfgang nahm die Karte. Sie zeigte ein Motiv von Max Liebermann. „Der Wannseemaler", sagte er nachdenklich und drehte die Postkarte um und las: „Max Liebermann – Terrasse im Restaurant Jacob in Niederstetten an der Elbe." Die Karte selbst war an Mia adressiert und hatte zwei Zahlen und zwei Pfeile: 2a; darunter einen Pfeil nach rechts und dahinter die Zahl 42 und dahinter ein Pfeil mit der Richtung nach unten.

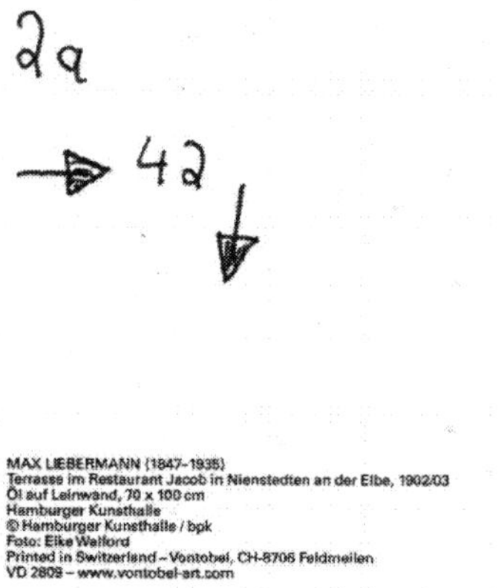

Wolfgang blickte zu Mia. „Ich sagte ja, dass ich ratlos bin. Das Motiv ist schmerzvoll, denn genau in diesem Hotel, wo Liebermann die Terrasse gemalt hat, haben wir vor zwei Jahren Hochzeitstag gefeiert. Es war seinerzeit das beste Hotel in Deutschland. Wir hatten eine Suite direkt an der Elbe und du konntest diese riesigen Containerschiffe sehen. Und gegenüber am anderen Elbufer wurde der A 380 gebaut. Mit dem sind wir ja seinerzeit nach Australien geflogen – Business-Klasse. Auch das werde ich nie vergessen..." Mia grübelte.

„Aber das irre war, dass wir einen Glaserker hatten, von dem man genau auf die von Liebermann gemalte Terrasse schaute." Mia nahm die Karte von Wolfgang und betrachtete die Zeichnung.

„Wir waren drei Tage da und sowohl im Hotel und auch in Hamburgs Museum haben wir dann Liebermann-Bilder besucht."

„Ein bisschen viel Liebermann. Das wusste ich ja gar nicht." „Stimmt, es geht also um Liebermann. Ich war ja noch vor kurzem mit Kai in der Liebermann Villa." „Villa Liebermann?!, stimmt, dass muss ja auch hier irgendwo sein." „Irgendwo ist gut. Wannsee wurde doch mittels Villen erschlossen und die berühmtesten Villenbesitzer sind bzw. waren Liebermann, Oppenheim, Reclam, Langenscheidt und Springer – aber nicht Axel Springer sondern Springer Wissenschaft. Und die Liebermann Villa ist heute ein Museum, dank einiger Bürger die noch das Allgemeinwohl im Auge haben." „Ich glaube, wir sollten die Villa besuchen. Wann macht sie auf?"

Nach einem Morgen-Spaziergang und einem ausgiebigen Frühstück machten sich beide ohne Cara auf zur Liebermann Villa. „Sie liegt direkt am Wannseeufer und ist gut zu Fuß zu erreichen. Ein wunderschöner Park mit blühenden Blumen umrandet das Gebäude, das liebevoll renoviert ist."

Der Eingang lag in einer Sackgasse, die von der Straße „Am Großen Wannsee" abgeht. Beim Hineingehen bemerkt Wolfgang aus dem Augenwinkel am Ende der Straße ein geschlossenes Tor an dem eine große Hausnummer angebracht war: 2a. Wolfgang reagierte nicht und beide gingen durch den Gartenpavillon um sich eine Eintrittskarte zu kaufen.

Es waren wenige Menschen an diesem frühen Morgen in der Villa, die hell ihre Gäste empfing. Die wenigen Bilder verloren sich in ein paar Räumen, sodass beide schon bald im Garten zum Ufer des Wannsees unterwegs waren. Die Sonne schien und es war angenehm mild. Der Blick auf den Wannsee war erneut herrlich. Ihr Weg führte sie vorbei an einen Birkenhain und auf dem Rückweg an sehr alten, fast armdicken Hecken.

Wolfgang bemerkte ein Schild, das auf dem anderen Grundstück stand und Richtung Garten zeigte. Neugierig las er eine langatmige Erklärung des angrenzenden Segelvereins warum sie den Weg, der zur Villa Liebermann gehört, lieber selbst nutzen wollen, als ihn der Allgemeinheit zu übergeben. Beim Abwenden betrachtete Wolfgang den einsamen, eingezäunten Sandweg, der ihn an einstmals andere verlassene Streifen in Berlin erinnerte. Sein Blick erfasste in diesem Gedankengang einen kleinen Gullideckel und er erstarrte innerlich. „Könnte es sein?", dachte er und schaute in die Ferne zum Grundstücksanfang.

Mia sah auf einmal, wie Wolfgang schnellen Schrittes, ohne sie zu beachten, zur Villa zurücklief und sich über den Zaun beugte. Dann drehte er sich um und ging eindeutig in Meterschritten maßnehmend wieder in Richtung Mia. Mia schaute Wolfgang an und als dieser sich näherte rief er: „Ich hab es wohl!" Wolfgang erreichte Mia und ging an ihr vorbei und blieb ein paar Schritte weiter stehen und schaute auf den Weg. „Mia, es sind genau 42 Meter!" Mia verstand natürlich nur Bahnhof und Wolfgang ging zum Zaun und winkte Mia herbei. „Da siehst du den Gullideckel? Der Weg hat die Haus-Nummer 2a, ich habe gerade noch einmal nachgeschaut. Und nach Wegesbeginn in 42 Metern kommt dieser Deckel. Der Logik zufolge sollten wir da mal rein schauen, das ist dann der Pfeil, der auf der Postkarte nach unter zeigt."
Mia fing erst an zu verstehen, aber Wolfgang war bereits erfolgreich über den Zaun gestiegen, nachdem er zuvor das Villengelände nach eventuellen Beobachtern abgesucht hatte. Der

Deckel ließ sich kaum bewegen und er brach sich fast die Finger, doch irgendwie klappte es mit einem kleinen Stock, den er vom Weg aufsammelte. Der Deckel kippte um und Wolfgang sah – gar nichts. „Wäre ja auch zu schön gewesen“, kommentierte er murrend und merkte, dass mit ihm wohl die Schatzsuche durchgegangen ist. Er griff den Deckel und sah, dass etwas auf der Innenseite mit Paketband angeklebt war. Er riss den Klebestreifen ab, begutachtete den ganzen Deckel um ihn dann wieder in das Loch einzupassen. Mit großen Schwierigkeiten kletterte über den Zaun zurück und übergab außer Atem Mia die Beute.

Mia identifizierte einen gefalteten Zettel, löste ihn vom Klebestreifen, den sie zerknüllte und einsteckte und öffnete dann den Zettel. Auf ihm Stand ein Zitat von Max Liebermann: *«Der wahre Künstler strebt nach nichts anderem, als: zu werden, der er ist.»*

Nachricht von Kai

Nachdem Mia und Wolfgang die Villa verlassen hatten, wussten beide nicht ob sie wütend sein sollten oder ihnen nach Lachen zumute war. Mehr oder weniger schweigend gingen sie in Richtung Heimat. Wolfgang bekam aber mindestens zweimal die Zornesröte ins Gesicht und Mia wusste überhaupt nicht mehr, woran sie war. Sollten sie jetzt nachhause kommen und Kai antreffen, sie würde nichts mehr mit ihm zu tun haben wollen.

Der Weg war kurz und lang zugleich. Cara freute sich sehr, als die beiden das Haus betraten. Denn Cara war natürlich auch sehr fixiert auf Kai und sie suchte seit Wochen nach ihrem Herrchen. Und bei Wolfgang fühlte sie sich erstmals wieder rundum wohl.

Mia setzte sich an den Küchentisch, starrte in die Ferne und fing an zu weinen. „Ich weiß nicht, was das soll, Wolfgang. Reicht es nicht schon, dass er verschwunden ist? Meinst du etwa, er spielt seine Spiele mit uns?“ Und Wolfgang, der sonst immer Partei ergriff für Kai war ebenfalls ratlos. „Ich weiß es nicht“, sagte auch er nach einer Weile.

Beide hatten sich ihren Aufgaben gewidmet – um Ablenkung zu erfahren – da klingelte es an der Tür. Die Post kam mit einem Päckchen. Das Päckchen war von dem Bruder von Kai und es war an Mia adressiert. Mia unterschrieb den Postzettel, schloss die Haustür, ging zügig zu ihrem Bürotisch und öffnete das Päckchen.

Darin war ein Brief von Kais Bruder und ein weiteres Päckchen. Mia las den Brief: „Liebe Mia, es tut mir sehr leid, doch ich musste Kai versprechen, die Dinge so zu handhaben, wie er es mir schriftlich aufgetragen hatte. Jedenfalls erreichte mich zwei Tage nachdem Du mich über das Ereignis informiert hattest ein Päckchen mit dem Inhalt eines verschlossenen Päckchens an Dich und zwei Postkarten. Kai bat mich, egal was passiert, genau sechs Wochen später ebendiese Postkarten abzuschicken. Erst die, die nach Frankfurt ging und dann die an Dich. Danach sollte ich Dir das beigelegte Päckchen senden. Vielleicht kannst Du mir mal erklären, was er damit bezweckt. Sei stark. Ich umarme Dich.“
Mia öffnete das Päckchen, welches ein Buch enthielt, das beide sofort als ein Gedankenbuch von Kai wiedererkannten. „Ist das des Pudels Kern?“, fragte Wolfgang und schaute Mia an.

Mia öffnete das Buch, das als erstes einen gefalteten Brief preisgab. Mia gab ihn sofort Wolfgang und bestand darauf, dass er vorlas.

Wolfgang nahm den Zettel widerwillig aber neugierig und begann ihn vorzulesen: „Liebe Mia, wie kommen die Dinge in die Welt? Indem jemand darüber berichtet!

Ich habe so viel geschrieben in der jetzt vergangenen Woche und es wurde immer mehr und irgendwie schrieb es in mir, anders kann ich das nicht ausdrücken.

Irgendeine Ahnung hat mich getroffen und darum kam ich auf die Idee, alles meinem Bruder zu senden, um das ganze später, wenn ich zurückkehre noch einmal in Ruhe durchzuarbeiten. Inzwischen weißt du ja, dass ich in Spanien weile und auf dem Muschelweg wandere."

Wolfgang unterbrach und schaute Mia an. „Ich glaube das nicht!" „Lese bitte weiter."

„Ich werde dir jeden Tag eine Postkarte senden, das habe ich mir fest vorgenommen. Und ich hoffe, du hast sie alle bekommen und freust dich mit mir über meine Reise."

Beide schauten sich an. Beide hatten wieder dieses unschöne Gefühl, das in den letzten Wochen vorherrschend war, wenn es um Kai ging. Eine Leere, die manchmal sehr bitter schmeckte.

„Das alles hier geschieht spontan. Ich musste los, meinen Kopf freikriegen von all diesen Dingen. Aber vor allem überkam mich eine Art Vorahnung, über die ich mit dir nach meiner Wiederkehr sprechen werde.

Wenn ich jetzt auch eine Weile auf meinem Wege zu mir selbst bin und ich merke, dass die materiellen Dinge und die anderen Aufgaben dieses Lebens mich nicht mehr befriedigen, liebe ich dich doch sehr und ich vermisse dich jetzt schon.

Es ist alles spontan gemacht. Ich tat es eher weil es zog.
Bitte verzeih mir.

PS: Ich hoffe die Liebermann-Postkarte hat dich erreicht und dass du den Zettel gefunden hast. Und Grüße mir Wolfgang, wenn er mein anderes kleines Rätsel verstanden hat.

PPS: Ich muss den ALL-Tag verlassen um den Samen des EINS-Sein in der Eins-sam-keit zu spüren, zu finden, zu erfahren.“

Dies war die letzte Nachricht von Kai. Es kamen keine weiteren Postkarten.

Anmerkung:
Das zweite Kompendium von Kai befindet sich im Anhang 2.

Wolfgang U.Eipa
HONIGSUCHE
Lebe Deine eigene Spiritualität!
Wolfgang U.Eipa
Honigsuche
Lebe Deine eigene Spiritualität!
Roman

Das dritte Kompendium von Kai

SeelenSein

Honigsuche 3.0

Allen uns Sternenkindern

Sähe Unendlichkeit!
Handle achtsam!

Kai

Ich habe
nur Gottes Hände
und Gott hat
nur meine Hände

Kai am 21.12.2012

Der HERR ist mein Hirte; mir wird nichts mangeln. Er weidet mich auf grünen Auen und führt mich zu stillen Wassern. Er erquickt meine Seele; er führt mich auf rechter Straße um seines Namens willen. Und wenn ich auch wanderte durchs Tal der Todesschatten, so fürchte ich kein Unglück, denn du bist bei mir; dein Stecken und dein Stab, die trösten mich. Du bereitest vor mir einen Tisch angesichts meiner Feinde; Du hast mein Haupt mit Öl gesalbt mein Becher fließt über.

Nur Güte und Gnade werden mir folgen mein Leben lang, und ich werde bleiben im Haus des HERRN immerdar.

Psalm 23

Anmerkung Wolfgang U. Eipa:
Kai bezeichnete dies einst als Mantra für den Pfad der die Honigsuche

Prolog: SeelenSein

Des Dramas dritter Teil wird nun erwartet. Doch mir schwinden die Worte und damit die Schrift um Euch, meine lieben Freunde, wahrheitsgemäß von den zuletzt erlebten Abenteuern zu berichten.

Heute kann ich es offen zugeben, dass ich bereits abgeschlossen hatte mit Kai, mit der Honigsuche, mit der Welt und mit meinem Leben. Aufgegeben das irdische Dasein, die Hoffnung dahin – auf Freude, Freunde, Glück sowie Glückseligkeit, Heilsein, Wahrheit, Sinn und Sinnhaftigkeit...

Inzwischen wisst Ihr ja, wie die Dinge sich entwickelt haben und wir haben beschlossen, das hier begonnene Werk weiterzuführen, gar zu beenden, obwohl es wohl kein wirkliches Ende gibt, sondern wir haben immer nur über den Anfang berichtet: Den Anfang einer Reise, einer Erkenntnis, eines Zustandes – was immer zum Anfang der nächsten Reise, des nächsten Zustands, der nächsten Erkenntnis führt... Eben dieses Durchlaufen von Entwicklungen, von Anfängen zu Anfängen nennt Kai *SeelenSein.*

Dabei betrachtet der Mensch in seiner Millionen Jahre währenden Evolution zumeist doch das Ende, wobei eher ein sich vermeintlich an-drohendes Ende gemeint ist. Nicht wissend, dass es gut ist, dass Zustände dahin gehen, nicht wahrnehmend wollend, dass es nichts Beständiges gibt in diesem irdischen Dasein.

Wie sehr wollte gerade ich festhalten. Wie sehr nutzte gerade ich meine Trauer um vermeintlich Beständiges einzuklagen:

Mutterliebe, Freundesliebe, Seelenheil, Glaubensgewissheit...
Ich kann und will all diese hier geschilderten Gedanken an dieser Stelle nicht weiter ausbreiten und vertiefen. Lest selbst, was passiert ist und nehmt diese schildernden Zeilen als Nektar für Eure Reise.

Denn eins ist gewiss, wir alle sind ständig unterwegs und auch nach einer Ankunft geht die Reise weiter. Immerdar.

Ich habe die außerordentliche Ehre Euch mit diesen Zeilen erneut und letztendlich einzuführen in die Honigsuche von Kai, von uns allen, von mir und Dir.

Wieder haben wir zum Thema Honigsuche viele Zusendungen von Euch erhalten. So soll der ehrwürdige Ramakrishna mehrfach gesagt haben, dass die Bienen von allein kommen, um nach Honig zu suchen, sobald die Blumen erblühen.

Natürlich haben wir inzwischen viele weitere Zitate in Bezug auf die Honigsuche erhalten, doch ich möchte gerne das Augenmerk auf die Hauptthese von Kai legen, die individuelle Spiritualität. Denn gerade dieses Thema regte die Diskussionen an. „Selbstung" nannte es Kai. C. G. Jung nannte es einst die „Individuation". *) Siehe das Geleitwort von C. G. Jung zur Ausgabe des Tibetanischen Totenbuch

Es geht darum, sich selbst als eigenständiges Individuum zu entdecken und zum Ausdruck bringen. Richtig. Doch es gibt dabei auch eine Schattenseite. Ken Wilber nennt dies Boomeritis: wir kennen es unter dem Begriff Ich-Generation. Besonderes Merkmal: Großes Wissen aber ein aufgeblähtes und narzisstisches Ego. Erklärbar sei dies mittels der intrinsischen Konkurrenz in identifizierten verschiedenen Bewusstseinsstufen.

Ich durfte einige Menschen inzwischen kennenlernen, sogar bemerkenswerte Autoren. Merkmal hier: keiner wollte sich in die „Niederungen“ der Honigsuche hineindenken, lehnten es einfach ab, teilweise ohne auch nur eine Zeile von Kai zu lesen und versteckten sich in ihrer Ablehnung hinter wortreichen, sehr geschickten rhetorischen Manövern. Nun denn, auch ich bin nicht gefeit gewesen vor diesem Virus der Boomeritis in meinem Leben, aber ich konnte mich durch die stetige Beschäftigung mit spirituellen Texten, (Texte, die auch Kai erwähnte), sehr rasch – mit demütiger Einsicht – hoffentlich davon erholen. Ich danke meinem SELBST dafür.

Honigsuche entschlüsselt?!

So wie wir GOTT nicht im Außen suchen müssen, so wie wir inzwischen wissen, dass er/sie/es in uns weilt, uns beseelt, uns „selbstigt“, wir eins mit ihm sind...so ist auch der Honig in uns aufzufinden: unsere Zirbeldrüse ist der Ort des Geschehens. Kai ist hier besonders einigen Bloggern im Internet verpflichtet, die aus verschiedenen Quellen dieses uralte Wissen vermittelten, was ich nun zusammenfassen möchte:

Ihr erinnert Euch, dass Kai über die Zirbeldrüse sprach und wir dies im ersten Kompendium festgehalten haben. Und nun haben uns Informationen erreicht, *die die Honigsuche mit der Zirbeldrüse verbinden – materiell und immateriell.*

Thomas von Wedenland hat ein kleines Buch im Internet veröffentlicht. Er schreibt: „Die Zwirbeldrüse (Er nennt die Zirbeldrüse Zwirbeldrüse) hat die Schlüsselfunktion überhaupt beim

Menschen denn diese produziert das bestimmte Hormon welches wir auch Melatonin nennen also den HONIG."
Die Zirbeldrüse sitzt ziemlich mittig im Kopf und wird auch als Sinnesorgan für das feinstoffliche Sein betrachtet und als Sitz unseres dritten Auges (6. Chakra) bezeichnet. Sie scheint evolutionär verkümmert, ist rotbraun und bis zu 8 mm lang und 3 bis 5 mm dick und wiegt beim Menschen 80–500 mg. In der Tierwelt gibt es sowohl Tiere ohne Zirbeldrüse (Krokodile) sowie einige mit sehr großen Zirbeldrüsen (10% der Gehirngröße) wie z.B. bei einigen Vögeln. Die Zirbeldrüse wird sehr stark durchblutet (nur die Niere steht besser da). Sie entwickelt sich im Embryo ziemlich genau 49 Tage nach der Empfängnis.

Evolutionsbiologisch war es einst ein Lichtsinnesorgan und wahrscheinlich ein lichtempfindliches Scheitelauge. Die aktuellen Veränderungen der Sonne korrespondieren bereits mit unserer Zirbeldrüse. (Dies sollte durch Ernährung und mit Meditation unterstützt werden. Dabei kann auch der Konsum von Cannabis helfen.)

Die Zirbeldrüse wird wegen ihrer Pinienzapfen-Form auch Glandula pinealis genannt. Dass diese Tatsache ein uraltes Wissen repräsentiert, zeigt auch, dass die Welt voll ist mit wunderschönen, großen Abbildungen und Skulpturen von Pinienzapfen! Aber nicht genug: Mythologisch wird auch auf die Götter Pan und Dionysus, sowie auf den Thyrsosstab oder Bacchusstab hingewiesen. Und es gibt auch zum Granatapfel einen symbolischen Bezug und daher sind auch unzählige Figuren und Abbildungen von Granatäpfeln als Kunstwerke in der Welt zu finden (der Verzehr von einem Granatapfel regt die Zirbeldrüse durch Dimethyltryptamin – DMT – an). Der Granatapfel wird auch die „Frucht des Paradieses" genannt.

Mystiker wissen um diese Zusammenhänge. Rudolf Steiner ortete die Zirbeldrüse als Schnittstelle zu den höheren Dimensionen. Aber der Ur-Sprung all dieses Wissens kommt aus der der ägyptischen Mythologie. Das ägyptische „Auge des Horus" ist exakt eine Abbildung des Querschnitts der Zirbeldrüse mit Umgebung im Gehirn. Und auch die bekannten Abbildungen von Horus selbst, dem Hauptgott (Lichtgott, Himmelsgott, Sonnengott) von Ägypten zeigen eine Kopfbedeckung, die die Zirbeldrüse symbolisiert. Horus ist der Sohn von Osiris (Osiris heißt wörtlich übersetzt „Sitz des Auges").

Auch die Königskammer in der großen Pyramide soll die Zirbeldrüse symbolisieren! (Die sogenannten Luftschächte symbolisieren dabei die Verbindung zu den Ohren und Augen). Drunvalo Melchizedek beschrieb ausführlich die eigentliche Funktion der Pyramiden als Orte der Einweihung, ebenso Bob Frissel. Einzuweihende lagen in dem sogenannten „Sarkophag" und konnten auch mittels Aktivierung der Zirbeldrüse, kosmische, äußerst bewusstseinserweiternde Reisen tätigen.

Die Zirbeldrüse erzeugt Melatonin. Mel ist uns bekannt als ein altdeutscher Begriff für Honig (vergl. z.B. Georg Friedrich Most, Enzyklopädie der Volksmedizin, 1843). Und wenn kein Honig produziert wird, dann droht die MELancholie (bedeutet nach Freud den Verlust der Liebesfähigkeit).

„Es gibt eine kleine Drüse im Gehirn, in der die Seele ihre Funktion spezieller ausübt als in jedem anderen Teil des Körpers", schrieb einst sogar René Descartes. Laut Wikipedia entdeckte Nils Holmgren, ein schwedischer Anatom, 1918 die Ähnlichkeit zwischen Netzhaut und Zirbeldrüse bei Fröschen und Fischen. Und 1966 beschrieben russische Forscher bereits einen Zusammenhang zwischen Magnetfeldern und Melatonin. Die Zirbeldrüse ist Teil des Epithalamus, wobei der Thalamus auch als „Pforte des Bewusstseins“ bekannt ist.

Melatonin und Pinolin werden der Produktion der Zirbeldrüse zugeordnet. In der Mythologie ist dies bekannt als der „Nektar der Götter“, „Ambrosia“ (Speise der Götter), „Amrita“ („Elixier der Unsterblichkeit“), „Wasser des Lebens“, Honig, oder auch Goldstaub. Kai liebt das Lied „Wir werden wie Gold sein“ und etablierte für uns die HONIGSUCHE. Welch wunderschöne Synchronizität.

Durch die Aktivierung der Zirbeldrüse können verschiedene Bewusstseinssphären zugänglich werden (bei Kindern ist dieser Zugang zu diesen anderen Welten noch geöffnet – vielleicht ein Hinweis auf die freundliche Aufforderung von Jesus „werdet wie die Kinder“).

Noch etwas: Die Kombination aus der Zirbeldrüse und den im Gehirn befindlichen seitlichen Ventrikel wurde mythologisch als „Schwan“ bezeichnet. In der Gralsgeschichte symbolisiert der Schwan ein „erleuchtetes“ Wesen. Es gab sogar Schwanenritter (Gralssucher) wie Parzival und Lohengrin. In der älteren Mythologie entspricht dieses Wissen wiederum der Abbildung eines (geflügelten) Merkurstabes, auch Hermesstab und Heroldsstab genannt – zwei Schlangen winden sich um einen „geflügelten“ Stab. (Könnte es sein, dass die „Reichsinsignien“ – Krone, Zepter und Reichsapfel – rudimentär an dieses Wissen erinnern? Krone als „Erleuchtungssymbol“, Zepter (griechisch der Stab) und Apfel als „Symbol der Weltherrschaft“ – der Apfel steht für das „Symbol der Erkenntnis“).

Apropos Apfel – hier ein weiterer Hinweis: der Paradies-Mythos. Der Garten Eden entspricht ebenfalls symbolisch dem bereits benannten Bewusstseinszustand: All-Eins. Adam symbolisiert in dieser Mythologie die linke Gehirnhälfte, Eva symbolisiert die rechte Gehirnhälfte, die Schlange symbolisiert die Kundalini-Energie, während der Mensch selbst der „Baum der Erkenntnis“ ist.

Nun hatten wir bereits den Hinweis, dass der Granatapfel die Zirbeldrüse mittels der bewusstseinserweiternden Substanz DMT anregt. Aber auch durch das Fließen der Kundalini-Energie wird DMT (symbolisiert wiederum den (Granat-)Apfel in der „Paradies-Mythologie“) ausgeschüttet und dadurch wird die rechte Gehirnhälfte (also Eva) aktiviert (hierbei ist zu bedenken, dass unsere Gesellschaft absolut linkshirnisch ausgerichtet ist. Das Patriarchat hat im Laufe der Jahrtausende erfolgreich die Bibel „umgedeutet“ und die rechte Gehirnhälfte – also die Frauen – quasi „verteufelt“. Aber ohne Aktivierung beider Gehirnhälften gibt es keine Erfahrung des „All-Eins“.

Euer Wolfgang U. Eipa
Berlin/Frankfurt a.M. Oktober 2012

PS: Warum das alles stimmen könnte? Weil es zwei Massenphänomene in der „Zivilisation“ gibt, die die Melatonin-Produktion unterbinden: Fluorid (wird zum Beispiel dem Trinkwasser zugesetzt oder in der Zahnpflege proklamiert); Energiesparlampen (sind durch Quecksilber eigentlich Sondermüll – beim Zerbrechen ist die Umgebungsluft von Innenräumen über Stunden über das 20fache der zulässigen Grenzwerte verseucht – ; aber vor allem geben sie ein „kaltes“ blaues Licht (sogenanntes Fluoreszenzlicht) ab, das die Melatonin-Produktion unterbindet.) – Mehr Infos auch in dem Text von Kai: Zirbeldrüse – Relikt aller Relikte (Seite 296).

PPS: Die Kompendien sind hiermit (vorerst) abgeschlossen. Auch habe ich vielleicht einen Etikettenschwindel begangen. In Liebe und Bewunderung nannte ich die ersten beiden Kompendien eine Art „integraler Knigge“. Nun wurde mir von einem sehr anerkannten integralen Autor geschrieben: „Ich habe die Leseprobe deines Buches gelesen, konnte darin jedoch keine integralen Bezüge finden. Unabhängig davon wünsche ich dir viel Erfolg mit dem Buch.“

Dies erinnert mich sehr an die ähnlich ablehnende Erfahrung von Kai in Bezug auf seine „integrale“ Kunstdefinition: *wenn ein Künstler sein intrinsisches Sein und Streben künstlerisch artikuliert und in diesen Prozess seine Transformationserfahrungen einfließen – möglichst mit einem Anspruch an Ästhetik und eigenem Stil.*

> *Warum gehen uns die Worte des Meisters so zu Herzen? Er hat die Wahrheit der verschiedenen Religionen erfahren. Er hat die Übungen der Hindus, Christen, Moslems, Sháktas und Vaishnavas selbst durgeführt. Eine Biene erzeugt nur dann guten Honig, wenn sie den Nektar von verschiedenen Blüten sammelt.*
> Aus: RAMAKRISHNA. Das Vermächtnis

Das linke Auge des Horus – Intuition

Die Augen öffneten sich und es wurde hell. Man kann sagen, man erwachte, in einem kleinen Raum, in dem die Sonne an der Wand ein paar Lichtpunkte malte, mit vier Ecken, eine Decke, einen Boden, ein Drinnen und ein Draußen, eine Tür, ein Stuhl, und doch eine Einheit. Heute ist zu sagen, das Gesichtsfeld war weit, war eigentlich alles. Es gab keinen Unterschied zwischen Stuhl und Stuhl betrachten. Alles Gesehene war eins. Alle Dinge waren gleich. Es gab keine Bezeichnung für gar nichts.

Irgendwann wurde deutlich, dass es zeitlos war. Es gab nicht ein Gestern oder ein Morgen. Alle Dinge waren gleich und zeitlos. Doch all diese Begriffe tauchten gar nicht auf, denn es wurde nichts gewertet, gewichtet, geordnet, oder gar hinterfragt. Es war ISTIGKEIT. Es war SEIN. Kein Ich, kein Nein, kein Ja. GELASSENHEIT in absoluter Gegenwart.

Keine Begriffe, keine Namen, keine Formen. Es war wie in Allem sein und alles sein. Im Körper, im Raum, im Denken, in der Erkenntnis und in der Nicht-Erkenntnis – ohne jedoch all dieses zu unterscheiden, denn es gab keine Notwendigkeit oder Ursache dafür. Worte wie hier geschrieben waren viel zu schwer, zu zerschneidend, zu falsch, zu weltfern um auszudrücken was nicht ausgedrückt werden konnte und auch nicht ausgedrückt werden musste. (Dieser Zustand zog sich später auch außerhalb dieses Raumes hin: im Land, im Wasser, im Baum, im Leben, im Tod). Später wird er sagen, dass er nichts „wusste“ von Tag oder Nacht, von Körper oder Welt, von Materie oder Sein. Es gab keinen Kontext. Gelassene Gegenwart. Aber vor allem, keine Pflicht, weder gesellschaftlich, noch moralisch, noch körperlich. Keine Art von Verlangen oder (An-) Trieb. Nur SEIN.

Doch trotz aller dieser Versuche hier, die Situation als solche zu beschreiben, wurde irgendwann – rückblickend betrachtet – wie auch immer deutlich, dass „er" keine Willensfreiheit besaß. Alles geschah. „Wie auf Schienen" wurde Alles und Jedes, Zeitpunkt und Zeitpunkt als EINS erlebt. Alles war wie ein Traum. Und später wurde AN-Wesenheit deutlich. Alles war wie SELBST. Alles war GOTT.

In diesen Strom kam etwas, was wir eine Person nennen. Ein Übermittler. Rückwirkend beschrieben ein Himmelsbote. Er setzte einen Kontext, einen Inhalt. Dies geschah.

> ***Anmerkung von Wolfgang U. Eipa:***
> Diese Person heißt Achim. (Siehe weiter unten)

Das rechte Auge des Horus – Wissen

Mia umgab ein Schleier von Verzweiflung und Hoffnungslosigkeit. Doch es waren meist nur Wolken, Gedünkel. Mehrheitlich schien die Sonne in ihrem Leben, denn sie hatte längst gelernt, nicht immer gleich zu urteilen.

Die vergangenen Wochen waren sicher die schlimmsten in ihrer Wahrnehmung, doch gleichzeitig vergingen sie wie im Fluge. Zeit bedeutete in diesen Tagen immer weniger für sie und auch der – sie würde sagen erlernte – Rhythmus von Wochenende, Arbeitszeit, oder Festtagen verblasste, zog im Hintergrund nicht zu beachtende Spuren.

Mia fühlte sich verloren in der Welt. Sie fühlte den „Irrsinn" wenn sie all die Straßen sah, auf denen all die Menschen unterwegs waren. Sie fühlte die Verwirrung, wenn sie vor den großen und langen Regalen im Einkaufsladen stand. Wie sinnentleert war das Leben! Kein Wissen dieser Welt konnte sie trösten.

In ihrer Not wuchs auch die Not selbst, denn sie wusste nicht, wie sie die Aufgaben in der Materie bewältigen konnte. Das wenige Geld vom Verkauf der Bücher von Kai reichte nicht einmal für das Futter von Cara und auch sie ist mit Bedürfnissen auf die Welt gekommen: gutes Essen, gutes Trinken, das ein oder andere schöne Accessoire, ein angenehmes Heim, mehr ist ja gar nicht gewollt – aber eben auch nicht weniger. Und schon gar nicht diese Angst, diese Enge, diese Furcht vor einem schlechten Ende von Allem. Wie sehr hatte sie gerade jetzt das Gespräch mit Kai gewünscht, da er immer wieder eine andere Seite in das Gespräch brachte, was zumeist auch eine friedliche Perspektive eröffnete. Das schaffte Vertrauen ins Leben – und Geborgenheit. Und jetzt?

So vergingen die Tage und Wolfgang war bereits zum dritten Mal nach Kais Verschwinden an- und abgereist. Er hinterließ Mia das 2. Kompendium, das sie bereits mehrfach durchgearbeitet hatte, um Ihre Fragen, die immer lauter wurden, zu beantworten.

Aber eigentlich waren es keinc Fragen, die sie beschäftigten, sondern es war eine Stimme, die sie immer deutlicher vernahm. Zumeist in der Nacht, während sie träumte, aber jetzt auch schon am Tage, wenn sie sich zum Beispiel dem Lesen widmete.

Und dann merkte sie, wie zeitlos die Stimme war und wie zeitlos die Erkenntnis war, die ihr sofort kam, als sie sich auf das Hören eingelassen hatte: Kai ist Anwesend! Wie ein Donner krachte diese Erkenntnis in ihr Sein und vielleicht auch deswegen, da sie sie, diese Erkenntnis, laut ausgesprochen hatte.

Irgendetwas war so vertraut, als sie die Texte von Kai las, es war aber nicht das Lesen oder eben die Worte. Es war das Feld, das angerührt wurde und dieses Feld war etwas zwischen ihr und Kai. Es war eine tiefe Intuition und es war ein glimmender Gedanke von Hoffnung und Schönheit, verbunden mit einer Leichtigkeit und Freude. Es war so ganz anders, als diese Enge.

Mia verfiel augenblicklich in eine Art meditativen Zustand. Sie öffnete sich diesem Moment. Szenen wie Filme von Begegnungen mit Kai durchzogen sie wie Ströme. Sie erkannte und nahm wahr, aber sie merkte auch, dass etwas anders war, irgendwie heller, ruhiger, größer, wahrhaftiger… Mia öffnete die Augen. Sie hatte keinen Schimmer, wie lange sie so gesessen hatte. Cara lag zu ihrer rechten Seite und schlief. Es war längst dunkel geworden.

Mia fasste einen Entschluss. Sie erhob sich und ging in das Zimmer von Kai. Sie suchte eine Europakarte. Sie wollte Kai suchen.

Suche im Wissen dass Du finden wirst

Mia legte die Karte auf den Esstisch. „Amerikanische Kirsche" dachte sie liebevoll, denn der Tisch war von Kai und er liebte diesen Tisch so sehr, da er diese wunderschöne Farbe hatte und eine ebenso wunderschöne Form.

Mia „funktionierte" jetzt. Sie bemerkte wie sie ohne nachzudenken einfach die erfolgten und nun folgenden Schritte ausführte. Sie entfaltete die Karte und betrachtete sich ausführlich Spanien. Barcelona und Madrid, dann aber vor allem Nordspanien und hier den Pfad der Muschelpilger. Nüchtern, neutral, unaufgeregt, ohne Erwartung suchte sie absichtslos einen Impuls, eine Wahrnehmung, einen Hinweis, der zog oder Richtung gab. Mia gähnte, das war immer so bei ihr, wenn Intensität anwesend war.

Mia erhob sich und ging in ihr Zimmer zielstrebig zu ihrem Schmuckkästchen. Dort suchte sie ein Pendel aus Silber. Kai hatte ihr dieses Pendel zum Anfang ihrer Beziehung geschenkt: „Wenn Du mal Deinen Weg verloren hast." Ganz unten im Kasten fand sie den weinroten Samtbeutel und schüttete den Inhalt in ihre linke Handfläche. Das Metall war kühl, wurde aber fast umgehend warm. Es strahlte und war nicht angelaufen oder hatte sonst eine Stelle, die sie sonst sofort geputzt hätte.

Sie ging mit dem Pendel zurück an den Tisch und legte es dort auf die Karte. Mia war jetzt entschlossen etwas zu wagen was sie niemals früher getan hätte. Das war einfach nicht ihr Ding. Sie wollte wissen ob und wie Kai zu finden wäre. Denn sie hatte diese Gewissheit, die sie eigentlich auch vorher verspürte, aber nicht wahrhaben wollte, dass Kai irgendwo zu finden sei.

Und dass ihn irgendetwas hinderte, sich zu melden. Da spielten Emotionen keine Rolle, auch nicht Schuld oder was auch immer von wahr oder falsch. Eigentlich ging es um wahr oder nicht-wahr.

So nahm sie das Pendel und fragte genau das ab: wahr – das Pendel drehte links herum. Nicht-wahr – das Pendel drehte rechts herum. Pause. Hier gab es auf einmal kein Drehbuch mehr. Nun musste ihr Wille eingesetzt werden. Keine wirkliche Herausforderung für Mia, doch hier wurde eine Grenze überschritten, die so fein und doch so klar aufleuchtete, dass es eben jetzt zu dieser Pause kam. Wenn sie jetzt weitermachte, muss sie sich eingestehen, dass Hoffnung möglich wäre. Aber da war dann auch die Möglichkeit, dass der Schmerz nicht verschwindet und letztendlich vielleicht unermesslich werden könnte. Mia brauchte Mut.

„Nun denn“, sprach Mia zu sich selber und begann mit dem Pendel über Nordspanien zu ziehen. Nach einer Minute merkte sie, dass nichts geschah. Mia merkte, wie Bewertungen in ihr Hirn rasten (besser dort herauskamen), doch sie ließ sich nicht davon beeinträchtigen. „Ich bin nicht meine Gedanken“, sagte sie sich und wollte fortfahren. „Aber, ich habe Intuition“ und sie stoppte den Vorgang.

Mia war der Verzweiflung nahe. Nun hatte sie diesen Schritt gewagt und gleich darauf war sie in der Sackgasse. Wieso nur gab das Leben ihr immer wieder eine Karotte, nach der sie sich ausstreckte um sie dann doch nie erreichen zu können. Wer könnte ihr jetzt noch in dieser Hoffnungslosigkeit helfen. Und noch während sie diese Frage dachte wurde ihr der Inhalt dieses Spiels deutlich – sie SELBST war die Antwort auf all ihre

Fragen. Gott hilf mir, SELBST hilf mir, sagte sie laut beschwörend und nahm das Pendel. Wahr oder nicht-wahr? Das Pendel reagierte! So kam sie über Spanien nach Frankreich, nach Deutschland, nach Osten, nach Berlin.

Keine Bewertung. Atemlose Stille. Mia sprang auf und holte eine Berlin-Karte aus der Küchenschublade. Auch diese entfaltete sie sorgfältig und legte sie auf den großen Tisch. Sofort erinnerte sie sich daran, wie sie vor Jahren mit ihrer Wiener Freundin Marie über der gleichen Karte stand und die Chakren von Berlin auspendelte. Ein irrsinniges Abenteuer, das sie zum Solarplexus (Potsdamer Platz) und zum Herz-Chakra von Berlin (seinerzeit war das der „Neue See" im Tiergarten) führte. Sehnsuchtsvoll hing sie diesem Gedanken nach, denn es war eigentlich ihre Bestimmung, sich um diese Themengebiete zu kümmern. So waren Kai und sie seinerzeit vollkommen ergriffen, als sie verstanden, dass ein Teil des Herzchakras der Erde erdgeschichtlich in diesem Jahrtausend auch in Berlin zum Tragen kommt. Für Kai war daher deutlich, warum er in Berlin wohnte. Es gab die geomantischen Energiedreiecke Glastonbury-Berlin-Barcelona und Externsteine-Berlin-Brocken und daher spielt Berlin also eine Art Schlüsselrolle. Da er am Brocken geboren wurde und die Externsteine auf einer Linie mit dem Harz liegen, fühlte er sich sehr stark mit dieser Information verbunden und es gab ihm ein Stück innere Heimat, nach der er sehr lange gesucht hatte. Natürlich kannte er alle Orte durch Reisen und als ihm diese Zusammenhänge deutlich wurden weinte er und gab sich dankbar MUTTER ERDE als ihr Sohn und Diener hin.

Es gab also viele wunderbare Dinge in ihrem Leben. Wieso nur „vergisst" man diese Kontexte so leicht. Wieso nur war alles in letzter Zeit nur Aktion und Reaktion? Wann wird dieser Zustand des gefühlten Chaos endlich in einer höheren Ordnung ankommen?

Mia atmete tief ein und aus. Erneut griff sie zu dem Pendel. Sie begann in Berlin-Mitte das Pendel ruhen zu lassen, bekam aber keine Reaktion, dann in Steglitz, dann Dahlem, dann Zehlendorf, und dann Wannsee – das Pendel fing an zu schwingen. Mia war aufgeregt. Sie näherte sich intuitiv der Pfaueninsel. Das Pendel schlägt aus.

Preußisches Paradies

Konnte es wirklich sein? Mias Hand zitterte. Sie atmete tief ein und setzte sich in den Pharaonensitz, lehnte sich am Stuhlrücken an und legte die offenen Handflächen auf ihre Knie. Mit geschlossenen Augen weilte sie absichtslos. Sie sah die Pfaueninselchaussee und den begleitenden Waldweg. Seit ihrer ersten Begegnung mit Kai war dies „ihr Weg" gewesen. Schwer verliebt sind sie ihn vor vielen Jahren das erste Mal gegangen, haben übergesetzt zur Pfaueninsel und verweilten stundenlang auf der Insel.

„Die Pfaueninsel ist Weltkulturerbe, ein Landschaftspark. Dort leben in der Tat freilaufende Pfaue." Das waren die Worte von Kai, der sie dorthin gleich am Anfang ihrer Beziehung „entführte". Und wie gerne ging sie mit ihm und wie aufregend und frisch und farbenfroh war die Insel und all das Erlebte. Niemals hätte sie damals auch nicht im Entferntesten gedacht, dass sie einmal in der Nähe dieser Insel wohnen würde. Denn heute lebt sie in Laufentfernung zu diesem Eiland. Mia kann manchmal sogar die Pfaue schreien hören, wenn sie im Wald unterwegs ist und natürlich, wenn sie am gegenüberliegenden Ufer der Insel mit Cara spazieren geht.

Damals beobachteten sie die Pfaue, hörten ihre Schreie und philosophierten auch über ihre Symbolik, wie die Liebe und die Leidenschaft und die Schönheit. Auch Unsterblichkeit und Reichtum oder ekstatisches Sein gehörte dazu, denn das war der Zustand, indem sie auf dieser Insel weilten – am Ende einer mehrtägigen Vereinigung ihrer Seelen und Herzen. Denn so empfanden beide, nachdem sie sich aufeinander eingelassen hatten, nach Wochen von mehreren arglosen Zusammentreffen. Absichtslos, eher geschäftlich war ihre Sprache und ihr Verhalten zuvor gewesen. Doch nun wuchsen sie zusammen in einer Geschwindigkeit, die seinerzeit alle und vor allem sie selbst nicht verstanden.

Später hörte Mia von der Geschichte der Insel und dass sie diesen wunderschönen Titel erhalten hatte: das preußische Paradies. Ja ein Paradies war es schon gewesen. Doch jetzt merkte sie, wie sehr sie diesen Ort fürchtete. Hatte der letzte Besuch, nämlich die Umwanderung auf der Eisfläche, nicht dazu geführt, dass sie ihren Kai jetzt vermisste? Jetzt spürte sie eher, dass alles eitel war, was ja auch eine Eigenschaft des Pfaus repräsentierte. Und ebendieses Gefühl verband sie jetzt mit der Insel und sie erschrak angesichts dieses pfaden Geschmacks, der sie überfiel und damit überraschte. Nein, dieser Wolke von Vergänglichkeit wollte sie nicht einfach weichen. Erneut atmete sie tief ein und aus und schob damit diese bewertenden Gedanken beiseite. Dies schuf ihr Freiraum für ihre Neugierde. Sie

beschloss gleich in der Frühe zur Insel zu gehen und letztendlich einfach zu schauen, was sie erwarten würde.
Der Weg am Morgen war seltsam, denn zuvor war sie mit Cara im Wald gewesen, musste sie aber zu Hause lassen, denn auf die Insel kam man leider nicht mit einem Hund, auch wenn er noch so entzückend war. Sie gab Cara bei der Nachbarin ab, denn diese hat sich in den letzten Wochen mit Cara angefreundet und auch Mia war es lieber, wenn Cara nicht allein zuhause warten musste.

Das Licht im Wald war warm auch wenn es noch kühl war in diesem Frühsommer. Sie konnte sich täuschen, doch sie meinte in der Ferne den ersten Pfauenschrei gehört zu haben. Gleich viermal hintereinander.
Nach einer Weile kam sie zur Fähre, setzte hinüber und ging auf der Insel zuerst zu einer Art Kiosk auch um einen Kaffee zu trinken. Sie erinnerte sich sofort an ein Gespräch, das Kai und sie hier vor ein paar Jahren mit der Verkäuferin geführt hatten. Eine Super-Anekdote. In dem Laden gab es Plastik-Frösche mit einem Thermometer als Mitbringsel zu kaufen. Kai machte eine Bemerkung, wie warm es doch in dem Laden sei – in Wahrheit war er überhitzt – und die Verkäuferin fing gleich an zu erzählen, wie oft die Heizung verrücktspiele. „Erst gestern bin ich mit der ersten Fähre gekommen, und alle Frösche waren bereits auf dreißig Grad“. Seitdem ist dies ein geflügeltes Wort zwischen Mia und Kai, wenn es darum geht sich mitzuteilen, dass es einfach mal wieder zu warm sei.

Es gab aber keinen Kaffee, denn nichts hatte hier geöffnet und überhaupt war eigentlich keine Menschenseele unterwegs. „Das passt ja“, meinte Mia zu sich selbst und kämpfte ein wenig gegen die schal empfundene Panik der Einsamkeit an, die sie in den letzten Wochen und natürlich auch jetzt an diesem „gemeinsamen“ Ort überfiel. (Vor allem abends, wenn sie alleine mit Cara Fernsehen schaute und einfach zu viel Zeit hatte über ihre Situation nachzudenken, kamen diese engen Gefühle, verbunden mit einem endlosen rattern der Gedanken.)

Mia stiefelte los und lies die Insel auf sich wirken. Sie ging ohne Richtung, ohne Ziel, lies sich vom Wege entführen, sah die schönen Gebäude, die Rosen, die Gärten, die Bänke, die Skulpturen, verweilte bei den Pfauen, betastete die abgestorbenen Bäume, ging mehrmals ans Ufer, beobachtete Enten, suchte Eingebungen, suchte Antworten, schimpfte sich selbst, angesichts dieses blödsinnigen Unterfangen, weinte mehrfach und war verzweifelt und ging erneut zum Ufer um an das weitentfernte andere Ufer zu schauen und in die Ferne zu sehnen, auf zu anderen Ufern, zu anderen Welten, entfliehen aus der Enge, aus dieser Wirklichkeit, aus diesem Schicksal, aus dieser Not. Ja Not, denn sie musste sich nun endlich eingestehen, wie alleine sie war und bittere Tränen liefen ihr die Wangen entlang. Wie sehr sie doch gehofft hatte, dass dies alles nur ein Alptraum war, aus dem sie erwachen konnte und das alles wieder wäre wie früher, auch wenn es nicht immer alles so war, wie sie es dachte, dass es in ihrem Leben sein sollte. Nun spürte sie die Anspannung der letzten Wochen, die vielen grundlegenden Gefühle von Sein und Nicht-Sein, von Hoffnung, von Glaube, von Zweifel aber vor allem von Angst. Angst überall. Vor dem Tag, vor ihr selbst, vor den Aufgaben, dem Leben, den Menschen. Sie spürte so tief diese Ungerechtigkeit, dass gerade ihr dies wiederfuhr und dieser schale Geschmack, so bitter. Sie fröstelte.

Mia nahm die Stille wahr, die um sie herum herrschte, obwohl die Vögel ein ziemliches Konzert gaben, ganz so, um sie aus all diesen Trübsalgedanken herauszuzwitschern. Allzu gerne nahm sie dieses Angebot an und bemerkte dann dieses unfassbare sanfte Sonnenlicht in den Kieferkronen, das dort fast zeitlos eingefangen wurde. Sie drehte sich nach rechts und wollte den Weg wieder aufnehmen, denn sie musste, auch wegen Cara, irgendwann einmal nach Hause, auch wenn sie derzeit bei der Nachbarin weilte und sich wahrscheinlich über die Würstchen freute.

Da sah Mia Gebäude, die sie bisher auf dieser Insel nicht wahrgenommen hatte. Ganz normale Wohngebäude, in denen Menschen lebten. Sogar Autos parkten am Wegesrand. Ohne falsche Scheu ging Mia in diese Richtung. Sie ortete einen Hauseingang und näherte sich. Er war unverschlossen, sie schaute in das Treppenhaus. Warum auch immer, sie ging ein paar Stufen empor und dreht sich dann zur rechten Seite und betrachtete kurz die sehr alte Wohnungstür die lediglich angelehnt war. Sie drückte sanft gegen die Tür die sich ebenso sanft einfach öffnete und dann – durchzuckte sie ein ungekannter, unfassbarer Schmerz, ein Gefühl von Zerreißen und Heilen vom Scheitel bis zur Sohle. Sie schrie heiser auf, fiel auf die Knie, denn ihr schwanden alle Sinne, sie war weit jenseits von allen Weinkrämpfen, die sie eigentlich jetzt hätte schütteln müssen, sie entglitt dieser Wirklichkeit, sie ergab sich allen Göttern.

Garten Eden – Heimkehr

Vertraute Züge wurden erblickt. Schicksalhafte Liebe strömte in den Raum. Erwachen zur Wirklichkeit führt zur Handlung.

Kai hob Mia auf und legte sie auf ein Sofa, das in der Küche stand. Danach schloss er die Tür, die er wohl in der Nacht nicht geschlossen hatte.

Verweilen, Aufnehmen, Betrachten, Stimme suchend, Stimme gebend, Zeitlosigkeit, ohne Ziel, ohne Absicht, Seiend.

Mia erwachte und schaute in die Augen von Kai. Das „Schauen schaute" wird sie später darüber sagen, denn es gibt keine Worte für diese Begegnung, und es war wohl die erste wirkliche Begegnung, die beide in ihrem Leben bisher erfahren durften. Alle Beschreibungen wären blasphemisch und würden auch das Erlebte eher in eine Wirklichkeit ziehen, die hier nicht existierte.

Sehr, sehr lange, zeitlos, waren sie in diesem Blick, waren dieser Blick. Mia war absolut mit allem anwesend, so anwesend, so in diesem Moment, wie nie zuvor. Ganz weit weg kam ihr eine innere Stimme, eine Art Aufforderung, wie aus einem anderen Universum, sich zu bewegen. Auch wenn es für Außenstehende sehr schwer begreiflich sein wird, war es für sie sehr schwer begreiflich, was Bewegung bedeutete, denn es war alles Raum. Dennoch gab sie diesem Impuls nach und richtete sich auf. Dann geschah alles wie in einem einzigen Stück.

Mia nahm Kai an die Hand, verließ die Wohnung, verließ das Haus, überquerte die Insel, setzte mit ihm über, lief durch den Wald, alles geschah wie auf Schienen, öffnete die Haustür, setzte

Kai auf das Ledersofa, kochte einen Tee, es klingelte, die Nachbarin kam mit Cara, Mia sagt nur danke, schloss die Tür, Cara war außer sich, bellte, heulte, rollte auf dem Teppich, und es dauerte ewig, bis sie sich beruhigte.

Bis jetzt hatte Mia noch kein Wort mit Kai gewechselt. Sie waren beide wie in einem Film, den sie gemeinsam anschauten und Mia merkte auf einmal, dass sie gar nichts dachte, nicht bewertete einfach nur anwesend war und unglaubliche Liebe spürte. Für sie war es, auch später, unerklärlich, wie sie wieder zu Hause angekommen sind.

Sie hatte Kai den Tee gegeben und schaute nun zu, wie Kai Cara streichelte. „Ich musste Raum schaffen für das Unbekannte", sprach Kai mehr in den Raum, mehr sinnierend als an Mia gerichtet.

Mia spürte umfassend, dass diese Worte wohl die ersten waren, die Kai seit seinem „Verschwinden" gesprochen hat. Erst später verstand sie „irgendwie", dass es auch die ersten Worte waren, die Kai für sich und in sich „fand". Erst mit diesem Satz konstruierte Kai nach langer Zeit einen Kontext für sich in dieser Wirklichkeit. Die Zeitlosigkeit davor diente ihm zur Integration seiner unaussprechlichen Erfahrung.

Mia war einfach anwesend. Es war bereits tief in der Nacht. Mia setzte sich neben Kai, nahm seine Hand, schloss ihre Augen und spürte einen unaussprechlichen Ort, zeitlos, voller Wärme, eine bisher vollkommen unbekannte Wärme und ein Licht, ganz anders als jedes zuvor gesehene Licht.

Anmerkung von Wolfgang U. Eipa: Kai war seinerzeit in der Tat ins Eis eingebrochen und konnte sich irgendwie befreien. Er lag am Ufer der Pfaueninsel, wo ihn Achim, ein junger Student und Lebenskünstler (so darf man sagen) gefunden hat. Nachdem Achim Kai in seine Wohnung geschafft hatte und ihn dort versorgt hatte, spürte er anscheinend intuitiv, was mit Kai passiert war und in welchem „Zustand“ er sich befand. Diese Begegnung war wie von Gottes Hand gesteuert. Denn Achim wollte am nächsten Morgen für ein paar Monate mit dem Auto nach Spanien fahren. Er hinterließ Kai nicht nur seine Wohnung sondern auch all seine bereits für diese Tour eingekaufte Verpflegung. Die Wohnung selbst hat Kai nur nachts verlassen und er traf anscheinend nie irgendeine Person auf der Insel. Das Haus selbst nahm seine Anwesenheit nicht wahr.

Der Meister ging im dämmernden Licht allein in der Halle auf und ab, sich seines Selbstes erfreuend – wie ein Löwe, der in der Wüste lebt und umherstreift.
(RAMAKRISHNA)

Epilog

Gelbes Morgenlicht verfängt sich in den herbstlichen Birken. Cara eilt mit lauten Schritten die Holztreppe hinauf, eine sanfte Ruhe ist in dem Haus von Mia und Kai, und ich bin gekommen, um Kai das dritte Kompendium (Honigsuche 3.0) zu übergeben.

Tiefe Zweifel überkommen mich bei diesem Vorhaben. Ich merke so unerträglich, wie viel Ego aus jeder Ritze quillt in meinen ach so selbstlosen Unterfangen, meinem Freund Kai einst einen Nachruf zu gestalten.

Und dann, wie erschütternd in meinen Grundfesten, dass Kai noch lebt und wie irritierend, dass er eben nicht mehr von der HONIGSUCHE spricht, wo ich dachte, dass eben dies sein Vermächtnis sei.

Wie taumel ich nun haltlos durch mein Leben, Strukturen suchend, hin und her gerissen von all diesen elementaren Ereignissen. Mich schämend von dieser offensichtlichen Tat, mich im Abgesange meines Freundes zu sonnen, in dem ich Mia´s und seine Worte für meine vermeintliche Weisheit hielt und gar ausgab.

Fast schon zitterte ich, als ich den Raum betrat, bei mir haltend die letzten ihm gewidmeten Zeilen. Selbst am ganzen Körper bebend, zerrissen in meinem Herzen, sah ich Kai sitzend, meditierend, fühlte mich durchschaut bis auf die Knochen, gab auf, während ich auf die Knie fiel und hemmungslos zu weinen begann, immer noch die neuen Schriften in meinen Händen haltend.

Kai betrachtete mich lange ohne sichtbare Emotion. Dann sprach Kai: „Wolfgang, mein Freund, wisse, alles geschieht, alles ist Gegebenheit, alles ist Ursprung, alles ist Gott. Es gibt nichts – nur diese EIN-Sicht. Handle so, wie es aus Dir herauskommt. Finde Dich – Dein SELBST. Wenn Du gehst, gehe. Wenn Du denkst, denke. Wenn Du isst, esse. Wenn Du schreibst, schreibe. Handle immer so, als wenn Du einen freien Willen hast. Und dann" – Kai schaute mir direkt in meine Augen und schwieg so lange – so lange, dass ich es jetzt, wo ich es aufschreibe, für mich verstanden habe, und in der Nachschau überhaupt erst verstehen konnte – „und dann betrachte in Abstand, absichtslos, in EIGENZEIT das Erlebte, ordne es neu – so wie es Dir kommt, lasse geschehen, lasse wirken." Kai drehte den Kopf und sah aus dem Fenster in die Ferne, dann sprach er lächelnd mit großer Wirkung: „Setze diesen Kontext: betrachte alles so, als ob gehandelt werden würde.
Das ist Deine HONIGSUCHE."

Ich schaue wahrscheinlich sehr verwirrt und Kai fuhr fort: „Du bist nicht der Täter. Jede Entscheidung ist immer Gottes Wille. Ramesh S. Balsekar sagt, dass wir alle als Instrumente existieren, „durch die das Leben seinen Lauf nimmt".

Erinnerst Du Dich an meine Herleitung zum Individuum? Wir alle werden zur *Person*. Heute sage ich Dir, dass durch uns HINDURCHKLINGT, was wir das Leben nennen. Und wisse, Gott trifft die Töne immer richtig."

Geschehnisse ereignen sich, Taten werden getan,
aber es gibt keinen individuellen Täter.
Buddha

Die unsichtbare Harmonie ist stärker als die Sichtbare.
Heraklit

Ästhetik ist die Aufmerksamkeit für das Muster, das verbindet.
Gregory Bateson

Notwendige Nachbemerkungen

Ich erwachte und hatte einen Zustand der mir inzwischen vertraut war. Drei Gedankenstränge waren präsent und dennoch wie immer nicht greifbar. Es war jeweils eine in einem gefühlten Kontext ganzheitliche Wahrheit, wobei ebendieser Kontext leider nicht in die jetzt durch das Erwachen erlebte Wirklichkeit zu transferieren war und damit im Ergebnis alles Wissen wieder verschwand. Zurück blieb eine Sehnsucht nach dieser nun unerreichbar erscheinenden Vollständigkeit.

Und genau an diesem Tage hatte ich eine längst verlorengegangene Einsicht in mein Sein: Ich bemerkte, dass in mir eine Angst war, dass ich schlicht dumm bin. Zu dumm um je begreifen zu können, was es auf sich hat mit diesem Leben, mit dieser Welt, mit diesem Universum. Seit meiner Jugend habe ich diese Dummheit nicht mehr gespürt. Im Gegenteil dachte ich, dass mich niemals etwas durch Nichtwissen hätte beeindrucken können oder aufhalten hätte können. Ich war unbesiegbar, denn alles war mir „erklärbar“ geworden. Und nun kam mir dieser Geschmack von Oberschlauheit. Wo habe ich die Abzweigung verpasst, die mich dazu führte, vermeintliche „Fakten“ zu orten, wo doch reine Fiktion vorherrschte?

In dieser Zerrissenheit ward Verzweiflung, ward Demut, ward EIN-Sicht, ward Aufgabe und ebendiese führte mich zu meinem Freund Kai. Es war der Tag, an dem ich Kai die geschriebenen

Worte zu Honigsuche überreichen wollte. Dies wurde, wie bereits geschildert, zu einer für mich und mein Schicksal so prägenden Stunde.
Mein Menschsein rührt mich wenn ich an diese, meine Offenbarung denke. Ja dies nehme ich mir wörtlich und ich danke mir für alle meine Taten, die mich mir in dieser, meiner Oberflächlichkeit, offenbarten. Genau hier stehe ich nun in diesem, meinem Leben und komme zum Ende dieses Werkes, dass eigentlich Kai verfasst hat und ich hier nur der Rezitator war. Doch so nah an all diesen Versuchen, die Wirklichkeit zu erfassen – man könnte auch schreiben, persönlichen Wahrheiten – war von vornherein deutlich, dass eine reine teilnahmslose Übertragung gar nicht möglich war. Ich war Teil dieser Transformation und letztendlich war die Transformation auch Teil von mir.
Ich danke Dir, lieber Leser, dass Du bis zu diesen Zeilen vorgedrungen bist. Ich wünsche Dir ein langes Leben, indem Du Deine eigene Dir zugehörige Wahrheit findest, lebst und vielleicht auch mir und anderen mitzuteilen vermagst.

Abschließend berichte ich Euch nun von meinem letzten Zusammentreffen mit Kai und Mia und Cara. *Kai hatte die Schriften gelesen und mir ein paar wenige Anmerkungen gemacht, die ich entweder im Text direkt aufgeführt habe oder aber die Ihr hier im Anhang nun wiedergegeben findet.*

Kai äußerte aber auch einige für uns alle berührende Gedanken, von denen ich nun einfach berichte, denn das Werk soll ja hier enden. Doch ich kann das Gesagte einfach nicht unerwähnt lassen.
Unser Gespräch führte zu Hermann Hesse. Und Kai sprach über seinen Lieblingsroman Siddhartha (immer noch):
„Warum ich Siddhartha liebe? Ganz einfach. Weil er neugierig ist und das Leben, sein Leben, lebt. Er ist nicht erpressbar. Im Ge-

genteil hat ihn seine eigene (!) Schulung gelehrt zu denken, zu warten und zu fasten. Siddhartha lernte und lebte seine Selbstbefreiung bewusst durch eigene Erfahrung.

In den wunderschön geschriebenen Gesprächen von Siddhartha mit Govinda, mit dem erhabenen Buddha und mit Kamala wird diese Sicht auf das Leben zu einer Innenschau von Siddhartha. Nicht umsonst wurde diese Dichtung von Millionen Menschen gelesen, zitiert und gelebt. Kernsatz für mich ist unter anderem, wie kann es anders sein: Weisheit ist nicht mittelbar." Ich war so aufgelöst, als Kai diesen Satz sagte.

Denn das war fortan nun meine Medizin, wenn ich in mir oder im Raum Dummheit spürte. Und auch Mia sagte etwas unfassbar Schönes: „Wolfgang, mir bleibt auch nur festzuhalten, wo meine logischen Entscheidungen meinem Bauchgefühl zuwider waren und ich dann wirklich falsch lag. Irgendwann werde ich das Muster in dieser Auflistung erkennen und dies wird mich zu meiner Weisheit führen".

Und ebendieser Satz von Mia führte Kai zu einem bis jetzt nicht erwähnten Lieblingsthema von Kai: *das Muster, das verbindet.* Der Philosoph und Wissenschaftler Gregory Bateson war Kai´s Held, denn ohne ihn hätte Kai „so viele Gedanken gar nicht denken können". Bateson hatte zwei Megavokabeln: Kontext und Muster.

Keine Handlung, kein Gespräch, kein Zustand ist je ohne einen Kontext zu verstehen. Und weiterhin hatte Bateson das „evolutionäre Metamuster" entdeckt. Kai nannte es einst „bewusstes Bewusstsein" um zu verdeutlichen, dass der „geistige Prozess" nur im Kontext von ebendiesem bewussten Denken überhaupt zu beschreiben sei. (Informationstheorie und Kai, wie passte dies einst so schön zusammen. Aber es ist auch ein schönes Beispiel, wie sich gerade geniale Menschen im Wirrwarr der weltlichen Wirklichkeit verstricken können. Wirrsal statt geistiger Wonne).

Kai zitierte uns dann einen Satz aus dem Vorwort des Werkes von J. J. Hurtak: Die Schlüssel des Enoch, welches bereits Anfang der 70er Jahre die spirituell interessierten Menschen aufrüttelte: „Wahre Evolution ist geistliche Evolution." *) Und ebendiese Aussage hatte Gregory Bateson für Kai wissenschaftlich bewiesen.

„Doch nun Wolfgang, wo Du – wie ich – Dein Leben der Suche gewidmet hast, dabei warst Du längst im Begriff der einzigen Wahrheit, dass nämlich alles vergänglich ist und die materielle Wirklichkeit, Maya und Samsara, uns Suchenden keinen Halt geben wird. Niemals. Und dass eben das Bewusstsein die treibende Kraft im Universum ist und Nichts und Niemand uns mit noch so komplexen Theorien hätte vom Pfade ebendieser, unserer Wahrheit hätte abbringen können. Dir Wolfgang sage ich nun, wisse dass ich ein Muster aller Muster wiederentdeckt habe auf meiner Reise, ein Muster voll mit Mustern die in mir Staunen hervorbringen, wie einst als kleiner Junge, als ich den Spirographen stundenlang auf immer größeren weißen Blättern habe kreisen lassen. Dieses Muster aller Muster wird Sphärenharmonie genannt. Schon Plato sprach beim Betrachten der Gestirne von einem natürlichen Band das diese umschlingt." **)

Kai erinnerte Mia daran, dass er ihr vor ein paar Jahren ein Büchlein geschenkt habe („A little book of Coincidence" von John Martineau). Auf der ersten Seite war eine Zeichnung von einem Menschen auf einem Hügel über dem ein Octagram

gezeichnet war. Dieses entsteht, wenn man acht Jahre hintereinander an seinem Geburtstag auf den Hügel klettert und dann den Verlauf der Venus um die Sonne virtuell nachzeichnet.
Schon Pythagoras soll von einer Sphärenmusik berichtet haben. 1978 entdeckte der Schweitzer Mathematiker Hans Cousto, dass bei den Planetenumlaufbahnen musikalische Intervalle vorliegen, welche nicht zufälliger Natur sein können. Er nannte dies die „kosmische Oktave“ und komponiert seitdem Musik mit dieser Information. Und der deutsche Wissenschaftler Hartmut Warm widmete sein Lebenswerk der Sichtbarmachung dieser wunderschönen Muster im Himmelsrund (Er entwickelte eine Software, die die Planetenlaufbahnen über lange Zeitspannen hinaus abbilden kann). „Seine Arbeit zeigt uns eine Ordnung im Sonnensystem, die mich sofort auch an den Ausspruch von Einstein erinnert, dass Gott nicht würfelt.“ ***)

Dann richtetet Kai das Wort direkt an mich: „Wolfgang, wir leben in einem Muster, einem Kontext, einer Harmonie, so unaussprechlich und niemals durch Menschenmind zu verstehen. Man spricht von einem kosmischen Gesetz, das keiner von uns je verstehen kann. Auch in der Physik weiß man seit Jahren davon, dass wir, wenn wir der mathematischen Logik folgen, wahrscheinlich sogar in einem Multiversum – unendliche Multiversen mit komplett eigenen physikalischen Gesetzen – leben!
Sri Aurobindo hat ein schönes Gleichnis gefunden. So wie wir einst dachten, dass die Erde der Mittelpunkt sei, so denkt der Mensch, Gott drehe sich um das Ich. Es ist aber so, dass das göttliche Wesen selbst die Mitte darstellt, und wir ebenso unser Denken dahingehend transformieren müssen. ****)

Wolfgang, das Leben ist unsagbar. Da ist keine Dummheit. Letztendlich ist gerade das Nicht-Verstehen das, was Dich ausmacht. Du kannst Deinen Wert nicht an Wissen koppeln. Leben ist eine Reise an der Nahtstelle zwischen erklärbar und nicht-erklärbar. Sri Aurobindo sagt „alles ist Brahman, dieses Selbst ist Brahman". Letztendlich sei alles „selbst-seiende Seins-Seligkeit" oder auch „Saccidananda", die „Existenz-Wissen-Glückseligkeit ".

Werde auch Du ein Vorübergehender. Übe Dich, wie es in den Schriften steht in gelassener Gleichgültigkeit *****) und erkenne liebevoll Deine Bedeutungslosigkeit. ******)

„Wer dieses Selbst kennt, das den Honig des Daseins genießt und der Herr dessen ist, das ist und sein wird, schreckt von da an vor nichts mehr zurück."
Katha Upanishad, IV. 5.

Anmerkungen von Wolfgang U. Eipa:

*) *In einem Schlüssel heißt es auch: „...dass Erleuchtung der Markstein ist für organische Evolution und der Wille der kosmischen Intelligenz."*
Die Schlüssel des Enoch 208: 33

**) *Das Originalzitat lautet: „Jede Figur, jede Zahlenverbindung, das ganze System der Harmonie und des Umlaufs der Gestirne muss demjenigen, welcher auf die rechte Weise darüber belehrt wird, als ein einziges und gemeinsames großes Ganzes erscheinen, und es wird ihm so erscheinen, sofern er, dieser Anleitung folgend, dieses Eine beständig als sein Ziel im Auge behält. Denn jedem aufmerksamen Beobachter wird es einleuchten, dass ein natürliches Band alle diese Gegenstände umschlingt."*
Plato

***) Drunvalo teilte uns am 21.12.2012 mit, dass unser Universum in der Tat auf Musik basiert.

****) Das Originalzitat lautet: *„Es ist nicht die Wahrheit, dass Gott das Ich als das Zentrum des Daseins umkreist und vom Ich und seiner Schau der Dualitäten beurteilt werden kann, sondern dass das göttliche Wesen selbst die Mitte ist und dass das Individuum nur dann seine wahre Wirklichkeit erfährt, wenn es diese in den Begriffen des Allumfassenden und Transzendenten erkennt."*
Sri Aurobindo

*****) Kai bezieht sich auf dieses Originalzitat: „*Die geheimen Lehren schreiben keine bestimmten Gefühle gegenüber irgendetwas vor. Der Meister lenkt die Aufmerksamkeit des Schülers auf bestimmte Fragen und Probleme und erwartet von ihm, dass er sie untersucht und dort seinen Grund für eine gelassene Gleichgültigkeit findet. Wenn er sich auch nicht weigern kann, eine Rolle in der Komödie oder in dem Drama dieser Welt zu spielen, so sollte er doch wenigstens begreifen, dass es sich um ein Spiel handelt. (…) Er weiß, dass es die Unterschiede nur auf der Bühne gibt und dass die Schauspieler ihre Kostüme ablegen, sobald das Theater vorbei ist.*“
Zitiert in Alexandra David-Néel

******) Kai bezieht sich auf dieses Originalzitat: „*Lerne, dass du nur Leere bist und dass deine Taten keineswegs deine sind, sondern das schlichte Werk von Energien, die aufgrund vielfältiger Ursachen kurzlebige Verbindungen eingehen. Eine durchdringende und trainierte Einsicht, die mystische Einsicht kann die wichtigsten Ursachen erkennen, doch bleiben die zahllosen anderen unauffindbar und ohne erkennbaren Anfang in den Tiefen von Raum und Zeit verborgen (…) Erkenne deine Bedeutungslosigkeit.*“
Zitiert in Alexandra David-Néel

HonigSein und Gottesschau

"O Ashvins, Herren des Lichtes, salbt mich mit dem Honig der Biene, dass ich unter den Menschen kraftvolle Reden halten kann! "
Atharva Veda 91-258

„Wer ihn, dem alles ist Honig,
Als Selbst, als Seele nah sich weiß,
Herrn des Vergangnen und Künft'gen,
Der ängstigt sich vor keinem mehr."
Katha-Upanishad

„Ich freue mich
auf die Freude
Im Herzen"

Kai

…da es offenbar ist, daß ihr ein Brief Christi seid, durch unseren Dienst vermittelt und ins Herz hineingeschrieben, nicht mit Tinte, sondern durch den Geist des lebendigen Gottes, nicht auf steinerne Tafeln, sondern auf fleischerne Tafeln des Herzens. *(Korinther 3:3)*

Freuen dürfen sich alle, die im Herzen rein sind – sie werden Gott sehen. *(Matthäus 5,8)*

Ein Mensch sieht, was vor Augen ist; der HERR aber sieht das Herz an. *(Samuel 1, 16,7)*

Gnade und Treue werden dich nicht lassen. Hänge sie an deinen Hals und schreibe sie auf die Tafel deines Herzens. *(Sprüche 3.3)*

Vertrauen ist eine Oase des Herzens, die von der Karawane des Denkens nie erreicht wird.
Khalil Gibran

Die Gottesschau ist nicht furchteinflößend! *Monika Petry*

Eines mit Einem, Eines von Einem, Eines in Einem und in einem Eines ewiglich. Amen. *Meister Eckhart*

Des Kleinen Kleinstes und des Großen Größtes
Wohnt er als Selbst hier dem Geschöpf im Herzen;
Frei von Verlangen schaut man, fern von Kummer,
Gestillten Sinnendrangs des Atman Herrlichkeit.
Katha-Upanishad Vers 2.20

Ich hatte seit der Zeitenwende viele Gespräche mit Kai. Wir philosophierten über eine Welt ohne Geld, und mussten erstaunt feststellen, dass es, obwohl es natürlich kein Geld gab als Gott die Welt schuf, wir nicht einmal einen Begriff haben für eine „geldlose Gesellschaft“. Es stimmt: wir müssen uns erst gedanklich von den materiellen „Errungenschaften“ befreien. „Im Herzraum gibt es keine Gedanken“, meinte Kai irgendwann. Wie kam Kai zu dieser Aussage?

Wir schauten alle zusammen die Filmdokumentation von Dieter Broers „Solar Revolution“. Gebannt saß ich vor dem Fernseher, wurden doch die Thesen von Kai zur „Evolutionären Entrückung“ hier wissenschaftlich bestätigt. Auch unsere Erkenntnisse zur Zirbeldrüse und DMT kommen in diesem Kontext voll zur Geltung. Eine These des Films ist, dass die Menschheit über die biologischen Gehirnfunktionen über das Magnetfeld der Erde innerhalb von Sekunden beeinflussbar sind und dass das Magnetfeld der Erde wiederum durch die Sonnenaktivitäten beeinflusst werden, die wiederum durch den aktuellen Stand des Sonnensystems innerhalb der Sonnengalaxie bestimmt werden. Es ist wissenschaftlich bewiesen, dass die Erd- und Menschheitsgeschichte mit den jeweiligen Sonnenaktivitäten korrespondiert. So wie Kai über die Entwicklungsschübe in der kulturellen Menschheitsgeschichte geschrieben hat wird in dem Film die bahnbrechende These aufgestellt, dass die Spracheentwicklung bei den Menschen überall auf dem Planeten gleichzeitig begann, was letztendlich bedeuten kann, das dies mit einem Impuls im Magnetfeld der Erde gesteuert wurde.

Ebenso einen Impuls wird es in der nächsten Zeit geben und dieser wird in unseren Gehirnen gleichzeitig die Zirbeldrüse aktivieren und damit die DMT-Produktion aktivieren, was uns als Menschheit schlußendlich gemeinsam in eine Erweiterung der Bewusstseinsspirale ziehen wird.

Wir hatten dann nach dieser Dokumentation gemeinsam beschlossen, Kai´s Kompendien als E-Book zu veröffentlichen. Das Ergebnis lesen Sie gerade, lieber Leser. Wir haben dafür die Reihenfolge etwas umgestellt, um damit die Lesbarkeit zu erhöhen.

Ein weiteres Kompendium soll es nicht geben, obwohl die Reaktionen nicht abreißen. Zwei will ich an dieser Stelle hervorheben. Einer der bedeutendsten Verleger Deutschlands schrieb uns: „Ihre Trilogie hatte ich ... am Laptop "weggefressen", so flott war sie zu lesen, so unterhaltsam waren viele Einsichten dargebracht. Wege und Sackgassen der Erkenntnissuche und -findung. Auch eine Lese- und Workshop-Biografie der Eso-Generation.“ Und zahlreiche andere Leser machten Angaben über die *Herkunft der Honigsuche* als eine Art *Ursprung in der Philosophiegeschichte der Menschheit* selbst: Übersetzt man zum Beispiel den Namen Krishna´s (oder Vishnu oder Indra), so ergibt dies einen entsprechenden Hinweis: „der Nektar-Geborene“.

Wie passend dieses Zitat bei uns eintraf soll Ihnen diese letztendliche Geschichte von Kai verdeutlichen. Kai kam in einem kleinen Kreise von Besuchern zu der Mitteilung, dass es nun mit der *Honigsuche* zu Ende sei und das seine Erfahrung eher mit *HonigSein* (!) zu beschreiben sei.

Ich war baff, so muß ich das ehrlich zugeben. HonigSein (ich schreibe es hier so eigentümlich um die Bedeutung der beiden eigenständigen Worte hervorzuheben) war also das Ziel der Honigsuche.

Aber was dann kam konnte ich kaum glauben. Was habe ich nicht alles aus den Schriften von Kai gelernt und erstmals sprach jemand von einem „herzlosen Raum“ durch den wir hindurch müssen und zum ersten Mal hörte ich bei Kai davon, dass Buddhisten von „Herz-Geist“ sprechen. Aber dass es wirklich um das Herz geht („das Herz aller Dinge“!) und das dort der Geist ist und Du dort Gott triffst – nein davon wusste ich nichts. Doch seitdem habe ich in unter anderem in der Bibel die Zitate gefunden, die ich im Anfang dieses Kapitels aufführe. Sie zeigen, dass es versteckt in der Bibel zahlreiche Hinweise zu diesem bisher eher geheimen Wissen gibt.

Am 21.3.2013 machten Mia, Kai und ich ein Agnihotra-Feuer zum Sonnenuntergang. Zur Vorbereitung meditierten wir gemeinsam und besuchten unseren heiligen Herzraum gemäß der Anleitung von Drunvalo Melchizedek in seinem Buch „Aus dem Herzen leben“. Kai verweist jetzt immer auf die aktuellen Äußerungen von Drunvalo zur Zeitenwende (siehe Anmerkungen am Ende des Kapitels). Drunvalo sagt uns die wohl wichtigsten Wahrheiten für unseren Aufstieg. Seine aktuellen Ausführungen sind im Internet (und werden auch bei @Honigsuche getwittert).

Unter anderem haben wir von ihm erfahren, dass unser Geist sich in unserem Körper frei bewegen kann. Die Naturvölker wissen dies. Dazu Drunvalo: „Der menschliche Geist ist etwas anderes als der (menschliche) Körper. (...) Bei meinen Erkundigungen habe ich festgestellt, dass zu diesem Zeitpunkt der Geschichte der menschliche Geist meistens auf die Zirbeldrüse konzentriert ist (...) Wir haben das Gefühl direkt hinter den Augen zu sein." Im Ergebnis kannst Du Deinen Geist aber wandern lassen. Zunächst im Körper.

Wie Du Deinen Herzraum besuchst, findest Du in den Meditationen von Drunvalo. Dabei wurde ich besonders davon berührt, dass Drunvalo auch davon zu berichten wusste, dass ein Mensch, der in seinem Leben emotionale Traumata erlebt hat, „beim Eintreten in den heiligen Raum seines Herzens diesem Schmerz wieder begegnet." Der „herzlose Raum" von Kai ist also Realität. Ihn müssen wir durchschreiten, heilen und lieben und halten.

Aus meiner Mitschrift zitiere ich nun einige der Ausführungen von Kai zum Herzraum:

Zunächst zitierte Kai seinen langjährigen buddhistischen Lehrer Lama Ole Nydahl, wohl auch um aufzuzeigen, dass die Buddhisten schon immer die wichtigsten Erkenntnisse für die Bewusstseinsentwicklung bereitstellten. Er las über „die offene, klare Unbegrenztheit unseres Geistes. Dieser ist offen wie der Raum, ohne Form, Farbe oder Gewicht; leuchtend klar, voller Fähigkeiten und ohne jegliche Einschränkungen, das heißt, er weiß alles und er kann alles. Sein wahres Wesen ist riesige Freude, aktives Mitgefühl und totale Unerschütterlichkeit".

Stille. Dann nahm Kai ein Gedankenbuch und sprach:

Mein Vater lehrte mich einst ein kleines Gedicht: Ich bin klein, mein Herz ist rein, soll niemand drin wohnen als Gott allein. Wie sehr habe ich mich gefreut, als ich erfahren durfte, dass es ein kleiner Schlüssel zu einer ungeheuren Weisheit ist. In den letzten Wochen konnten Mia und ich durch die Herzmeditation, wie uns Drunvalo gelehrt hat, den Ort besuchen, wo wir alle Gott treffen können! An diesem Ort (im Herzen) ist die Liebe zu Hause, die unaussprechliche und ungenannte Liebe des Seins, formlos und ausstrahlend durch Licht. Ein ungekanntes Licht. (…)

Wir können das Phänomen des anstehenden Dimensionswechsels nur erkunden, indem wir in uns gehen. Wir müssen in unser Herz gehen. Wir können es nicht mit dem Kopf verstehen. (…)

Teile Deinem Geist mit, dass er sich in das Herz bewegen kann, so bis Du zu Deinem heiligen Raum im Herzen kommst. Vertraue Dir und spüre dort die Vibration. Hier trifft Gott Dich und Du triffst Gott.

(Dabei sage: „Er ist es!" oder zitiere das Gedicht des heiligen Schweizer Einsiedlers „…nimm mich mir und gib mich ganz zu eigen dir" oder bitte Dich um Hingabe, oder dass Gott einen neuen Kontext setzen möge…; alles Dinge die ich den Texten zur Honigsuche bereits erwähnte.)

Ich habe es selbst nicht gewusst, doch jetzt bin ich auf die Suche gegangen und habe uralte Texte gefunden, die dies bestätigen.

In den Urtexten (von Nag Hamadi) steht: „Ich wohne im unbeschmutzten Licht." - In Deinem Herzen ist die Liebe dieses Licht!

Und in den Upanischaden finden wir einen Text, der älter ist als Buddhas Lehren. Dort finden wir zu diesem Licht die folgende

Beschreibung: „Dort (im Herzen) leuchtet nicht die Sonne, nicht Mond noch Sternenglanz, noch jene Blitze, geschweige irdisch Feuer, Ihm, der allein glänzt, nachglänzt alles andere, die ganze Welt erglänzt von seinem Glanze."

Ich glaube, dass unser Herz der Schlüssel ist für die Honigsuche oder besser, unser HonigSein. Als Jesus seine berühmte Bergpredigt hielt, so bin ich mir inzwischen sicher, schaute er das Land, in das wir alle gemeinsam eintreten werden. Jesus spricht sogar direkt von den Menschen, die „im Herzen klar" sind. (Selig sind, die reinen Herzens sind, denn sie werden Gott schauen!") Schon oft fragte man: Wer sind diese „Herzensreinen"? Inwiefern werden sie Gott schauen? (...)

Hier ein weiterer Hinweis im Upanischaden auf den Ort den jeder von Euch nur selbst besuchen kann. Euren Herzraum:

„Des Kleinen Kleinstes und des Großen Größtes
Wohnt er als Selbst hier dem Geschöpf im Herzen;
Frei von Verlangen schaut man, fern von Kummer,
Gestillten Sinnendrangs des Atman Herrlichkeit."

Und dort heißt es weiter:

„Wer ihn, der da war vor Tapas,
Vor den Urwassern war er schon,
In Herzenshöhle sieht weilen,
Wer ihn schaut durch die Wesen hin,
Wahrlich, dieses ist das!"

Früher dachte man, wer Gott schaut, muß sterben. Vielleicht ist das alles nur ein Hinweis darauf, dass wir nur in unserem Herz

Gott schauen können und so auch den Dimensionswechsel vollziehen werden und eben nicht sterben. Sondern aufsteigen. Der Mensch geht ein in die Unsterblichkeit. Andere sprechen hier von wiederum der Entrückung.

Meister Eckhart war ein Mystiker der von der Gottesschau ergriffen war. In seinen Texten finden wir zahlreiche Hinweise dazu. Ihm war der Herzraum sicher bekannt. So verweist Eckhart auf einen Text bei dem Propheten Hosea, der, in diesem Kontext betrachtet, das Wissen um den Herzraum preisgibt: „(Gott) will die Seele in eine Einöde führen und da will ich in ihr Herz hineinsprechen…“.

Doch zurück zu unseren indischen Urtexten:

„Alldurchdringend und merkmallos,
Wer ihn erkannt, erlöst wird er
Und geht ein zur Unsterblichkeit.“

Ihr seht, es ist mehr als deutlich! Und weiter:

„Nicht durch Reden, nicht durch Denken,
Nicht durch Sehen erfasst man ihn:
„Er ist!“ durch dieses Wort wird er
Und nicht auf andre Art erfasst.“

Und letztendlich dieser Vers:

„Wenn alle Leidenschaft schwindet,
Die nistet in des Menschen Herz,
Dann wird, wer sterblich, unsterblich.
Hier schon erlangt das Brahman er.“

(...) So höre ich die Bergpredigt, für mich wissend, das Jesus Gott geschaut hat in seinem Herzen und mit dieser Freiheit im Herzen die wohl freudvollsten Worte sprach, die wir als die Seligpreisungen kennen. Eine Übersetzung findet sogar die folgenden Worte:

Freuen dürfen sich alle (!!!), die im Herzen rein sind. Sie werden Gott sehen.

Ich freue mich auf diese Freude in meinem Herzen!

(...) All dies ist für mich heute der Schlüssel. Der Besuch im eigenen Herzen und die Verbindung mit der Zirbeldrüse. (Siehe Anmerkungen am Ende des Kapitels)

Die Menschen beginnen sich nun rasend schnell zu wandeln und nach innen zu wenden. Sie lassen die Vergangenheit los und entdecken ihre spirituelle Seite. Die Wandlung unserer Erde durch unsere gemeinsame Entwicklung, die Entdeckung unseres kosmologischen Bewusstseins ist unumkehrbar. Nun bricht die Zeit an, für die ich in meinem vorherigen Leben solch eine Sehnsucht entwickelte.

Ich bin so dankbar und in tiefer Freude, dass ich daran teilhaben darf. (...) Ich sitze bildlich gesprochen mit dieser Freude (im Herzen) in jeder Sekunde meines Seins (in Meditation) am heiligen Berg und höre Jesus bei seiner Bergpredigt zu. (...) Es ist ein Mantra für jede Sekunde meines Seins. (...)

Seid gewiss. Herzenswünsche werden wahr. Ich liebe Euch wie ich Jesus liebe und wie Jesus Euch liebt!

Die Seligpreisungen

Freuen dürfen sich alle, die nur noch von Gott etwas erwarten – mit Gott werden sie leben in seiner neuen Welt.

Freuen dürfen sich alle, die unter dieser heillosen Welt leiden – Gott wird ihrem Leid ein Ende machen.

Freuen dürfen sich alle, die unterdrückt sind und auf Gewalt verzichten – Gott wird ihnen die Erde zum Besitz geben.

Freuen dürfen sich alle, die danach hungern und dürsten, dass sich auf der Erde Gottes gerechter Wille durchsetzt – Gott wird ihren Hunger stillen.

Freuen dürfen sich alle, die barmherzig sind – Gott wird auch mit ihnen barmherzig sein.

Freuen dürfen sich alle, die im Herzen rein sind – sie werden Gott sehen.

Freuen dürfen sich alle, die Frieden stiften – Gott wird sie als seine Söhne und Töchter annehmen.

Freuen dürfen sich alle, die verfolgt werden, weil sie tun, was Gott will – mit Gott werden sie leben in seiner neuen Welt. Freuen dürft ihr euch, wenn sie euch beschimpfen und verfolgen und verleumden, weil ihr zu mir gehört.

Freut euch und jubelt, denn bei Gott erwartet euch reicher Lohn. So haben sie die Propheten vor euch auch schon behandelt.

*) Inzwischen gab Drunvalo auch einige grundlegende Aussagen zur der Aufgabe, Funktion und der Entwicklung der Zirbeldrüse. Kai freute sich darüber natürlich besonders. Drunvalo spricht aktuell von der absoluten Notwendigkeit der Verbindung zwischen Herz und Zirbeldrüse: „How to fully activate Pineal Gland antennas" (Drunvalo Melchizedek) – über YouTube, wo auch andere aktuelle Interviews zu finden sind. Weitere Informationen auf Twitter: #Drunvalo oder @DruMelchizedek; Facebook: Drunvalo Melchizedek.

> ***Anmerkung von Wolfgang U. Eipa*:** Kai hat beschlossen zur Thematik Honigsuche nichts mehr zu schreiben. Es gäbe genügend Literatur zur SELBSTUNG, wie er seine Erfahrung nennt. Kai spricht dabei vor allem von dem „Aufdecken des SELBST-Verlustes durch EIGENZEIT". Die Leser wissen inzwischen, was er damit meint.
>
> Viele Begriffe von Kai, wie zum Beispiel „nichtendes Nirwana" oder „absichtsloses Abwarten" werden also nicht in *eine Philosophie der Honigsuche* einfließen. Letztendlich war es ein Versuch, einen hoffnungsvollen Kontext in die Welt zu setzen. Wer mit mir darüber weiterhin im Austausch sein möchte, ist dazu herzlich eingeladen.
>
> Die hier nun folgenden Texte sind unter anderem Mitschriften meiner Person. Kai hat sie nicht besonders autorisiert, ich habe mich aber bemüht, sehr im Original zu bleiben.
>
> Kai gab mir auch mehrere ältere Texte, die ich an dieser Stelle mit erfasst habe.

Anmerkung:
Das dritte Kompendium von Kai befindet sich im Anhang 3.

Anhang 1

Aus dem Nachlass von Kai

Das erste Kompendium:

Auszüge aus seinen Texten und Gedichten - gekürzte Fassung -

Menschensohn

MENSCHENSOHN MENSCHENSOHN
MENSCHENSOHN MENSCHENSOHN
Himmelreich Himmelreich Himmelreich
Ich bin ein Vorübergehender.
Jesus sagte ihm drei Wörter :
Ich bin DU.
(Thomasevangelium 13)

Kai in einem Text zum Thomasevangelium als Gedicht handschriftlich geschrieben.

Thomasevangelium

Eine Textsammlung aus Zitaten aus dem Thomasevangelium handschriftlich erfasst und liebevoll aufbereitet:

Jesus sprach zu ihnen: Wenn ihr die zwei zu eins macht und wenn ihr das Innere wie das Äußere macht und das Äußere wie das Innere und das Obere wie das Untere und wenn ihr das Männliche und das Weibliche zu einem einzigen macht, so dass das Männliche nicht männlich und das Weibliche nicht weiblich ist, und wenn ihr Augen macht anstelle eines Auges und eine Hand anstelle einer Hand und einen Fuß anstelle eines Fußes, ein Bild anstelle eines Bildes, dann werdet ihr in das Königreich eingehen.
Thomasevangelium 22

Jesus sprach: Werdet Vorübergehende!
Thomasevangelium 42

Jesus sprach: Wenn zwei miteinander Frieden schließen in diesem einen Hause, werden sie zum Berg sagen: Bewege dich fort, und er wird sich fortbewegen.
Thomasevangelium 48

Jesus sagte: Zwei werden sich auf einem Bett ausruhen.
Der eine wird sterben, der andere wird leben.
Salome sagte: Wer bist du, Mensch, als wessen Sohn?
Du stiegst auf mein (Speise-)Lager und aßest von meinem Tisch.
Jesus sagte zu ihr:
Ich bin der, der aus dem Gleichen ist.
Man hat mir von den Dingen meines Vaters gegeben.
Salome sagte: Ich bin deine Jüngerin.
Jesus sagte zu ihr: Deshalb sage ich:
Wenn er gleich ist, wird er sich mit Licht füllen.
Wenn er aber getrennt ist,
wird er sich mit Finsternis füllen.
Thomasevangelium 64

Jesus sagte: Wenn ihr die zwei zu einem macht werdet ihr Menschensohn sein.
Thomasevangelium 106

Ein Gedicht des Schweizer Einsiedler

Mein Herr und mein Gott,
Nimm alles mir, was mich hindert zu dir.

Mein Herr und mein Gott,
gib alles mir, was mich führet zu dir.

Mein Herr und mein Gott,
nimm mich mir und gib mich ganz zu eigen dir.

Nikolaus von Flüe (1417-1487)

Grußbotschaften – göttliches Grüßen

Aloha: (Hawai) Im Angesicht des Atems Gottes stehen
Grüß Gott: ohne Worte
Lakéch: (Maya) „Ich bin ein anderes Du selbst"
Namaste: (Indien)„Das göttliche in mir, grüßt das göttliche in Dir"
Oe-l nga-ti kame: (Pandora) „Ich sehe Dich"

Zusammengestellt von Kai

Gottesnahmen

Ich werde sein, der ich sein werde.
Ich bin der ‚Ich-bin-da'.
Ich bin, der ich bin.
Ich werde da sein, als der ich da sein werde.
Ich werde es sein, der ich es sein werde.
Ich bin da, so wie ich da sein werde.
Ich bin der Seiende.

Ich bin das, ich bin

(I am that, I am)
Beim Einatmen „I am that“
Beim Ausatmen „I am“

Zusammengestellt von Kai aus den verschiedenen Bibelübersetzungen von 2.Mose 3,14

Das 1, 2, 3 von Gott

I am
My Love
God
I am
You are
All that
I am

Zusammengestellt von Kai

Ich bin ein Weltenbauer

Es möge geschehen
Jenes
oder Dieses
oder viel besser
öffne Dich für die Möglichkeit
des Unmöglichen

Mayaweisheiten

Wir werden interdimensional, sagen die Mayas.
Wir sollen unsere Wellenform harmonisieren.
Denn alles was harmonisiert ist, ist Kunst.
Die Wellenform reinigen.
Zen soll dabei helfen.
Wir sind alle der gleiche Mensch.
Ich erkenne Dich und Du erkennst mich.
Beobachtet und seid wachsam.
Doch vergesst nicht zu spielen.

„*Heilig ist das einzig wirkliche. Das ist alles.*“
José Argülles

Die Mayas wussten das

und hatten in ihrem Gruß Lakéch –
„Ich bin ein anderes Du selbst“
das Jesus-Wissen
Ich bin Du.
Ich erkenne Dich und Du erkennst mich.
Wir sind alle der gleiche Mensch.

Aloha: To love is to share the happiness of life
here and now.

Ich finde alles ist so

wunderbar
gut
schön
bereichernd
heilsam
lustvoll

Meinen Eltern

Meiner geliebten Mutter. Meiner Mutter.
Meinen Müttern.
Meinem geliebten Vater. Meinem Vater.
Meinen Vätern.

LOVETREE – power and soul in connection

Öffne Dich und sei bereit,
sie ist gekommen, die neue Zeit,
Du hast Dein Urvertrauen gefunden,
nun werden sie heilen Deine Wunden,
in der Verbindung von Seele und Macht,
bist Du wunderbares Wesen in Liebe erwacht,
sie wird Dich tragen, sie macht Dich stark und frei,
die Zeit der falschen Schwüre
und leidvollen Träume ist vorbei,
ich schütze mit himmlischer Macht,
den Mann und die Frau
deren Seelenfeuer wurde entfacht,
aus dieser gesegneten Liebeskonstellation,
erwachsen emotionale Projekte mit göttlichem Lohn,
doch das schönste von allen Dingen,
ich werde Euch nach Hause an die Quelle
der Liebe bringen,
verbunden für die Ewigkeit,
seid Ihr zur wahrhaftig unverwundbaren Liebe bereit,
ich bin der Schlüssel, Du hast die Macht,
kehre zurück zur Liebe und in Deine Kraft.
(***Anthara***)

> ***Anmerkung von Wolfgang U. Eipa:*** *Das Gedicht gehört zu dem Bild LOVETREE, dass sich Kai von der Künstlerin ANTHARA 2007 für 7.888 Euro als Original für sein Arbeitszimmer gekauft hat. Ich habe das Bild für den Einband dieses Kompendium verwendet. Es stammt bereits aus dem Jahr 2005, doch wenn wir das Gedicht lesen, ist das Lebensthema von Kai, die Honigsuche, wunderbar fast prophetisch wiedergegeben.*

Gott geschieht

Der erste Schnee fällt in diesem Jahr. Berlin ist grau und nass, eigentlich nass kalt grau. Gedanken über das Leben denken dich. Insbesondere wenn der Weg zu dem finalen Bankgespräch führt und die Stadt im Megastau ist. Viel Zeit hinter dem Lenkrad für graue Gedanken. An der Kreuzung auf der linken Spur stehend, die Scheibenwischer schlagen, der Wagen steht quer und wartend, um in die nächste Kreuzung einzufahren. Vor uns ein typisch Berliner Taxi aus Berlin: „neue" E-Klasse, fünf Jahre alt und genauso vergilbt, wie die Straßen in diesem regnerischen November.

Den Blick geradeaus auf die Rückseite des Benz gerichtet, schaue ich irgendwie alltagsstarr auf sein Rückfenster - da spiegelt sich in genau diesem Fenster, in genau diesem grauen Himmel, mit genau diesen grauen Wolkenfetzen - ein Kranichschwarm. Er zieht im Abknicken einen Halbkreis durch die Szenerie, länger als man je erwarten würde.
Mir stockt der Atem bei dieser Schönheit des Moments.

Anhang 2

Aus dem Nachlass von Kai

Das zweite Kompendium:

Auszüge aus seinem letzten Gedankenbuch

- gekürzte Fassung -

Lieber Betrachter

Vor drei Jahren begann ich dieses Ideenbuch mit schriftlichen Vorbereitungen zur Abschlussprüfung zum Erwerb eines Segelscheins, den Bootsführerschein. Möge dies ein Zeichen sein und mich die Fortführung von diesen Seiten die Befähigung erlangen lassen, Segel zu setzen über das Meer der Sehnsucht, zur Erfüllung meiner geheimsten Phantasien. (Wobei ich diese nicht unbedingt wirklich kenne!)

Ich übergebe diese Schriften in der tiefen Erkenntnis, dass es nichts gibt, das anzustreben wäre. Die Dinge geschehen, einfach, auch wenn mir diese EIN-SICHT erst jetzt und auch nur TEIL-WEISE zugänglich wurde.

Ich habe die Vision, dass wirklich jeder Mensch in seiner UR-EIGENEN INDIVIDUALITÄT ein Aspekt des UR-GRUNDS ist: der Liebe. Es geht darum, sich in seiner Individualität komplett anzunehmen und diese zu lieben.

Im Ergebnis hat damit jeder seine eigene Spiritualität – jenseits von Religionen oder gar der Institution Kirche. Jeder Mensch wird „Menschensohn“. Er trägt seinen (Mosaik-) Anteil innerhalb der Evolution bei, insbesondere in der Bewusstseinsevolution.

Ich beschreibe hier einen Teil meines Weges in dieser „Mission“. *Ich nenne diesen Pfad der Pfade Honigsuche.*

Es bleibt, dass der Sinn des Lebens das Leben selbst ist, dass es ein spielenswertes Spiel ist, mit scheinbar hochkomplexen doch im Grunde genommen UR-EIN-FACHEN Spielregeln.

Betrachte das AUF und AB und liebe! Liebe es, wie du das Meer liebst, wenn du es in Kreta von einer sonnenbeschienenen Bucht aus betrachtest: Als GANZES, mit Wellen (AUF und AB) und Farbe und Geräusch und Geruch… SO wirst du ein Meister des Spiels:
Ein Vorübergehender!

Es gibt eine „verborgene Ganzheit“ (David Bohm) im Universum. Teilhard de Chardin nannte dies den Omega-Punkt, zu dem wir als Menschheit streben. Anscheinend strebt alles Lebende, die Evolution selbst als Motor, dies zu offenbaren.

Ich habe gehört, dass bereits eine einzige Zelle komplexer sei, als alle Strukturen die wir Menschen je geschaffen haben. Die künstliche Welt birgt daher mir wenig von Wert.
Ich widme mich deshalb der *Honigsuche*, denn hier scheint die wahre Erkenntnis, und sei es auch durch die tiefe Annahme der Nicht-Erkenntnis, zu liegen.

Als Vater, als Wissenschaftler, als interessierter Mensch und als Sternenkind weiß ich in tiefer Unruhe, dass wir als Menschheit *jetzt* eine uns zusagende Lösung brauchen – für unsere Spezies und für unseren Planeten. Dies kann nur aus der gemeinsamen Entwicklung unseres Bewusstseins erwachsen. Doch warum arbeiten an ebendieser Thematik so wenige Menschen? Warum sind alle zunächst „beratungsresistent“ und bestehen auf Standpunkten, Meinungen, Weltsichten…?

Wir sollten die Evolution als den größtmöglichen Kontext erachten in dem wir uns entwickeln und in diese Weltsicht eine *eigene* Spiritualität integrieren. Die folgenden Zeilen mögen diese Sicht darstellen.

An diesem Punkt der Evolution bleibt uns keine andere Wahl, als bewusst zu werden.
Dennis Genpo Merzel Roshi

Dieses Buch ist die Beschreibung und Verbesserung meiner eigenen Unwissenheit.
Thaddeus Golas

Hier beginnt das neue Leben

Aufgabe eines jeden Individuums, eines Menschensohns, scheint es zu sein, immer wieder herauszufinden, was er oder sie im tiefsten Inneren wirklich will. Eine Spur oder einen Pfad zu finden, der führt, der zieht, der richtet, der weiß, der verspricht, der zielt, ...

„Einen Weg zur Tür, einen Weg zum Brunnen“, spricht Mia gerade, während ich das hier schreibe, und betrachtet dabei unseren Garten indem noch Tür und Brunnen fehlen. Was für ein „Zufall“.

Ein Weg, der dich vibrieren lässt, dich integrieren lässt, der mehr ist als du denkst, das dich ausmacht. Manche geben ihrem Weg einen Namen, nennen ihn Jesus, Gott, wenn sie spirituell denken. Das mag sein. Ich treffe sehr gerne Jesus auf meinem Weg und ich weiß für mich (immer mehr), dass Gott mich trägt. Aber so wie ich einzigartig bin, ist *mein* Weg einzigartig. Wie ihr wisst, nenne ich diesen Pfad den Pfad der Honigsuche.
Wenn wir nun auf Zäune, Barrikaden, Schluchten oder auf Sackgassen treffen – wie gehen wir damit um? Der Weg ist das

Ziel, dies gilt natürlich erst recht für die Honigsuche (wenn es je ein Ziel gab?!). Freude (und vor allem Liebe!), wann auch immer, ist sicherlich der beste Rat. Sag Ja zum Leben, ohne Wenn und Aber.

Doch inzwischen, nach all der Welke die ich erfahren habe, (neben all der Freude), habe ich ein weiteres Gedankenmodell. Albert Schweitzer sagte einst: "*Ich bin Leben, das leben will, inmitten von Leben, das leben will*", bekannt als *Ehrfurcht vor dem Leben*!

Wenn ich nun lebe und liebe, so ist dies immer auch ein evolutionärer Vorgang. Und wenn Evolution etwas ausmacht, dann ist das ihre sie ausmachende Intelligenz. *Leben heißt also, die Erweckung und Entdeckung der ureigenen evolutionären Intelligenz im eigenen Leben. Honigsuche bedeutet, sich dieser Intelligenz zu widmen, mit aller Hingabe, die du in dir finden kannst.*

Vertrau dem Leben, dieser allumfassenden Intelligenz, dieser wahrhaftigen Liebe zu Allem, was ist. Dieser Wahrhaftigkeit. Werde ein Wahrhaftiger. Ein Vorübergehender. Ein Menschensohn. Einer, der aus zwei eins macht...

Das Leben zieht mich auf meinem Weg in diese Liebe, diese Intelligenz, diese Evolution. Evolution ist Liebe. Ich lebe, ich liebe, das ist alles.

Die „all-umfassende" Frage lautet: was willst Du? Manche mir heute eher peinlichen Vorfälle brauchte ich, um genau hier zu landen, und ebendiese Frage zu stellen: was willst Du? Wo ich jetzt genau diesen Satz schreibe. Deswegen frage dich ab sofort immer, was dein Weg ist! Schaue nach vorne, denn da liegt dein

Leben. Wisse, dass das Leben und du nicht getrennt sind. Es gibt nur dein Leben. So einfach. Und doch so schwer. Und wisse, dass das Leben JETZT stattfindet. Gehe weiter, werde ein leidenschaftlicher Honigsuchender.

Eckhart Tolle nennt uns drei Modalitäten des erwachten Handelns: Bereitwilligkeit, Freude und Enthusiasmus in allen Dingen, die wir tun.

Egal was ich derzeit lese oder in meinen Aufzeichnungen wiederfinde. Es ergibt sich immer der gleiche Aufruf:
Sei wie du bist, sei authentisch! Also authentisch, rein, nicht berechnend oder lauernd und verkehre deswegen mit dir „selbstverständlich“ (als Freund). Erlebe dich als „Original“. Gib dir RAUM und raumvolle Liebe. Sei ein Wahrhaftiger.

Werde sensibel! Was willst Du? Als Ego und oder als Weg des Herzens? Herzenswünsche sollen immer funktionieren. Warum? Das Herz sei egolos. Dinge, die dort erwachsen sind anscheinend mit der Evolution abgeglichen. Evolutionskonform?! Das Leben ist weise. Das Leben ist die unendliche Intelligenz. Natürlich leidet das Ego, das hier nur ein Staubkorn ist. Aber hey Ego, du bist halt Teil dieses Spiel. Aber du bist vielleicht vergänglich. Da gibt es nichts zu rütteln. Klar gibt es die Trotzphase eines Kindes – aber auch die geht vorüber.
Und wenn wir den Weg nicht sehen? Für mich war es immer schwer, den Weg zu sehen. Aber ich hatte Hinweise. Es war, wie durch eine Brandung zu schwimmen und dann irgendwann das Ufer zu sehen. Was mir geholfen hat, würde man beschreiben als Visionssuche und Gebete für Führung: Möge das Leben mir zeigen, was mein Weg ist! Möge alles zum Wohle und Besten des Ganzen geschehen!

Dies ist schnell geschrieben, aber es ist die Aufgabe meines Lebens. Heute weiß ich, dass „Eigenzeit" notwendig ist herauszufinden, was ich wirklich wahrhaft will. *Eigenzeit ermöglicht bedingungslose Innenschau, ohne die Honigsuche gar nicht stattfinden könnte.*

Eins hat mich bisher gehemmt, dabei ist es der Schlüssel: ich musste zulassen, dass mein Wissen immer auch das Wissen um mein Nicht-Wissen umfasst. Denn nur wenn ich im Absoluten weilen würde, könnte ich das Relative von ebendieser Ebene aus sehen und beschreiben. Wenn es denn dann noch in Worte zu fassen wäre...

> *Sei still! – und wisse – ICH bin – GOTT.*
> (Aus: - Das unpersönliche Leben - DEM WAHREN - SCHÖNEN - GUTEN)

Wahrheit

Auch ich musste mich von den Zwängen der Moral befreien, die so lange auf mir lasteten und mein Denken vernebelten.
Alice Miller

Ich fragte mich in letzter Zeit immer wieder, wieso es in mir so drängte, all diese Dinge zu nennen, aufzuschreiben und mitzuteilen. Bis mir letztendlich deutlich wurde, dass genau dies ein elementarer Weg ist. Mir wurde dazu ein Begriff geschenkt: *Honigsuche.*
Ich weiß wirklich nicht mehr, wann, wo und wie dies geschehen ist. Es war im Herbst 2011. Es war zu der Zeit, wo immer deut-

licher wurde, dass alles Alte sich auflöst und etwas Neues sich herausbilden wollte. Wer meine Texte bis hierin gelesen hat, oder wer sich mit Mia oder Wolfgang über unserer Dialoge unterhält, bekommt ebenfalls ein intuitives Gefühl dafür. *Es ist ein Workshop*. Und ich weiß, dass jeder Mensch diesen Weg gehen wird und gehen muss. Der Pfad führt uns in unsere ureigene, individuelle Spiritualität.

Und wer verstanden hat, dass jeder Mensch ein Individuum ist, der/die in einer weitergehenden Analyse auf vielfältigste Weise einzigartig ist, wie der Daumenabdruck oder ein Augenbild oder eben die DNA uns aufzeigen (viel wichtiger wäre noch Sexualität, Erfahrung, Gefühle...), wird sofort verstehen, *dass im Ergebnis dann auch die Spiritualität einzigartig sein wird*. Ich betone das nur, um aufzuzeigen, *dass wir erst jenseits jeglicher Norm lebendig, aber vor allen Dingen evolutionär werden (können)*.

James Redfield schreibt in der 12. Prophezeiung der Celestine, dass wir uns ebendieser Realität der spirituellen Erfahrungen bejahend zuwenden müssen und offen damit umgehen sollen. Mehr noch: wir sollen allen Leuten davon erzählen, „dann helfen wir damit allen, schneller auf eine höhere Erfahrungsebene zu gelangen“.

An anderer Stelle seines Buches wird James Redfield persönlich: „Ich konnte sehen, dass alles, was ich getan hatte, dazu diente, zu einer bestimmten Wahrheit hingeführt zu werden. Und ich war auf die Welt gekommen, um diese Wahrheit den Menschen mitzuteilen. Aber ich konnte auch sehen, dass meine Wahrheit Teil einer größeren, verborgenen Wahrheit war, eines „Plans“ für die gesamte Schöpfung“.

Das ist der Kern der Honigsuche. Die innere Wahrheit finden und authentisch leben. Und dies wird in der jetzigen Zeitqualität, wie sie in den verschiedenen Prophezeiungen der Ur-Völker erklärt wird, unweigerlich zu einer Art göttlichen Kreativität führen.

Ich werde in den folgenden Seiten zu ebendiesen Prozess ausführlich Stellung nehmen und ihn von verschieden Seiten aus beleuchten. Ich fühle mich dabei auf eine Art und Weise geführt.

Individuum

Wenn ein Mensch geboren wird, lernt er im Laufe der Zeit Sehen, Hören, Sprechen, Fühlen, Sitzen und Gehen, Rhythmus, Orientierung und Bezug, sowohl räumlich als auch zu den so genannten Bezugspersonen. Später definiert er seine Stellung in der Kleinfamilie, Gruppe oder zum Beispiel durch Klasse oder Clan selbst und beginnt sich eine eigene Geschichte zu erschließen. Der Mensch wird zur Person.

Wir lernen uns zu definieren in unserem Geschlecht, in unserem „Rang“ und Status, in unserem sozialen Umfeld und der damit verbundenen Geschichte, der Entwicklung des Ortes, des Volkes, des Staatsgebietes und der Erde und zu Gott und zum Kosmos. Doch nur als Individuum können wir alle die Gedankenbarrieren überwinden, die uns von all diesen „Instanzen“ gesetzt werden. Nur dann sind wir frei wirkliche Freiheit in unseren Gedanken zu entwickeln.
Für mich ist interessant, dass ich hier in diesen Sätzen bewusst in die Wir-Perspektive gehe, da schon die Sprache so festlegend ist. Wenn ich „er“ schreibe, oder „er/sie“, sind wir auf ein Ge-

schlecht festgelegt, wobei es doch auf dem gesamten Planeten in vielen Völkern das sogenannte „dritte Geschlecht“ gibt. Auch die geschlechtliche Orientierung wird bereits in der Sprache festgelegt. Permanente Konditionierung!
Wir kommen also nur über eine gemeinsame Weltsicht zum Individuum und zu einer individuellen, authentischen Betrachtung. Nur so können wir sprachlich unsere wirkliche Wahrheit gegenüber der genormten Welt für uns erarbeiten.

Und das ist manchmal wirklich ein Horrortrip, da alles was uns heilig ist, überwunden werden muss, um es gegebenenfalls wiederzufinden. Denn was uns die Gesellschaft, der Staat, die Familie, die Sprache, die Kultur vorgibt, wurde – und das zur prägendsten Zeit – in uns als Wirklichkeit angelegt.

Dieses zu transzendieren und in eine eigene Perspektive zu setzen ist die Lebensaufgabe, immer und permanent. Das ist Honigsuche: *Du musst dich in deiner Honigsuche vergessen, wenn du deinen Weg finden willst.*

> *Immer wenn Du eines dieser Verhaltensmuster aufgibst, entsteht innerer Raum. Du wirst wahrhaftiger Du selbst. Für das Ego sieht es aus, als würdest Du Dich verlieren, dabei ist das Gegenteil richtig. Jesus sagte schon, dass man sich selbst verlieren muss, um sich zu finden.*
> Eckhart Tolle

Selbst

Niemand erklärte mir bisher das Wort Selbst. Ich habe bisher keine Übersetzung gefunden. Ich sage, es bedeutet:
ein – authentischer – Mikrokosmos im All – EIN zu sein.

Tat-Twam-Asi ist ein Wort in der urheiligen Sprache Sanskrit und erklärt eine Vedische Weisheit aus dem Upanischaden: Das eigene Selbst ist identisch mit der „Ultimativen Realität", als Verursacher aller Phänomene. Eine mögliche Übersetzung lautet: „Das bist Du! Das Absolute ist mit dir wesensgleich."

Dann gibt es auch das Wort *Atman*. Übersetzt wird es mit „individuelles Selbst", welches identisch ist mit dem kosmischen Selbst, der Weltseele bzw. Brahman.

Du bist ich, soll auch Buddha gesprochen haben. Und Jesus sprach: *Ich bin Du*. Jesus wurde auch der *Wesensgleiche* genannt. Das Synonym zu „selbe" ist „gleich". Jesus war das Wesen des Selbst, dem Wesentlichen gleich, ein Wahrhaftiger.

Selbst geht nicht ohne Beobachter, also Selbsterkennung, Selbstfindung, Selbstbewusstsein, Selbstvergessenheit, Selbstbesinnung, Selbsteinkehr, Selbstwahrnehmung, Selbstbeobachtung, Selbstwertgefühl, Selbsterfahrungsgruppe, Selbstbefreiung, Selbstauflösung, Selbstinteresse, Selbsterforschung, Selbstheilung, Selbstreinigung, Selbstverbesserung, Selbstbefriedigung, Selbstrealisation, („Selbst"-Vernichtung), Selbstliebe…

Im Buddhismus wird gelehrt, dass es nichts Beständiges gibt und alles seit anfangsloser Zeit existiert. Der vietnamesische buddhistische Mönch Thich Nhat Hanh schreibt dazu:

„Der Begriff *Selbst* bezeichnet eine beständige, unwandelbare Identität, doch da es, wie der Buddhismus sagt, nichts gibt, das beständig ist, und da das, was wir üblicherweise als Selbst bezeichnen, vollkommen aus Nicht-Selbst-Elementen besteht, gibt es in Wirklichkeit keine Entität, die Selbst genannt werden könnte."

Honigsuche bedeutet die kontinuierliche Freisetzung des Selbst! Wobei Buddhisten ergänzend mitteilen würden: betrachte dein Nicht-Selbst.

Im Zen-Buddhismus gibt es den Begriff Kenshō – die „Selbst-Wesens-Schau". *Wenn man die wahre Natur seines Seins erkennt, erkennst du auch die Natur alles Seienden. Dies gilt es dann zu leben.*

Selbstlos handeln begründet sich im griechischen Begriff „Agape", der bedingungslosen Liebe. Der Duden definiert „selbst" als „das seiner selbst bewusste Ich".

Das Selbst wird von Außenstehenden wiederum schlicht als Person bezeichnet. „Persona" wird mit Person oder *„selbst"* übersetzt, wobei *„per"* mit durch und hindurch und *„sonare"* mit klingen oder tönen übersetzt wird: *Das Hindurchtönende. Honigsuche führt dich zu deinem ureigenen kosmischen Klang.*

Honigsuche ist demnach ein Ritus für die Entdeckung des Selbst.

Individualität ist die Norm

Wenn wir beginnen zu betrachten, welche Fülle uns umgibt, so stoßen wir, wie sollte es anders sein, beim Menschen, beim Menschensohn, bei der Person, beim Individuum auf die unbestreitbare Tatsache, dass ebendieses ein Potenzial von Individualitäten intrinsisch in Potenz beinhaltet, inkarniert, beheimatet.

Acht Milliarden Menschen haben nicht nur einen komplett individuellen Daumenabdruck, ein eigenes Irisabbild, eine eigene Stimmlage, eigene Gene, sondern auch zum Beispiel eine komplett eigene, sprich individuelle Sexualität.

Ein Individuum hat also die *Individual-Potenz* (IP) von acht Milliarden Daumenabdrücken, mal acht Milliarden Irisbildern, mal acht Milliarden Stimmfrequenzen, mal acht Milliarden Genpoole, mal acht Milliarden Sexualitäten usw. – mindestens.

IP = 8 Milliarden hoch X hoch X. Die Anzahl der Sterne im Universum wird mit 100 Milliarden mal 200 Milliarden angegeben. In uns lebt also jeweils ein eigenes Universum. *Die Individualität ist die Norm.*

Leben bedeutet also eins auf keinen Fall: genormtes Leben. Moral, Wissen, Wahrheit, Religion – all dies wird in dieser Betrachtungsweise wohl eher lebensbedrohlich.

Honigsuche führt dich hinter die normale Norm, hin zu deinem eigenen Zugang in und mit deiner eigenen Lebendigkeit.

Wir sind und bleiben einzigartige Individuen, die das Absolute auf ihre je besondere Weise verwirklichen und so zur Vielfalt und Fülle der Manifestation beitragen. Das Absolute verwirklicht sich durch uns und alle empfindlichen Wesen. Es schaut durch unsere Augen, hört durch unsere Ohren in und auf die Welt, als ein einzigartiges SELBST, das gleich ist in allen Wesen und sein SEIN in all unseren einzigartigen Fähigkeiten und Talenten zum Ausdruck bringt. Diese Einzigartigkeit ist kein letzter Rest von Anhaftung auf dem Weg zur Erleuchtung, den es auch noch loszulassen gilt, sondern das wunderbare Geschenk individueller Begabungen und Fähigkeiten, welche erwachte Menschen in die Welt bringen, Geschenke, die unsere Welt dringend benötigt.

Michael Habecker und Sonja Student

Selbstung – die ungelebte Liebe leben – Tantra

*) Wir danken Monika Müller für die Durchsicht dieses Kapitels.

Bei mir ging es eigentlich immer darum, das innere, freie Kind zu entdecken. Dazu brauchte ich Willenskraft, Mut, Liebe zum Leben, Vertrauen und eine Menge Zuversicht.

Erst heute weiß ich, dass ich richtig lag und dass es weltweit Menschen gibt, die diese Lebensphilosophie umfassend bejahen.

Monika Müller hat ein begnadetes Buch über Tantra geschrieben. Wir sollten zu Anfang gleich alles vergessen, was wir je über Tantra gehört haben. Tantra hat wenig mit Sex aber alles nur Erdenkliche mit Selbstliebe zu tun.

Tantra bedeutet, die Wesenheit des Lebens zu leben. Das innere, freie Kind zu entdecken. „Gelebte Liebe, statt unentdeckte, ungelebte Liebe, denn dies ist der Weg der Norm, der zu allem Krankhaften, bis hin zum Krieg führt". Hört sich doch schwer nach Honigsuche an!

Ich zitiere Monika Müller mit den Sätzen, die wir hier für die Definition von Honigsuche nutzen können. Im Übrigen sollte dieses Buch ernsthaft studiert werden, denn es zeigt uns die „spirituelle Komponente" in unserer Sexualität.

„Im Tantra steht eindeutig fest, dass wir dazu da sind, unser wahres Selbst zu leben. Das bedeutet, dass wir das Fremde in uns, das, was wir nicht sind und nicht sein wollen, loslassen müssen. Leid in uns ist etwas, was wir nicht sind. *Leid in uns existiert, wenn wir unser Selbst nicht in voller Fülle leben können.*"

„Tantra ist keine Theorie und kein System, Tantra bedeutet das Sich-Einlassen auf den authentischen Weg des Einzelnen. Tantra ist die Praxis des Lebens und dessen Essenz."

Monika Müller entdeckt den sehr alten Begriff „Arth" wieder: ARTH bedeutet, „das zu tun, was man gerne tut, der Menschheit diesen Dienst anzubieten und sich dadurch zu erhalten". Honigsuche pur!

„Die Befriedigung, sich selbst durch Darbietung der eigenen Talente, die eben in besonderem Einklang mit der eigenen Wahrheit stehen, gut zu erhalten, ist ein maßgeblicher Entwicklungsschritt auf dem Weg, das Leben als Materialisation von Liebe zu erkennen. Dieser fundamentale Wandel wird uns letztlich in einem „blühenden Garten" ankommen lassen.

Wir werden erleichtert und frei sein und mit der Befähigung leben, unsere Energie sinnvoll und mit Freude am Leben nutzen zu können."

Anpassung an die NORM, die Unterdrückung der persönlichen Natur ist laut Monika Müller die wohl allergrößte und tiefliegende Ursache von Angst.
In der Kosmologie der zentralamerikanischen Stämme gibt es das Zeitalter der „fünften Welt" oder der „fünften Sonne", „in der jede Geistseele die eigene Wahrheit lebt". Im altertümlichen Indien nannte man dies das „Satya Yuga". „In diesem Zeitalter kommen Handlungen einer Person authentisch aus dem eigenen Zentrum und dem eigenen Geist, welcher eine klare Bestimmung für sein Leben auf der Erde hat. Diese *wirklichen* Menschen interagieren bewusst mit der Welt außerhalb ihrer selbst, die von den vier Himmelsrichtungen repräsentiert wird. So erklärt sich die Bezeichnung „fünfte Welt". Der Mensch steht und erlebt sich im Zentrum der vier Himmelsrichtungen".

Und weiter: „Da ich leben *will,* werde ich eine Form oder Formen finden, in der/denen ich in der Welt mit meinem Dasein und mit meinem Tun diene, wodurch ich das bekomme was ich zum Leben brauche". Und an anderer Stelle: „Entsprechend dem Satya Yuga sind wir alle als Geist aus keinem anderen Grund auf der Erde, als um unsere Wahrheit zu leben und sich uns mit ihr übereinstimmend in der Welt auszudrücken".

Honigsuche ist dieser Weg der SELBSTUNG. Ein Begriff, den ich hier einführen möchte. (Ich habe später herausgefunden, dass es ein Begriff aus der Botanik ist: „Selbstung, Erzeugung von Samen durch Selbstbefruchtung". Das passt!)

Monika Müller schreibt etwas Unglaubliches, etwas Schönes, etwas Wahrhaftiges. Sie schreibt, dass wir die Schule des Leidens in die Schule der Liebe umwandeln können, dass wir bereits von Anfang an nur eine Verformung von Liebesvibrationen sind, oder wie die Buddhisten sagen: jedes Atom schwingt vor Freude.

Oder wie mir einst in den Sinn kam: Alles Sein ist fein.
Das Versprechen: wir sind nur eine Verkörperung der Liebe, ein Tempel, ein Universum, ein Mikrokosmos, ein Nabel der Welt.

Honigsuche
Wir bringen den Himmel auf die Erde
Wir sind kosmische Wesen
die menschliche Erfahrung machen
Nabel der Welt
Die Energie des Körpers verkörpert die Erde
Die Energie des Geistes verkörpert das Universum
Wir bringen den Himmel auf die Erde
Verkörperung der Liebe
Liebe, Wahrheit, Demut, Mitgefühl
Der Wahrhaftige
Teil der Einheit alles Lebenden
Mikrokosmos des gesamten Alls
Mitgestalter aller Schöpfung
Wir beginnen das Zeitalter der Wahrheit
SATYA YUGA
Wir leben das befreite Selbst
Die Schöpfung entspricht der Freude
Jedes Atom schwingt vor Freude

„Das Ziel von Tantra ist, darshana zu leben, das „befreite Selbst". Wir stehen „am Zenit unseres gespaltenen Daseins und sehnen uns nach Einheit und Vereinigung".

Angeblich haben die alten Griechen früher bei Gesprächen über Verstorbene gefragt: „Hat er Leidenschaft gekannt?" Und genau dies betont Monika Müller: „Schließlich gibt es für uns Menschen nur eines: voll und ganz zu leben, denn dazu sind wir da."

> *Nun stehen wir am Zenit unseres gespaltenen Daseins und sehnen uns nach Einheit und Vereinigung.*
> Monika Müller

> *Die meisten Menschen können bei dem derzeit bestehenden Bewusstseinsstand nicht im Geringsten erahnen, welche Möglichkeiten dieses Geschenk der Liebe eröffnen kann.*
> Monika Müller

Hooponopono

Mein Leben ist derzeit eher chaotisch. Ich stecke voll drin im Auf und Ab des Seins. Doch wenn ich weitergehen will, muss ich mich und mein Selbst befreien. Meines Erachtens gehört dazu an erster Stelle Vergebung und das Loslassen.

Mein Leben lang schleppte ich die alten Lasten mit herum, bis ich in der HUNA-Vita Lehre mit einem uralten Ritual beschenkt wurde: das hawaiianische Huna-Ritual Hooponopono.

Als ich vor 18 Jahren in der Abschlussrunde in einem Huna-Vita Seminar* saß, wurden wir alle gefragt, was ein jeder für die Gruppe als Wissensgeschenk mitzuteilen hätte. Als ich an die Reihe kam, sagte ich voller innerer Überzeugung, *dass wir alle in uns* *unsere eigenen Rituale tragen und dass es an der Zeit ist, ebendiese Rituale lebendig werden zu lassen.*

Für die Honigsuche bedeutet dies unbedingt: eigene Rituale leben!

Wir wissen, dass es im Kern darum geht, sich selbst zu lieben und zu verstehen. Das bedeutet aber unbedingt die Vergangenheit loszulassen und alles und allem zu verzeihen. Nur so wirst du ein Vorübergehender, ein Wahrhaftiger. Dazu hilft dir das folgende Ritual.
Der Begriff „Ho'oponopono" kommt aus der hawaiianisch-schamanischen HUNA-Philosophie und dient auf dem hier beschriebenen Weg als Selbst-Heilungs-Zeremonie. Es bedeutet, frei übersetzt „Weg zur Vollkommenheit".

Nach der zigtausend Jahre alten HUNA-Philosophie sind wir mit allem was wir je erlebt oder berührt haben durch „Aka-Fäden" für immer verbunden. Mit diesem Ritual kannst du diese Fäden abtrennen. Das geschieht in Licht und Liebe. So befreist du dich quasi (regelmäßig) von Fremdenergien und energieraubenden Dingen und Situationen. Du kannst buchstäblich deine Vergangenheit hinter dir lassen, sie in Vergangenheit ruhen lassen und nach vorne schauen.

Schreibe einfach alles auf, das du (ab einem bestimmten Zeitpunkt – oder beim ersten Mal seit deiner Geburt) erlebt hast, wobei du ganze Jahre auch so zusammenfasse kannst: das Haus der Oma und alle Dinge die darin waren.
Vergiss nicht alle Reisen, Arbeits- und Studierplätze, Kinobesuche, Hotels (und alles was darin war) etc. Nenne ruhig Dinge mehrmals um keine Begegnungen zu vergessen. Beim ersten Mal sind es dann ein paar Schreibblätter eng vollgeschrieben.

Mache nun ein rituelles Feuer, zum Beispiel ein Agnihotra-Feuer, aber jedes andere Feuer tut es auch, finde dein eigenes Ritual mit dem folgenden Inhalt: ich übergebe diese Blätter mit all den erfassten Aka-Fäden dem Feuer. Mögen diese nun getrennt sein (und in das Licht gehen). Spüre dabei die Loslösung und Befreiung von allen Dingen und Geschehnissen, die an dir ziehen (und zogen) insbesondere natürlich von für dich schwerwiegenden Ereignissen, wie zum Beispiel Übergriffe jeder Art.

Tanze danach einen Freudentanz und widme dich aufmerksam deiner Honigsuche. Wiederhole das Ritual (mit Freunden) regelmäßig.

* ***Anmerkung von Wolfgang U. Eipa:***
Seminare bei Ekkehard Zellmer, (huna-vita.de) oder Jeanne Ruland, (shantila.de) oder Monika Petry, (monikapetry.de)

Der herzlose Raum

*) Wir danken Franz Renggli für die Durchsicht dieses Kapitels.

Es geht um die Anerkennung der essentiellen Bedeutung der Kindheit im Leben des Erwachsenen.
Alice Miller

Mit der Verdrängung der Spiritualität aus unserer Kultur wurde auch das spirituelle Wissen um das spirituelle Seelenleben eines Babys ausgelagert.
Franz Renggli

Schon immer wollte ich wissen warum die Welt und die Menschen sich so „irrational" verhalten und vor allem diese Irrationalität als „normal" ansehen. Wieso all diese Vernichtung, Krieg, Umweltzerstörung, Gier…?

Wohl die meisten Menschen werden mit dem, was ich jetzt schreibe, so gut wie gar nichts anfangen können und auch nichts anfangen wollen. Es wird allgemein schlicht „verdrängt". Verdrängung ist ein sehr interessanter Vorgang, denn es ist eine immense Leistung, zu tiefgehende Informationen von Seelenschmerz, einfach um des Überlebenswillens, aus der Wahrnehmung zu isolieren. Wie einen Virus, der in Quarantäne gesteckt wird.

Denn der Trugschluss bei der Verdrängung ist die vermeintliche Ausrottung dieses Schmerzes. Die Psychologin Alice Miller hat ihr Lebenswerk eben diesen Mechanismen gewidmet und dabei herausgefunden, wie Übergriffe in der Kindheit das Weltbild im Erwachsenenalter prägen. Monster wie Hitler, Stalin, Mussolini, Franco, Pinochet sind so „erklärbar".

Miller fand in ihrer Arbeit „das elfte Gebot: Du sollst nicht merken“. Erst heute verstehe ich, dass dies wirklich ein Gebot ist.

Wenn wir die Geburts-Traumata in die Geschichtsschreibung mit einbeziehen, ergibt sich für mich ein völlig neues Bild. Stanislav Grof hat erarbeitet, „dass unsere Traumen wie Zwiebelschalen in einander verschachtelt sind und im Innersten unser Geburtstrauma verborgen ist, der Ursprung von Gewalt, Krieg und Destruktion“, fasst der schweizer Psychotherapeut Franz Renggli sein Werk zusammen.

Stanislav Grof schreibt: „Die Lebensgefahr, die Schmerzen und die Atemnot, die wir während unserer Geburt viele Stunden lang mitmachen, erzeugen ein enormes Potential an Angst und mörderischer Aggression, das in unserer Psyche und unserem Körper gespeichert bleibt.“ Diese hier entstehenden „perinatalen Bilder“ sind der Ur-Grund für alle unvorstellbare individuelle und kollektive Gewalt auf unserem Planeten. Wir müssen nur einmal auf die bildliche Sprache von ideologisch motivierten kriegsführenden Politikern achten, um dies zu enttarnen. (Und wir geben für diesen Irrsinn weltweit jährlich über 1.000 Milliarden US-Dollar aus. Mit diesem Geld könnten wir den Planeten mehrfach „retten“.)

Doch ich schweife ab. Es geht um die ERFAHRUNG dieser unfassbaren blindwütigen Vernichtung und Zerstörung, Gewalt und Hoffnungslosigkeit. Ich nenne es den „herzlosen Raum“. Wir alle, wirklich jeder kennt diesen „herzlosen Raum“. Ich konnte ihn bewusst bei verschiedenen psychologischen Sitzungen erleben. Die Erfahrung (es ist keine Erfahrung, es ist ein hoffnungsloses Ausgeliefertsein, ohne je auch nur an ein Ende denken zu können) ist so schwer einzuordnen wie zum Beispiel eine fehlende Schwerkraft in einem Garten. Es ist eine Art Besuch im Raum des isolierten „Gewalt- und Vernichtungs-Virus". Ich brauchte viele Jahre, um diese Information zuzulassen und die Ergebnisse zu verbinden.

Der herzlose Raum ist für mich wie in einer grauen Masse ohne Ausweg gefangen zu sein. Es gibt keine Aussicht auf irgendeine Aussicht. *Honigsuche verfällt hier zu Staub.* Es ist die Anwesenheit der Hölle. Dennoch gibt es einen Beobachter und das war für mich der Ausweg. Denn später, nach der Erfahrung mit der Erfahrung, half mir dies bei der Integration und ich konnte sie weniger verdrängen. Ich konnte es zulassen.

Ein wunderbares Buch ist von Jean Liedloff: Auf der Suche nach dem verlorenen Glück: Gegen die Zerstörung unserer Glücksfähigkeit in der frühen Kindheit. Es zeigt auf, dass Kindheit auch anders verlaufen kann. Es zeigt auf, das Ängste in Informationsfeldern von der Mutter, dem Vater, der Familie, dem Stamm und der Gruppe und der Gesellschaft auf die Kinder weitergegeben werden.

Ich kann über die Erfahrung, was es bedeutet das Vertrauen in das Leben zu verlieren, nicht wirklich etwas schreiben. Das ist zu traumatisch. Das ist das Stück der Existenz, wo wir Teile unserer Seele auslagern. Wir sehen natürlich tagtäglich den Horror weltweit, von Orten, wo dieses „normalisiert" passiert, sei es Kinderhunger, Kinderprostitution, Vergewaltigung, Verstümmelung, Sklaverei, Kriege, Massentierhaltung, (globale) Umweltzerstörung usw. Doch dass dieses alles zusammen gehört, ist mir auch erst jetzt deutlich geworden. *Der herzlose Raum ist der Treibstoff der Hölle.*

Diese grundlegende Erfahrung brachte mich zu einer grundlegenden Erkenntnis: Nur mit dem Geist, nur durch Meditation kann es keine tiefe evolutionäre Erleuchtung geben. Ken Wilber hat eine bemerkenswerte Entdeckung gemacht, die in diesem Zusammenhang greift: die Prä-/Trans-Verwechslung. Zusammengefasst bedeutet dies, dass alle Menschen immer durch alle Stadien des Bewusstseins hindurch integrieren müssen, um wirkliche Erleuchtung erfahren zu können. Andersherum: *wer den herzlosen Raum ignoriert, ignoriert eine der Haupttriebfelder der Evolution.*

Franz Renggli hat in seinem Buch „Der Ursprung der Angst" für mich erstmalig dokumentiert, dass die gesamte menschliche Bewusstseinsevolution angstgesteuert ist. Die Geburtstraumata, die ja wirklich ungeheuerlich sind, sind für alle Menschen und Gesellschaften existenzbestimmend. Jeder, der es zulässt, noch einmal die Welt mit den Emotionen eines hilflosen Säuglings wahrzunehmen, wird das verstehen. Franz Renggli fand dieses Wissen und diese Traumata in allen Urmythen der Menschheit wieder! Sein Werk ist voll von Beispielen.

Das bedeutet, dass der Ursprung unseres Bewusstseins schon immer *hauptsächlich geprägt* ist durch diese Erfahrungen vor, während und nach der Geburt. Dauerhaft, ungeheuer machtvoll und seit Generationen von einer Generation über die morphischen Felder, die Erzählungen, den Stamm, die Kultur usw. an die nächste Generation weitergegeben. Die berühmten Phallussymbole verblassen angesichts dieser, unserer Kulturprägung. Aber das Irre ist doch, dass wir hierüber nicht und niemals sprechen!

Bewusstseinssuche ohne die Integration von Geburtserfahrungen – individuell und kollektiv – ist aus meiner Sicht sinnlos. Ich empfehle jedem sich mithilfe von Atemsitzungen (Rebirthing) oder der Teilnahme an Geburtsworkshops dieser Erfahrung zu stellen.

Honigsuche bedeutet also für mich nicht nur die physische Abwesenheit des Gesuchten, sondern impliziert manchmal die Erfahrung der Unerreichbarkeit oder schlimmer: eine Erfahrung der Unerfahrbarkeit, der Ausweglosigkeit, dem totalen Abgeschnittensein von allem Leben. Kein Gott ist anwesend, nicht einmal die Möglichkeit einer göttlichen Instanz. Ohne Zeugen oder Hoffnung.

Es herrscht über dieses Wissen eine komplette Tabuisierung in der Gesellschaft. Kein Hinweis nirgendwo. Deswegen werden diese Zeilen auch wirklich nur wenige verstehen – auf Basis eigener Erfahrungen. Meine These: Wir alle, und zwar jeder einzelne, ist dieser umfassenden Erfahrung des herzlosen Raums ausgesetzt gewesen. Es ist ein morphogenetisches Feld, das zur Entwicklung und der Evolution des Bewusstseins dazugehört. Viele Menschen erleben es real im Krieg, in der Zerstörung, der Flucht und Verfolgung. Hier scheint die These von Siegmund Freud und später von Alice Miller zu greifen: unsere geschundene Psyche ist einem Wiederholungszwang unterworfen. Nur so lassen sich Charaktere wie Hitler erklären.

Aber jeder erlebt es in seiner Bewusstwerdung im Rahmen der Geburt und des Kindseins, in Form von Todesängsten, Übergriffen, den Verrat durch die Eltern und anderer nahestehender Menschen – kulturell und eigenerfahrungsbedingt.

Wir alle sind spirituelle Wesen und unsere Prägung beginnt schon vor der eigentlichen Zeugung. Ich habe einmal einen halbblinden Mann kennen gelernt, der während einer gemeinsamen Atemsitzung für sich erarbeitet hat, dass er „nicht sehen konnte", wie seine Eltern zusammenfinden d.h., er befürchtete, dass seine eigene Zeugung ausbleiben würde.

Wie sehr sind dann die Prägungen im Mutterleib die wahre Hölle. Alle Ängste der Familie, insbesondere des Vaters und der Mutter werden übertragen. Dazu kommen die neuen Ängste durch Abtreibungsversuche, physische und psychische Gewalt gegen die Mutter oder „schlimme Gedanken" der Mutter gegen andere oder direkt gegen sich oder das Kind, und, und, und. Dann die Geburt, die unfassbare Erfahrung zwischen Leben und Tod. Hier hat Franz Renggli seine gesamte Arbeit aufgehängt (dies scheint ein Freudscher zu sein; ich meine natürlich: diesem „Umstand" gewidmet). Allgemein können wir uns, so Franz Renggli, erst ab dem dritten Lebensjahr Erinnerungen abrufen, doch alle Informationen, insbesondere vor dieser Zeit, sind im Körper abgespeichert.
Und genau da setzt Honigsuche an: mittels EIGENZEIT in die Erkenntnis und Selbstheilung zu gehen. Ich konnte mit EIGENZEIT dieser Hölle begegnen und diese integrieren.

Ich nahm an mehreren Geburtsworkshops mit Franz Renggli teil. Dort entwickelte sich für mich ein Instrumentarium, wie ich diese ureigenen Gefühle verstehen und wiedererleben konnte. Ich nenne das EIGENZEIT. Eine Handvoll Menschen in einem Raum sind einfach nur da für dich und du kannst dich deinen Monstern stellen. So einfach und doch so schwer. Und doch so notwendig. Für das Individuum. Für die gesellschaftliche Entwicklung. Für unsere Evolution.

Ich hatte vor Jahren zwei geführte LSD Sitzungen in Zürich. Es sollte ein Herzöffnungsritual werden, doch ich besuchte wahrhaftig die Hölle. Ich wollte dieser Hölle entfliehen. Doch ich fand keinen Ausweg. Es gab keinen Gott den ich anrufen konnte, kein Jesus, keine Wunder, kein Buddha, keine Art Hoffnung – nichts. So setzte ich mich stundenlang vor den damaligen Leiter dieser gemeinsamen spirituellen Erfahrung und versuchte in ihm irgendwie DAS LEBEN wiederzufinden. Heute würde ich vielleicht eher eine Blume betrachten. Ich fand nichts. Es gab nichts im Außen, es gab nichts im Innen. Die ganze Gruppe wurde zu einer grauen Masse, der Raum wurde von unendlicher Grauheit durchzogen. Ich konnte nur noch halten, halten, halten, bis es sich irgendwann wieder „normalisierte".

Diese Erfahrung ist so total – dein ganzes Wissen nützt gar nichts. Selbst mein Stift versagt gerade bei dieser Beschreibung. In der Kunst haben wir Beispiele für diese Erfahrung, wie das Bild „Guernica" von Pablo Picasso oder von Edvard Munch „der Schrei", oder von Paul Celan das Gedicht „Todesfuge".
Auch kein Lebens-Partner könnte dir in dieser Situation helfen, im Gegenteil werden wir aus einem Überlebenstrieb heraus eher dem Partner die Schuld für diese Hölle zuweisen, Projektion und komplette Verdrängung sind die Reaktionen auf diese Erfahrung. Du bist einfach komplett allein. Wir können uns nur selbst daraus befreien. *Deshalb ist Honigsuche Selbstheilung.* Du wirst dir selbst ein Zeuge!

Noch einmal: Du bist dir selbst ein Zeuge denn du bist jetzt „mehr" als die Situation, als du sie einst erlebt hast. Du brauchst *Eigenzeit* und du brauchst absolute Unterstützung und Hingabe und Intuition im Außen. Dies findest du in einer Gruppe, die sich gemeinsam darauf einlässt. Meine ersten, hier geschilderten Erfahrungen waren jedoch ohne diese Unterstützung. Mir blieb daher nur meine eigene Zeugenschaft. Auch wenn es in dieser Unendlichkeit der Erfahrung schwer fällt, so wisse doch, dass dies auch zu deiner Honigsuche gehört. Du erkennst dich. Du bist dir Zeuge. *Du schaust mit den Augen der Evolution auf deine individuelle Erfahrung*. Das scheint mir der Schlüssel zu sein für diesen Irrsinn, den man wirklich niemandem wünscht.

Ich habe es wirklich lange Zeit nicht bewusst erkannt, worum es hier eigentlich geht: *es geht um Herzöffnung*! Alle Mythen weltweit scheinen diese Erfahrung des totalen Ausgeliefertseins wiederzugeben. Ich verweise hier erneut auf das Werk von Franz Renggli. Auch bei Stanislav Grof fand ich ziemlich viele Hinweise, warum diese *Aussichtslosigkeit des Seins* immer wieder durchbrochen werden kann.

Und es kommt noch dicker. Wir haben es mit einem Archetypus zu tun – dem *Archetypus der Apokalypse*.
Stanislav Grof schreibt anhand einer eigenen Erfahrung: „Die Apokalypse ist vor allem ein Archetyp. Als solcher scheint sie das Stadium der Bewusstseinsentwicklung widerzuspiegeln, in dem der oder die Betroffene erkennt, dass die materialistische Welt nur Illusion ist. Sobald das Universum sein wahres Wesen als kosmisches Spiel des Bewusstseins offenbart, wird die Welt der Materie in der Psyche des Individuums vernichtet."

Die Integration der Archetypen in unser Sein ist sicherlich auch ein Weg der Honigsuche. Die Erkenntnisse der Forschung von Stanislav Grof helfen hierbei.

Nur wenn wir ein Baby und damit auch den erwachsenen Menschen von beiden Perspektiven her betrachten – von der biologisch menschlichen und der transzendenten spirituellen – erkennen wir sein wahres Wesen. Nur dann dürfen wir von einem integralen Selbst oder integralen Bewusstsein sprechen. Und die Seele, das transzendente Bewusstsein ist insofern primär, weil sie schon vor der Zeugung existiert oder nochmals anders ausgedrückt: Das menschlich biologische Selbst ist ein Ausdruck des primären, transzendenten Selbst, der Seele.
Ken Wilber und Wendy McCarty zitiert von Franz Renngli

Die Geburt (eines Menschen) ist somit niemals nur ein Trauma, eine Nah-Tod-Erfahrung. Unser Erleben der Geburt kann gleichzeitig die stärkste Quelle sein von Kraft und Zuversicht, von Durchhaltevermögen und Hoffnung, von Freude und Glück. Es sind dies Menschen, die gestärkt aus einer Nah-Tod-Erfahrung hervorgehen. Dieses emotionale Erleben sollten wir keinem Menschen vorenthalten.
Franz Renngli

Die Welke der Wirklichkeit

Hermann Hesse schrieb von dem Gefühl der Welke, das man erfährt, wenn sich das Bewusstsein und damit der Bewusstseinsträger weiter entwickelt. Im Christentum kennen wir die Trübsalzeit.

Wir wissen inzwischen wissenschaftlich bewiesen, dass wir, jeder für sich, die Wirklichkeit konstruieren. Dass wir, wenn wir unsere Wahrnehmungssinne und das auswertende Gehirn betrachten und untersuchen, ein eher fehlerhaftes Analysewerk-

zeug und Programm erkennen, dass extrem selektiv aus den angebotenen Informationen ganzheitliche Bilder entwickelt und dem Bewusstseinsträger anbietet.
So schön die noch blattlosen Birken im Sonnenschein weiß glänzen, ist es nur eine durch meinen Wahrnehmungsapparat konstruierte Wirklichkeit, die wir mehrheitlich gemeinschaftlich teilen. Dennoch ist alles nur ein Wolkenmeer von Photonen im Wahrscheinlichkeitsmodus. Schöpfung geschieht – jeden zigtausendsten Sekundenbruchteil zig tausendfach.

Menschen können dies mittels Meditation, holotropes Atmen, Substanzen oder spontan oder krankheitsbedingt erfahren. Es gibt entsprechende Gehirn-Krankheitsbilder, im schlimmsten Fall spricht man von „zersplitterten Welten".

Wir fischen also im Quantenmeer. Wenn wir mehrdimensional werden und das heißt als erstes es zulassen, dass es (eine) mehrdimensionale Welt(en) gibt, müssen wir weiterhin mutig sein, unsere Wahrnehmung wahrnehmen zu lassen. Der Beobachtende beobachtet den Beobachter. Und dies kann man wiederum beobachten usw. Die Avatar-Meditation, dass wir keine Gefühle sind, Gedanken oder Körper, sondern dies nur beheimaten, hilft hier sicher weiter. Dazu kann man „beiseitetreten".

Dringen wir nun tiefer in diese Wahrnehmungsvorgänge vor, haben Forscher zunächst postuliert, dass Wahrnehmung eine Fortführung der Vergangenheitsinformation ist. Das Geschehene wird Bestandteil der Analyse und Fortschreibung des daraufhin Geschehenen. Das klingt schwer nach Falle. Ich glaube, dass wir genau diesen Strom der Kontinuität unterbrechen müssen. Hier hilft absichtsloses Beobachten. Sonst bleiben wir in einer Art Trance bzw. Tiefschlaf gefangen und reproduzieren

dauerhaft unsere bisherigen Erfahrungen als Kontext für die folgenden Erfahrungen.
Verstehen Sie? Die Welt muss welken (können) um sie neu und frisch geboren zu erblicken!!

Deshalb wird in allen alten Kulturen Menschen die eine andere Art der Wahrnehmung haben und sei es von Geburt an durch Defekte von körperlichen Funktionen wie Augen oder Gehirn, ein besonderer Respekt gewährt. Was sagt dies wohl über unsere Art aus, die Psychiatrien zu füllen? *Wir möchten so gerne alle Menschen normen und verpassen dabei das Paradies!*

Ich fühle mich schlecht, weil ich mich abgelehnt fühle, trotz meiner „Erfolge“ in der Vergangenheit. Was für einen Irrweg!

Große Freude erfüllt mich, denn jetzt ist alles frisch und frei. Ich weiß nicht, welche Aufgaben mich erwarten, doch ich begrüße sie wie den Sonnenaufgang an einem klaren Sonnentag. Auf! Last uns Seinserfahrungen sammeln!

Ich wollte immer „dazugehören“, natürlich! Dann ist mir dies egal geworden. Ich ging auf meinem Weg. Doch ich merkte gar nicht, wie sehr dieser Weg auf der Vergangenheit aufbaute. Ich war der geworden, so meinte ich wohl, zudem jetzt die anderen dazugehören wollen. Was für eine unevolutionäre Primatenscheiße. Diesen Ballast abwerfen, macht mich frei, die Welt neu zu erleben.

Der schlechte Geschmack rührte also genau von diesen faulen Egoblasen, die wie Ampeln in meiner Sphäre leuchten. Ich werde die Perspektive jetzt wechseln.

Honigsuche

Ich stecke also voll drinnen in diesem Workshop der Honigsuche. Es ist beileibe kein Honigschlecken. Deshalb versuche ich mich zu erinnern, wie alles Anfing und wozu ich gerade diesen Pfad gewählt habe.

Es ist hoffnungslos. Ich weiß es nicht. Die Dinge sind, wie sie sind. Alles scheint mir manchmal sinnlos, grau, schwer. Mühsam beginne ich mich zusammenzusetzen.

Meine Weisheiten zur Honigsuche kotzen mich an. Was für ein getrabtes Geschwafel. Wen interessiert das?

Und doch schaue ich nach, was ich dazu in den letzten Wochen und Tagen in den verschiedensten Unterhaltungen und auch Texten an Sätzen und Definitionen formuliert habe.

Möge es mir und dir eine Hilfestellung sein.

Honigsuche basiert auf der Erkenntnis, dass jedes Individuum als eigenes Universum agiert und ein Grundrecht auf seine eigene Wahrheit hat und es darf diese Wahrheit authentisch mitteilen.

Honigsuche ist die Freilegung unseres individuellen evolutionären Auftrags.

Honigsuche bejaht diesen evolutionären Impuls eines jeden Menschen, sei es aus intellektuellen oder aus religiösen, spirituellen Gründen, seinen Wurzeln folgend die Zukunft zu beschreiben.

Honigsuche ist Selbstliebe.

Honigsuche bedeutet, mehrdimensional zu werden.

Honigsuche ist für mich der Weg aus der Norm(–ierung).

Honigsuche ist die Erschließung des Eigen-Wissen an der Nahtstelle vom Ego zum Sein.

Honigsuche ist der wichtigste und evolutionär notwendige Pfad in deiner Selbstheilung.

Honigsuche bedeutet, den Prozess der Erkenntnissuche in den Vordergrund stellen und nicht das allgemeine Erlösungsversprechen.
Honigsuche bedeutet, dass die Integration der Formlosigkeit in dein Sein an erster Stelle steht und nicht eine fadenscheinige Organisation der Form im Außen.

Honigsuche verheißt, dass wir alle Diamanten sind und jeder seine Leuchtkraft für alle Menschen gemeinsam entwickeln darf, kann und auch muss.

Honigsuche heißt, der eigenen inneren Wahrheit authentisch Ausdruck zu verleihen.

Honigsuche bedeutet, dass du dich zumutest. Dir selbst und allen anderen, wobei das letztere eher sekundär ist.
Dich dir selbst zumuten bedeutet zunächst, möglichst Ego-los über deine eigenen Grenzen zu streben.

Honigsuchende wissen: Wir werden wie Gold sein.

Mit Schreiben dieses Gedankenbuches habe ich die folgenden weiteren Erkenntnisse zu (meiner) Honigsuche zu ergänzen:

Honigsuche ist ein Pfad zur Entrückung.

Honigsuche bedeutet immer auch das Ende jeglicher Suche!

Honigsuche ist (auch nur) ein Gedanke.
Du bist nicht der Honig. Du bist nicht die Honigsuche.

Honigsuche ist der Weg weg von den Gedanken hin zum Herz, getrieben von der Frage: Was willst du wirklich?

Honigsuche bedeutet, du schaust mit den Augen der Evolution auf deine individuelle Erfahrung.

Honigsuche ist ein Ritus für die Entdeckung des Selbst.

Honigsuche berücksichtigt die zwei Lehrsätze eines Meisters:
1. Wisse, dass alle Bemühungen, Gott zu finden, vergeblich sind.
2. Handle so, als wüsstest du vom ersten nichts.

Honigsuche führt uns in unsere ur-eigene, individuelle Spiritualität.

Der Anfang vom Ende eines Traums

Erkenntnis findet jenseits von Glauben und Wissen statt.
Die einzige Erkenntnis ist die Selbsterkenntnis.

OM C. Parkin hat mit 27 Jahren einen Unfall auf der Landstraße 214. Nachdem er aus dem Koma erwachte, wurde für ihn deutlich, dass „mir die Gnade zuteil geworden (war), die Unterbrechung des Wahrnehmungsstromes erfahren zu dürfen. So hatte die Zeit- und Raumdimension ausgesetzt, ja der Ur-Dualismus zwischen Erfahrendem und Erfahrenem hatte aufgehört zu existieren.“ OM ist erleuchtet. Er nennt dies den „Anfang vom Ende eines Traums“. „Die Erkenntnis geschieht in einem zeitlosen Moment der Gnade. Was nicht vorbei ist, ist der Prozess des Verstehens.“ OM beschreibt dies als „Fallen des arbeitenden Geistes ins Selbst“.

Die Lehre von OM ist gnadenlos einfach: Die Welt hat keine Realität. Sie ist ein Traum. Alles ist unpersönlich. Deine Identität ist lediglich eine Abfolge von Ich-Gedanken, die sich für das Subjekt halten.
OM gibt in seiner Lehre eine Hilfestellung, das Dasein zu entwirren. Dabei zielt er hinter alle bestehenden Konzepte und Vorstellungen.

„Das Konzept von Glaube und das Konzept von Zweifel, beide Konzepte bringen dich weg von der Erfahrung (als direkte Erfahrung von Wahrheit)“. „*Reines Wissen ist Liebe. Es gibt keinen Unterschied zwischen reinem Wissen und Liebe.*“

„Zweifel ist nichts anderes als die andere Seite des Glaubens.

Auf Glauben sind ganze Religionen aufgebaut. Religionen sind auf Glauben aufgebaut. Psychologie ist auf Glauben aufgebaut. Nihilismus und Positivismus sind auf Glauben aufgebaut. Alles, was du über dich weißt, ist auf Glauben aufgebaut. Wenn du nicht glaubst, ist auch das auf Glauben aufgebaut, weil es auf Zweifel aufgebaut ist. Glaube und Zweifel sind dasselbe. (…) Glaube ist ein Ersatz für Wissen. (…) Alles, deine gesamte Existenz, alles wofür du dich hälst, ist reiner Glaube."

„Wissen ist die Realisation, dass es keines Gedankens bedarf, um zu wissen. (…) Wissen ist nicht in Gedanken erfahrbar. Wissen ist in Meditation erfahrbar. (…) Sie ist dein natürlicher Zustand, den du in Wirklichkeit nie verlassen hast. Wenn der menschliche Geist beginnt, sich an die Quelle, an die Stille, aus der er selbst entsteht, hinzugeben, wenn er diese „Süße" schmecken kann: Das ist Meditation. In dieser Stille liegt das Wissen verborgen. Alle Menschen fühlen sich von diesem Wissen getrennt, weil sie die Aufmerksamkeit auf den Geist richten und nicht auf die Quelle des Geistes. Meditation bedeutet, die Aufmerksamkeit auf die Quelle deiner selbst zu richten."
„Alles aufzugeben, was dich nicht hundert Prozent fördert und ausschließlich das zu suchen, was dich 100 Prozent fördert in allem, was du tust, denkst, fühlst, das ist vollkommener Selbstrespekt, absolute Selbstachtung."

Das ist Honigsuche. OM spricht hier von der „*Selbstverständlichkeit des Seins*", was mir natürlich schon von der Wortwahl her sofort das Herz geöffnet hat.

Auch OM betont wie Eckhart Tolle das Jetzt. Es ist eine Illusion, dass sich jemand entwickeln muss. Entwicklung ist nach OM ebenfalls ein Konzept. Entwicklung findet nicht statt. Das heißt, dass „Vollkommenheit nicht in einem vorgestellten Zukunftsideal gefunden werden kann, sondern vielmehr genau in diesem Moment. In der Stille gibt es nur den vollkommenen, authentischen Ausdruck des Selbst in diesem Moment." Und: „Es geht darum, dich von der Ignoranz zu befreien, dass es in Zukunft verwirklicht werden muss. Du bist bereits DU SELBST, und du bist bereits die Vollkommenheit deiner selbst. Und wenn du die Vollkommenheit des Moments wirklich erlaubst, dann ist tatsächlich alles möglich, alles klärt sich. Die Probleme, mit denen du behaftet bist und die niemals aus diesem Moment kommen, lösen sich auf (...) *Das Geheimnis des Seins offenbart sich als dein Selbst.*"

Spirituell ist zu unterscheiden zwischen der Stimme des Geistes und der Stimme des Herzens. „Offensichtlich ist Dualität eben genau das, dass es eine authentische Stimme gibt und möglicherweise eine fast perfekte Kopie dieser Stimme, die dann als Versuchung auftritt: Sie versucht dich, dies nicht zu unterscheiden."

Die authentische Stimme zu finden ist die Aufgabe eines Suchenden. Das bezeichnet OM als die Essenz des Wachstums. Das ist der Kern der Honigsuche.

Und OM betont: „Wenn du nicht bereit bist, alles zu tun, offenbart sich dir nichts, denn wer nicht sucht, findet auch nichts."

Reines Wissen ist Liebe.
Es gibt keinen Unterschied zwischen reinem Wissen und Liebe.
Wenn Liebe ein Gefühl wäre, müsste sie vergehen.
Es bedarf keiner Lehre der Liebe, es bedarf lediglich der Erkenntnis deiner selbst, und in dieser Erkenntnis deiner selbst ist Liebe verwirklicht.

Die eine vollkommene Beziehung, die Beziehung zum Selbst, ist immerda.

Und unter der Einsamkeit liegt die Eins-sam-keit,
die Stille des Selbst.
OM C. Parkin

Die Welt ist ein Spiegel für das Nichtsein

Werner Ablass erlebt 2004 das Ziel der Honigsuche. Er nennt es den Abschied vom eingebildeten Ich. *Es kam ihm abhanden.* Seitdem schreibt er Bücher und gibt Seminare, wo er sein Agape-Konzept lehrt. Sein Buch „Abschied vom Ich" hat mich gefesselt und mir viele neue Einsichten gegeben in meine Honigsuche. „Wähle die Freiheit, das zu tun, wofür Dein Herz brennt".

Werner Ablass lebt ein ungeheures Experiment. Für ihn hat sich herausgestellt, dass die Welt, wie wir sie wahrnehmen, gar nicht existiert. Sie macht auch keinen Sinn für niemand und etwas. Deshalb sei es egal, was du tust und ob du etwas tust. Was für eine Befreiung. Erfolg und Misserfolg unterliegen nicht unserer Kontrolle. Das Leben „geschieht".
Seine Grundaussage ist, einfach zusammengefasst: es gibt die Situation und es gibt deine Brille, dein Etikett, deine „überschreibende Information" über diese Situation. Liebe ist alles, das was ist, der Urgrund, aus dem alles strömt. Diese Erkenntnis gilt es zuzulassen. Beispielhaft ist daher seine Aufforderung, dich immer zu lieben, auch wenn du dich mies fühlst. „Ignoriere nicht die Bewertung deines Verstandes. Versuche erst gar nicht, das Etikett zu ändern. Werde dir nur bewusst, dass es ein Etikett und nicht die ihm zugrunde liegende Wirklichkeit ist! Schau es dir an und liebe dich dafür. (...) Lass deinen Verstand Vorwürfe oder Sorgen produzieren. Verwehre es ihm nicht. Wiederstehe ihm nicht. Kümmere dich jedoch nur um das, was jetzt getan werden kann und getan werden muss. Denn mehr als das ist (im Jetzt) nie möglich."

Der Verstand ist für Werner Ablass „ein wertvolles Instrument zur Orientierung in der Welt der Begriffe." Wenn du hinter diese von ihm produzierten Etiketten schauen kannst, hinter diese Bewertungen, wirst du nur Liebe als die Essenz von Allem was ist erblicken.

Diese Einsicht führt Werner Ablass zu einer ungeheuren Behauptung: „Wir behindern uns selbst, solange wir glauben, für unser Leben verantwortlich zu sein. Wir werden immer nur tun und erleben können, was sich eben tut und ereignet. Natürlich ist auch unsere Selbstbehinderung Teil unseres Schicksals, aber das muss nicht zwingend so bleiben. Die Erlösung naht, wenn es uns möglich ist zu erfassen, dass wir noch niemals etwas getan haben und folglich auch nie etwas tun werden. (…) Du wirst dir dessen bewusst sein, dass all das was du tust ein Geschehen ist, das du nur scheinbar kontrollieren kannst, selbst wenn du es meinst, es zu kontrollieren oder kontrollieren zu können. Das heißt: Selbst der Glaube, es zu kontrollieren und kontrollieren zu können, ist ein Geschehen, das du nicht kontrollierst. Es ist ein Gedanke, der sich ereignet. Du denkst nur, dass du es denkst. In Wahrheit denkt es dich. Immer!“
Mir fällt es schwer, dies zu integrieren, da ich in meiner Honigsuche für mein Leben komplett die Verantwortung übernehme und auch dazu aufrufe, verantwortlich und ethisch zu handeln. Dabei hoffe ich aber auch „auf göttliche Führung“, was im Grunde genommen diese Sicht von Werner Ablass voraussetzt. Oder?

Werner Ablass definiert Erleuchtung auf eigene Art. Anstatt zu fragen „Wer bin ich?“ ruft er zur Dekonditionierung auf: Erleuchtete „sind normale Menschen, mit Stärken und Schwächen, nur eins unterscheidet sie wesentlich vom Durchschnittsmenschen: Die Konditionierung, *es ist jetzt nicht so, wie es sein soll, wäre es anders, wäre es gut oder optimal*, ist DEAKTI-

VIERT." Der Erleuchtete ist nicht erleuchtet, sondern desillusioniert. Seine Empfehlung: „Liebe ohne Objekt, insbesondere dann, wenn Angst, Aggression oder Bedrückung da sind. Anschauen, was da ist, und lieben. Und wenn das nicht möglich ist, lieben, dass du es nicht lieben kannst. Auf diese Weise entkonditionierst du dein Gehirn von der Vorstellung: Es ist jetzt nicht so, wie es sein soll!" (Zum Hier und Jetzt helfen sicherlich die Vorträge von Eckhart Tolle!) „Nicht die Ereignisse, sondern die Gedanken über die Ereignisse sind das Problem." Und an anderer Stelle: „Egal, was du fühlst, liebe dich dafür, dass du es fühlst." Und: „Im Schmerz wirkt dieselbe Energie, die uns Freude und Glückseligkeit schenkt." Und: „Fällt aber der Eindruck weg, dass irgendwer anders agieren könnte, als die Existenz, dann bist du selbst dann in Liebe, wenn sie dir Schmerzen verursacht".

Und: „Solange du meinst, das Leben hänge von richtigen Entscheidungen ab, wirst du ein Getriebener sein. (...) Niemand tut etwas, alles geschieht. Es geschieht genauso, wie es geschehen soll."

Es ist sehr ernüchternd. Es gibt keinen individuell Handelnden. Es gibt zwar Gedanken, Gefühle, Entscheidungen und Taten, aber es ist niemand vorhanden, der denkt, fühlt, entscheidet, handelt. Dennoch ist die Dankbarkeit zu all dem was ist der Schlüssel: „Dankbarsein dafür, dass du all das, was man Leben nennt überhaupt erfährst! Dieses Wunder! Dass du all das wahrzunehmen in der Lage bist, was Leben an Er-Leben hervorbringt."

Honigsuche heißt also, und Buddhisten würden dies wohl unterstützen, entwickle die Gewohnheit des Dankbarseins und der Liebe.

Agape

Liebe was ist
Wir müssen verlernen
Um den perfekten Zustand
JETZT
WAHR-ZU-NEHMEN

Liebe ist die höchste Schwingung
Verliebe dich in die Liebe
Das ist der Agape-Virus

Liebe hieß für mich:
Ich liebe mich in deiner Gegenwart
Agape heißt: ich liebe alles und jeden
in seiner Gegenwart

Liebe objektlos
Nehme wahr
Akzeptiere
Und liebe dich

ENT-DECKE das VER-DECKTE

Ichlose befinden sich, so Werner Ablass, genauso in der Dualität wie Ichhafte. „Freude und Schmerz wird erlebt. Nur das Entstehen von Dramen fehlt." Daraus folgere ich, dass (meine) Honigsuche den Weg in diese Erleuchtung darstellt.

Werner liebt. Liebe ist das Herz aller Dinge: „Jeder Mensch sucht nach Liebe, weil wir Liebe sind. Es gibt keine stärkere Macht auf Erden. Und wenn sie uns zieht, tja, da gibt es kein Halten mehr. Sie zerbricht alles, ja sie verwüstet, sie kennt keine moralische Grenzen, um sich zu erleben, zu finden." In seinem Gedicht „Liebe ist das Herz aller Dinge" fand ich diese Zeilen:

„(Die Liebe) ist vor lauter Liebe in unzählige Stücke zersprungen um sich selbst, um in Liebe nach der Liebe suchen zu können."

Das ist Honigsuche. Der Pfad der Liebe. Honigsuche heißt: folge deinem Herzen. Ein Honigsuchender ist ein authentischer Mensch, der mit den Worten von Werner Ablass „nicht tut, was MAN tut, sondern was seinem UREIGENEN Wesen entspricht". Und, wie sollte es anders sein: „Die Erfahrung, die Liebe im irdischen macht, ist übrigens in jedem Menschen einmalig und exklusiv." Dieser Satz gefällt mir natürlich besonders, da ich genau ebendiesen Ansatz der Individualität in der Honigsuche hervorhebe!

Zusammenfassend: „Egal wie du dich fühlst, liebe dich dafür, dass du es fühlst." Denn: „Im Schmerz wirkt dieselbe Energie, die uns Freude und Glückseligkeit schenkt." Der wahrhafte Mensch ist also essentielle Liebe.

> *Leben lebt sich von selbst. Die Quelle lebt es.*
> *Und die Quelle ist Liebe.*
> Werner Ablass

> *Ziel ist es, dass sich das Werk selbst schöpft.*
> *Es ist leichter, ein Schaf dazu zu bringen, dorthin zu gehen, wo es glaubt hingehen zu wollen, als es zu zwingen dorthin zu gehen, wohin es nicht gehen will.*
> Andy Goldsworthy

Integrale Spiritualität

Leben ist Evolution. Leben geschieht. Evolution ist sich weiterentwickelnde Liebe, sonst gäbe es keine Entwicklung – nur Stillstand. Das führt dazu, das Leben sich selbst beobachtet. Du bist Teil des Lebens, Teil des Lebensstroms. Leben schwingt durch dich durch – per-sonare. Ohne Bewertung: Leben geschieht, DU geschiehst. Das Leben ist verantwortlich. Der Rest ist deine Bewertung!

Ken Wilber hat in seinem Buch „integrale Spiritualität“ herausgearbeitet, dass es in unserer Bewusstseinsentwicklung Bewusstseinszustände, Bewusstseinsstufen bzw. Entwicklungsebenen und Entwicklungslinien gibt.

Das Leben ist Entwicklung und jeder muss sich durch diese Entwicklung hindurchentwickeln. Ich kann die Bereitschaft haben, mich in allen meinen Ebenen zu entwickeln, ohne mein jeweiliges Glaubenssytem verlassen zu müssen: „Ein immer größeres Bewusstsein, das immer mehr umarmt und sich im Selbst verwirklicht, in der Natur verkörpert und in der Kultur zum Ausdruck bringt.“

Die integrale Philosophie ist praktisch ein neutraler Rahmen, ohne in eine bestimmte Richtung gedrängt zu werden.
Dazu Ken Wilber: „Der integrale Ansatz als solcher fügt (…) keine neuen Inhalte hinzu; er weist einfach darauf hin, welche Bereiche in ihren eigenen Ansätzen nicht ganz integral oder umfassend sind und dient damit als Anleitung einer systematischen Neuformulierung (…).“

Wir entwickeln uns von egozentrisch zu ethnozentrisch zu

weltzentrisch um dann integral (und kosmozentrisch) zu werden. In den Entwicklungslinien haben wir verschiedene Ausprägungen in den Bereichen kognitiv, interpersonell, psychosexuell, emotional und moralisch entwickelt. Je höher und öfter Bewusstseinszustände eintreten, desto höher ist die Bewusstseinsstufe. Die Menschheit entwickelt sich durch die Bewusstseinsspirale hindurch: archaisch, magisch, egozentrisch, mythisch, rational, pluralistisch, holistisch, integral. Diese Entwicklung hat immer auch Auswirkungen auf das Selbst und das Bewusstsein (ICH), das Gehirn und den Organismus (ES), Kultur und Weltanschauung (WIR), sowie auf das soziale System und die Umwelt (SIE). Im Ergebnis haben wir es in diesem Modell mit Quadranten, Ebenen, Linien, Zuständen und Typen zu tun. Wir müssen uns immer in Körper, Geist und Seele, in Selbst, Kultur und Natur weiterentwickeln.
Ken Wilber unterscheidet zwischen absoluter und relativer Erkenntnis. Absolute Erkenntnis ist die Leere, die NICHT-DUALITÄT, die relative Erkenntnis ist die Welt der Form.

Die von Wilber entwickelte integrale Spiritualität berücksichtigt die Welt des Absoluten und die des Relativen. In dieser integralen Philosophie gibt es das Konzept der „kosmischen Adresse". Es basiert auf der Grunderkenntnis des „Quadranten-Modells", eine Beschreibung alles Seienden. (Es gibt vier Quadranten, die jeweils der kontemplativen, naturwissenschaftlichen, sozialen oder kulturellen Erkenntnis zugeordnet sind – ICH, ES, WIR, SIE). Wilbers Philosophie unterscheidet nicht nur in Quadranten, sondern zeigt auch die Entwicklungslinien, Zustände und Typologien von Bewusstsein. Jede Aussage, die ein Mensch trifft, hat eine bestimmte *kosmische Adresse*, das heißt, sie kommt aus einem der vier Quadranten und einer spezifischen Bewusstseins-Typologie (Linie, Zustand).

Dazu der deutsche Philosoph Michael Habecker: „So hat alles seinen Platz, aber nicht irgendwie, sondern im Aufbau der Wirklichkeit begründet. (...) Gleichzeitig ist Wahrnehmung aber auch nicht beliebig. Wenn jemand nicht nur die eigene Perspektive sieht und fühlt, sondern auch in der Lage ist sich in andere hineinzuversetzen, kann dieser Mensch umfassender, und damit ein Stück „wirklicher" wahrnehmen als der, der dies (noch) nicht kann. Entwicklung eröffnet immer umfassendere Horizonte, und damit auch Wahrheiten. Und Entwicklung im Relativen hat kein Ende. Absolute Erkenntnis hingegen ist jenseits von Zeit und Raum. Wer Zugang zu beidem hat, kann sagen, er oder sie sei in der (relativen) Welt, aber auch gleichzeitig nicht von dieser Welt (sondern im Absoluten gegründet)."

In seinem Buch „Ken Wilber – die integrale (R)EVOLUTION" schreibt Habecker: „Diese Erfahrung jedoch, von der alle spirituellen Traditionen berichten, sagt mir (noch) nichts über die relative Welt, die – sich ständig weiter entwickelnde – Welt der Manifestation im Materiellen sowie im Geistigen (der andere Teil der Erleuchtungsgleichung: „Form ist nichts anderes als Leere und Leere ist nichts anderes als Form".) Es ist jedoch gerade die relative Welt mit ihren Problemen und Widersprüchen, die uns Normalsterbliche gewöhnlich beschäftigt. (...) Um hierüber etwas aussagen zu können, nutzt mir das absolute Wissen, welches jenseits von Raum, Zeit und Manifestation ist und sich über die Jahrhunderte nicht ändert („Alle Wellen sind nass"), wenig; wenn ich wissen will, was in der geschaffenen Welt der Formen und Erscheinungen los ist – die einzelnen Wellen des Ozeans – muss ich sie „surfen", sie alle kennen lernen und studieren, in ihrer Einzigartigkeit erfahren, und auf der Höhe der Zeit sein. Keine Welle gleicht einer anderen.
Ich muss mir also eine entsprechende – relative – Kompetenz

aneignen, zum Beispiel im psychologischen, medizinischen, politischen, gesellschaftlichen, beziehungsorientierten oder physikalischen Bereich, um entsprechende Fragen beantworten zu können. (...)
Mit anderen Worten: die (subjektive) Ich-Perspektive alleine wird mir niemals die (intersubjektive) Du/Wir-Dimension meines In-der-Welt-seins enthüllen, und auch nicht die (objektive) Dimension des In-der-Welt-seins.
Für Erstere brauche ich die Praxis eines beziehungsorientierten Lebens, zum Beispiel in Familie und Beruf, und für Letzteres brauche ich die Praxis einer objektiven Beobachtung äußerer Dinge, wie zum Beispiel in den Wissenschaften wie Physik, Chemie, Ökologie und Verhaltensforschung praktiziert wird.

Alle drei Erkenntnisbereiche sind wichtig auf dem Weg zu einer umfassenderen Sichtweise („Erleuchtung"), und halten für jeden Menschen einzigartige Erfahrungen bereitet.
Die Konzentration auf nur einen dieser Wege (subjektiv, intersubjektiv, objektiv) als das allein Seligmachende führt – vorsichtig formuliert – zu Einseitigkeit. (...)
Ein wesentlicher Punkt dabei ist die Unterscheidung zwischen der Erfahrung selbst und der Interpretation durch den Erfahrenden. Eine plötzliche Zustandsänderung („Erleuchtung") wie zum Beispiel eine Lichterfahrung, ein Klangerlebnis, eine Vision oder einer Einheitserfahrung wird immer durch diejenige Bewusstseinsstufe interpretiert, auf der sich der Mensch in seiner Entwicklung (zum Beispiel kognitiv oder emotional) gerade befindet (etwas anderes steht ihm oder ihr nicht zur Verfügung). Und so kann ein und dieselbe Erfahrung jeweils ganz unterschiedliche Interpretationen erfahren, ohne dass das dem Interpretierenden bewusst ist. (...)
Die Frage – an einen Erwachten – ist jedenfalls legitim: „Wie tief

geht deine Verwirklichung: dehnt sie sich auf alle drei großen Bereiche des Seins, auf Wachen, Träumen und Tiefschlaf aus, oder „nur" auf bestimmte Augenblicke des Wachzustandes?"

Habecker verweist darauf, dass eine spirituelle Erfahrung das eine ist, der Ausdruck und die Vermittlung dieser Erfahrung etwas ganz anderes.

Ken Wilber wiederum spricht von horizontaler und vertikaler Erleuchtung. Erleuchtung definiert Wilber „als die Verwirklichung des Einsseins mit allen Zuständen und Strukturen (Hauptstufen und Hauptstrukturen), die zu einem beliebigen bzw. gegebenen Zeitpunkt (in der Geschichte) existieren".

Für die Erfassung der verschiedenen Variationen, in welchem Zustand eine Person eine Gipfelerfahrung machen kann, den sie wiederum nur auf der entsprechenden Stufe interpretieren kann, auf der sie sich befindet, wurde das Wilber-Combs-Raster entwickelt. Auf der linken Seite sind vertikal die Bewusstseinsstufen archaisch, magisch, mythisch, rational, pluralistisch, integral und super integral erfasst und auf der horizontalen Ebene sind die Bereiche Grobstofflich, Subtil, Kausal und Nondual dargestellt. Schon auf diese Weise ergeben sich also 7x4 verschiedene, bzw. mögliche „Erleuchtungszustände".
Letztendlich strebt der Kosmos, die Evolution, unser Leben nach dem Wahren, dem Schönen und dem Guten, der allumfassenden Liebe. Aus dieser Erkenntnis folgt für mich stetige Dankbarkeit und Vertrauen. Und der Mut, tiefer zu gehen und Glauben gegen Wissen einzutauschen. *Honigsuche erinnert dich an dieses Versprechen, das du dem Leben übergegeben hast und das das Leben dir gegenüber gibt.*

Und eben dieses „tiefer gehen" ist alles und nichts, ist Berg und Tal, ist Scheitern und Glückseligkeit, ist Hier und Jetzt!

Ich kenne die kosmische Adresse von OM C. Parkin und Werner Ablass nicht! Ich habe sie als mögliche Zeugen der Nicht-Dualität gelesen und das aufgeführt, was ich für ansprechend hielt. Honigsuche ist aber sicherlich mehr, als das richtige Buch zu lesen und das richtige Zitat zu finden.

Im Kern geht es auch in der Honigsuche darum, eine integrale Lebenspraxis und eine integrale Ethik zu leben, was man auch „die intelligenteste Form von Eigennutz" nennen kann.
In dem Buch „Integrale Lebenspraxis" definieren die Autoren eine integrale Lebenspraxis: „Sie leben glücklicher, wenn sie anderen freizügig ihren Segen geben und die unglücklichen Verwicklungen, die unweigerlich entstehen, wenn Sie sich auf unethische Geschichten einlassen, minimal halten." Eine integrale Lebenspraxis hilft „in Ihre größten Kapazitäten hineinzuwachsen und diese zu entwickeln". Und: „Es ist ein evolutionäres Streben mit offenem Ausgang, in jedem Augenblick unseres Lebens aufrichtige Anteilnahme zu praktizieren und unsere tiefsten intuitiven Erkenntnisse über das „Gute" in unserem Leben und der Welt als ganzer zu verwirklichen." – Honigsuche!

> *Wenn Sie in der relativen Welt versagen, wird Sie die absolute nicht retten.* Dennis Genpo Merzel Roshi

Eins werden – ALL-EIN

Einst-Ein ist ein schönes Wortspiel zum Nachnahmen von Albert Einstein. Mia hatte es seinerzeit entdeckt. In der Tat vermute ich, dass Albert Einstein Einsicht in die Nicht-Dualität hatte. Er war ein Meister darin, verschiedene Wirklichkeiten gleichzeitig wahrzunehmen. Oder?

Der Zen-Buddhismus ist uns vor allem bekannt durch Bücher und Sprüche wie zum Beispiel Zen und die Kunst des Bogenschießens, Zen und die Kunst ein Motorrad zu warten usw.

Dennis Genpo Merzel Roshi praktiziert über 40 Jahre Zen-Buddhismus und hat als erleuchteter Zen-Meister ein grundlegendes Werk verfasst: „Big Mind" ist ein Buch, das seine Leser mitnimmt in die Erfahrungswelt des „einen Geschmacks". Der dort geschilderte Big-Mind-Prozess ist für Ken Wilber „die wohl wichtigste und schöpferische Entdeckung innerhalb des Buddhismus der letzten zwei Jahrhunderte".

„Unser wertvollstes Geschenk und Geburtsrecht ist der Eine Buddha-Geist, aber wir fallen in die Unwissenheit zurück und ersetzen diesen Geist durch einen winzigen, selbstbezogenen Geist. Ganz egal wie sehr sich der kleine Geist bemüht, er kann niemals dieses Leben verstehen oder kontrollieren, weil wir uns in unserer Ignoranz getrennt und begrenzt wahrnehmen."
Immer wieder unterscheidet Dennis Genpo Merzel Roshi zwischen Big Mind (Buddha-Geist; der allumfassenden, nicht-dualistischen Sichtweise), dem Herz-Geist (die wahre Natur, die den Unterschied zwischen Geist und Materie übersteigt) und dem kleinen Geist bzw. der Verstand. Dabei kommt er zu bahnbrechenden Feststellungen.

Der Verstand ist eine Drüse. Es sondert Gedanken ab. Wir sind Sklaven dieser Gedanken. Im Ergebnis „ähneln Geistfunktionen sehr einer Drüse. Was tun Drüsen? Sie geben etwas ab! Was tut der Geist? Er gibt Gedanken ab!“ Daran sollten wir denken, wenn wir die buddhistische Meditation „du bist nicht deine Gedanken“ üben. „Sobald ein Gedanke auftaucht, erzeugt er eine Reaktion, fast so, als ob Gedanken mit kleinen Widerhaken oder elektrischen Ladungen versehen wären. Ein Gedanke erzeugt den nächsten und den nächsten und den nächsten, in scheinbar endlosem Geschnatter. Unser Geist ist nicht nur voll, er fließt förmlich über. Wir sind Sklaven unserer Gedanken. Sobald ein Gedanke auftaucht, bilden wir uns eine Meinung oder ein Urteil darüber (...) Wir bauen einen Gedanken auf den anderen auf, so lange, bis wir eine ganze Geschichte haben, die wir „Ich“ nennen. Doch all diesem Müll liegt ein ursprünglich leerer Geist zugrunde, der lediglich einen Gedanken hier und da absondert.“

Die Erfahrungen von Dennis Genpo Merzel Roshi münden in Aussagen, die uns inzwischen vertraut erscheinen: „Und doch enthält dieses Leben immer genau die richtige Menge. Was sich auch immer in Ihrem Leben ereignet, ist die Lehre, ist Dharma. Wenn wir unser Leben auf die Weise betrachten, kann nichts von dem, was passiert als zufällig betrachtet werden.“ Und an anderer Stelle: „Leben wir den mittleren Weg (Buddhas), dann schließen wir überhaupt nichts aus, selbst unsere Unzufriedenheit und das Leiden nicht. Wir lernen, wie wir alle Erfahrungen des Lebens umfassen können, auch Trauer, Schmerz, Streben und Bedürftigkeit. Wieso sollte man das Leben sezieren, in Stücke schneiden und nur bestimmt Teile für gut befinden?“ Im Gegenteil: Unsere Augen öffnen sich der verblüffenden Wahrheit, *dass alles der Dharma ist und jeder Moment die Lehre*“. Honigsuche!

Der Zen-Weg bedeutet ebendiese Annahme von allem das was ist: „Seien Sie eins! Eins mit was? Was auch immer! Falls Sie wütend sind, seien Sie eins mit Ihrer Wut. Falls Sie sich neidisch oder ängstlich fühlen, ist das in Ordnung; seien Sie neidisch oder ängstlich. Wenn Ihnen Zweifel kommen, dann seien Sie der Zweifel. Denken Sie dualistisch? Seien Sie dualistisch. Erleuchtung bedeutet nicht, dass der Zweifel und das dualistische Denken verschwinden. Das wäre dualistisch."

Dennis Genpo Merzel Roshi hat in dem „Big-Mind-Prozess" erarbeitet, dass wir selbst das Problem darstellen. Wir können hier und jetzt damit aufhören, mit dem Selbst identifiziert zu sein. „Identifizieren Sie sich stattdessen mit dem, was über die Grenzen des Selbst hinausgeht. Und was ist das? Das Nicht-Selbst oder Big Mind oder Nicht-Geist oder das Wahre Selbst. Wie immer wir es auch bezeichnen wollen. Sobald ich zum Beispiel mit Big Mind identifiziert bin, erkenne ich, dass alles Big Mind ist, das ich alles bin und alles ich ist." Wir müssen nur den Big-Mind-Prozess durchlaufen, wie er ihn in diesem genialen Buch „Big Mind" aufgeschrieben hat.

Die spirituelle Reise ist gleichbedeutend mit der Erkenntnis – nicht nur mit der Information, sondern mit der wirklichen inneren Überzeugung – dass es eine höhere Macht oder Gott tatsächlich gibt. Oder, um es für alle so leicht wie möglich zu machen, dass es etwas Anderes gibt. Der zweite Schritt besteht dann darin, dieses Andere zu werden, bis man schließlich erkennt, dass es nichts Anderes gibt. Du und das Andere seid eins, wart schon immer eins und werdet es auch immer sein. Pater Thomas Keating *(im Filmprojekt: One)*

Evolutionäre Entrückung

„Erleuchtung“ ist ein Geburtsrecht jedes Menschen. (Gemeinsame) „Entrückung“ scheint ein gesamt(-gesellschaftlicher) evolutionärer Prozess zu sein, ebenfalls ein Versprechen an die Menschheit, in einem Sprung in der Bewusstseinsspirale voranzugehen.

Die meisten nehmen es nicht wahr, doch egal in welcher Wissenschaft die Menschheitsgeschichte analysiert wird, werden immer wieder „Sprünge“ entdeckt. Wir kennen die „kambrische Explosion“, die das spontane Auftreten fast aller heutigen Tierstämme vor 550 Millionen Jahren beschreibt. Vor 40.000 Jahren erlebte die Menschheit eine „kreative Explosion“, die unser abstraktes Denken hervorbrachte. Wir akzeptieren selbstverständlich die Theorie des „Missing Link“, was ebenfalls ein Hinweis auf stattgefundene Evolutionsschübe sein könnte.

Auch die Entstehung des „aufrechten Gangs“ ist nicht wirklich „erklärt“. Und beachten wir die zahlreichen Mythen der verschiedenen indigenen Völker, gab es sicherlich bereits mehrere bewohnte Welten auf unserem Planeten. Zivilisationen kamen und gingen.

In den letzten Jahrhunderten entwickelte sich das Bewusstsein der Menschheit und wir entdeckten (in wenigen Generationen) gemeinsam die „ewige Philosophie“, wir entdeckten (immer mehr) Freiheit, Gerechtigkeit, Schönheit, Wahrhaftigkeit…

Heute sind wir in unserer Menschheitsgeschichte mit realen (ökologischen) Weltuntergangsszenarien und auch mit korrespondierenden kulturellen Prophezeiungen konfrontiert, die alle eine Art Endzeit voraussagen. In unseren Weltreligionen, aber auch bei den verschiedenen Ureinwohnern unserer Kontinente. Und ebenso gibt es Aussagen darüber, wie die Menschheit sich in diesem Kontext entwickeln kann bzw. wird.

Im Christentum kennen wir die „Entrückung“, eine Art körperlicher Aufstieg in den Himmel, (manche meinen, um der sich anbahnenden Apokalypse zu entgehen). Diese Apokalypse ist jedoch vielleicht gar nicht ein wörtlich zu nehmender Weltuntergang, sondern (zumindest in der Bibel) eine wahrnehmungsbegrenzte Beschreibung zukünftiger Ereignisse, die für den Betrachter (zu jener Zeit) natürlich schlicht furchterregend gewesen sein müssen. Aus einem anderen Kontext (in einem erweiterten Bewusstsein) betrachtet, ergibt sich vielleicht ein vollkommen anderes Bild, praktisch geleitet von der Chaostheorie, wo im Chaos bereits eine höher liegende Ordnungsstruktur vorhanden ist.
Entrückung erscheint dann eher als (das entsprechende) Bewusstseinsinstrument, das vielleicht einen Schub, Sprung oder eine Explosion im Bewusstsein der Menschheit voraussagt.

Und noch ein Gedanke: wenn die Apokalypse einen Archetyp darstellt, dann kann doch auch die Entrückung einen (noch unentdeckten) Archetypen postulieren. Quasi der Abschluss eines gemeinsamen Evolutionszyklus.

Die Apokalypse oder Trübsalzeit ist dann die notwendige Zeit der Welke, die dunkle Nacht der Seelen, die notwendigerweise stattfindet (tobt und welkt), auf der dann ein neuer Himmel und eine neue Erde folgt, eines neuen Bewusstseins der Menschheit.

Eckhart Tolle schreibt in seinem Buch „Eine neue Erde. *Bewusstseinssprung* anstelle von Selbstzerstörung.“: „Wir müssen

in diesem Zusammenhang verstehen, dass mit dem Himmel kein Ort gemeint ist, sondern das innere Reich des Bewusstseins. Das ist die esoterische Bedeutung des Wortes, und das ist auch die Bedeutung, die es in der Lehre Jesu hat. Die Erde hingegen ist dessen äußere Manifestation im Reich der Form und stets ein Spiegelbild des Inneren. Das kollektive menschliche Bewusstsein und das Leben auf dieser Erde sind fest miteinander verwoben. »*Ein neuer Himmel« bedeutet das Aufkeimen eines transformierten Bewusstseins im Menschen und ´eine neue Erde` dessen Reflexion auf der physischen Ebene.* Da das menschliche Leben und Bewusstsein fest mit dem Leben der Erde verwoben ist, müssen sich synchron zur Auflösung des alten Bewusstseins mannigfaltige natürliche geografische und klimatische Umwälzungen überall auf der Erde vollziehen, deren Zeuge wir heute schon werden."
In der Tat erwarte ich eine spontane, gemeinsame Zukunftsentwicklung der Menschheit. Wir alle stehen jedoch vor dem gleichen Dilemma, etwas in unserem Kontext und Wahrnehmung zu beschreiben, was außerhalb unseres Kontext und unserer Wahrnehmung geschieht.

Dennis Genpo Merzel Roshi berichtet ausführlich über die Tradition der Spontan-Erleuchtung im Zen-Buddhismus. Man nennt es die Schule der plötzlichen Erleuchtung. Er selbst hatte schon mit 27 Jahren eine Erleuchtungserfahrung.

Eckhart Tolle, OM C. Parkin und Werner Ablass sind wohl eher „plötzlich" erleuchtet worden. Es waren nicht die ersten Menschen, denen diese Gnade zuteilwurde. Seit Jahrhunderten haben uns erleuchtete Individuen eine Spur gelegt, eine Riefe, ein morphogenetisches Feld, dem wir, so ist meine Hoffnung, wenn die Zeit stimmt, folgen werden.

Eckhart Tolle spricht explizit von einem Bewusstseinssprung, den wir zu erwarten haben. Auch Ken Wilber, ebenfalls in jungen Jahren bereits mit Erleuchtungserfahrungen gesegnet, und auch Dennis Genpo Merzel Roshi sehen diese Möglichkeit eines Bewusstseinssprungs in der Geschichte der heutigen Menschheit.

So sollte jeder an dieser gemeinsamen Erfahrung zum Wohle und Besten des Ganzen arbeiten. Das ist die edle Tat in Deiner Honigsuche!

Können Sie sich eine Welt vorstellen, in der jede und jeder ganz einfach frei und glücklich ist, in der alle aus Großzügigkeit handeln und freizügig ohne Bedingungen geben? (...) Genau darin liegt unsere Arbeit. Dies ist unsere Aufgabe. (...) Ich bin davon überzeugt, dass es einen Wendepunkt gibt, und sollten wir weltweit dort ankommen, wird sich das Bewusstsein des ganzen Planeten ändern.
Dennis Genpo Merzel Roshi

Es geht wirklich um die Erkenntnis, dass jede deiner Bewegungen, jeder Gedanke, buchstäblich zu einer "kosmischen Gewohnheit" wird, einer Erinnerung, der zukünftige Generationen der Menschheit folgen werden. Und wir können es falsch machen. Deshalb ist es solch eine wichtige Erkenntnis: Sei mit jedem deiner Atemzüge so ethisch, verantwortungsvoll und authentisch, wie du nur sein kannst, denn du ebnest einen Weg in die Zukunft, dem andere folgen werden.
Ken Wilber

Die Quadratur des Kreises

Genau in diesem „Sowohl-als-auch-Paradoxon“ stecken wir, wenn wir als Beobachter Welle oder Teilchen definieren. Oder wenn wir eine Betrachtung zwischen dem philosophischen Denkmodell der integralen Philosophie von der Tiefe und Weite des Lebens mit der Aussage der non-dualen Lehrer, dass alles geschieht und nichts passiert und alles rein virtuell sei, vergleichen.

Letztendlich konnte ich auch für mich einige Fragen bisher nicht abschließend klären: Bin ich für mein Leben verantwortlich oder ist das Leben verantwortlich? Präge ich mein Leben, oder geschieht Leben? Habe ich einen freien Willen oder ist alles Schicksal ohne Zufall? Habe ich die Chance zur Wunscherfüllung oder ist alles vorherbestimmt? Bestimmt also letztendlich jeder selbst den Lauf seiner Existenz oder gab es nie auch nur irgendetwas zu entscheiden?

Die Antwort jetzt lautet: Sowohl als auch. Oder: „Leben kann die letzte Antwort nicht finden“, wie Anthara in ihrem Gedicht „infinity space – Quadratur des Kreises“ schreibt.
Das eigene Leben ist das Koan, ist die Antwort von Dennis Genpo Merzel Roshi: „Wenn ich einmal erkenne, dass ich das Problem bin (die Ausdrucksweise im Zen wäre: Ich bin das Koan), habe ich auch die Kraft es zu lösen.“

Um unser Bewusstsein zu entwickeln, sollten wir den schon erwähnten Big-Mind-Prozess durchlaufen. Nur so können wir unser „persönliches Koan“ (im wahrsten Sinne!) lösen.

Alleine mit dem Verstand wird dies aber nicht zu lösen sein: „Wir können uns einen nichtdualen Zustand einfach nicht vorstellen. Alles was ich mir vorstellen kann ist nicht nichtdual. Selbst die Idee, die Dualität fallen zu lassen, ist Dualität. Die Dualität, dass es eine Dualität gebe, die fallen gelassen werden muss, ist die letzte Dualität, die wir fallen lassen müssen. Es gibt *nichts* fallen zu lassen. Es gibt *nichts* zu tun. Warum fällt es uns so schwer, das zu akzeptieren? Wir beschäftigen uns auf so viele Arten und Weisen, es ist praktisch unmöglich, sie alle aufzugeben. Und wenn wir versuchen, sie aufzugeben, dann müssen wir uns unserer größten Angst stellen: Falls wir nichts tun, sind wir nichts."

Ich weiß also, dass ich mir keine Antwort weiß, denn ich denke letztendlich stimmen jeweils alle Thesen, die ich hier über die Lebenssicht gesammelt habe. Letztendlich wird mein Verstand hier versagen. Nur ein erleuchteter Herz-Geist kann eine wahrhaftige Antwort geben.
Ich nehme daher diese Fragen mit auf den Muschelweg, denn ich spüre, dass ich jetzt eine Zeit brauche, in mich zu gehen und in mir, in meinem Herzen, für mich Antworten zu finden. Ich werde den Big-Mind-Prozess erfahren. Ich vertraue dabei auf die uralte Weisheit, dass immer alles schon da ist und nichts erlangt werden muss. Und ich vertraue auf die Weisheit der Ur-Völker, die für diese Zeit eine allgemeine Energiezunahme prophezeien, die dieses, mein Vorhaben, unterstützen wird.
Wir sehen uns!

Wir können uns nicht über die physische Ebene erheben, indem wir ihre Wirklichkeit verneinen: Wir müssen sie lieben und die Wirklichkeit der lebenden Wesen, die sie bilden, bestätigen. (...) Liebe über jede Vernunft hinaus – es ist sicher. Es ist die einzige Sicherheit. Liebe soviel du nur kannst, und wenn du bereit bist, wird dir alles gezeigt werden.
Thaddeus Golas

Wenn Du nicht bereit bist, alles zu tun, offenbart sich Dir nichts, denn wer nicht sucht, findet auch nichts.
Werner Ablass

Wir haben ein Koan: 'Kann ich wirklich nichts tun?' Wenn ich mit dem Koan eins werde, dann bin *ich nichts. Doch wenn ich nichts bin, dann bin ich auch alles – Big Mind, grenzenlos, unendlich, ungeboren, unsterblich. Big Mind umfasst alles – jeden Baum, jeden Berg, jedes Insekt, jede Person.*
Dennis Genpo Merzel Roshi

Anmerkung von Wolfgang U. Eipa: Kai hatte bei der Künstlerin Anthara das Kunstwerk „Quadratur des Kreises" entdeckt. Begeistert hatte er mir seinerzeit darüber berichtet. Ich habe es als Titelbild für dieses Kompendium verwenden dürfen. Dafür danke ich. Zu diesem Bild gehört auch das folgende Gedicht der Künstlerin, aus dem Kai in diesem Kapitel zitiert hatte.

infintity space – Quadratur des Kreises

(Anthara)

JETZT
Leben – entfaltet sich in der Unendlichkeit des Raumes

JETZT
Leben – will sich selbst erleben

JETZT
Leben – verliert sich in Selbstverliebtheit und Macht

JETZT
Leben – forscht und fragt nach seinem Sinn

JETZT
Leben – wird seiner zerstörerischen Kraft gewahr

JETZT
Leben – will sich bewahren und neu erfinden

JETZT
Leben – kann die letzte Antwort nicht finden

JETZT UND HIER
ES IST – WIE ES IST
SOWOHL – ALS AUCH
ICH BIN – ALL*EIN

Zwei Hände

Die Hand ist das perfekteste Werkzeug, das wir uns vorstellen können. Ich denke, dass es bis heute nicht gelungen ist, eine Hand zu 100% nachzubauen. Mit einer einzigen Hand können wir dutzende von Bewegungen durchführen: berühren, tasten, greifen, drehen, kneifen, reißen, drücken, ziehen, hebeln, stecken, puhlen, streicheln(!), wischen, umfassen, bewahren, aufheben, schmeißen, wegwerfen, zig Instrumente spielen, schnipsen, essen, heilen, reichen, zeigen und in jeder möglichen Art kommunizieren.

Da hat sich der Schöpfer etwas Enormes ausgedacht, als vor 380 Millionen Jahren sich unsere Hände aus Flossen entwickelten.

Deswegen heißt es wohl im Christentum, dass Christus keine Hände hat, sondern nur unsere Hände um seine Arbeit zu tun.

Und auch im Islam gibt es die wunderschöne Geschichte über den weisen Alten, der mit seinem Schüler durch die Wüste wandert und abends sich zu Ruhe legt , wobei er vorher die Kamele in die Obhut seines Adlatus übergibt. Am Morgen sind die Kamele verschwunden und der Schüler jammert, er hätte doch so gehandelt, wie sein Herr. Er habe die Kamele in „Allahs Hände“ befohlen. Da lachte der Alte laut und sagte: „Weißt du es denn nicht? *Allah hat nur deine Hände.*“

Wir können mit unseren Händen das erreichen, was wir „erreichen“ können. Bei manchen Menschen ist das eine enorme Spannweite und sinnbildlich gesprochen „er-reichen“ wir so die ganze Welt, nämlich unsere Welt.

Und doch: weiß ICH wirklich was zu tun ist, oder ist es nur eine Arroganz, eine Anmaßung des Geistes? Wie höre ich die „innere Stimme" – die authentische Intuition?

Oft entdecke ich „Gottes Hand" wie die, die wohl im deutschen Mythos vom Glockenguss tätig war.

Was bleibt: Ich führe meine Handflächen zusammen vor meinem Herzen und bete um Führung.

Vater, ich befehle meinen Geist in deine Hände.
Lukas 23,46 – die letzten Worte von Jesus.

Aber der Gerechten Seelen sind in Gottes Hand,
und keine Qual rühret sie an.
Die Weisheit Salomos 3,1

Du kannst nicht tiefer fallen als nur in Gottes Hand.
Ev. Gesangsbuch, gemeinsamer Liedteil (EG 533)

Mensch und Kultur

Man sagt die Evolution begann vor 4,7 Milliarden Jahren. Die kambrische Explosion, deren Folge das Auftreten fast aller heutigen Tierstämme ist, fand vor 543 Millionen Jahren statt. Der archaische Homo Sapiens wird auf 160.000 Jahre datiert. Die Trennung der Schimpansen von den Hominini fand bereits vor 6 Millionen Jahren statt. 6 Millionen Jahre alt ist der „Orrorin tugenensis" und der „Sahelanthropus tchadensis", beides sind bereits aufrechtgehende Geschöpfe.

Faszinierend, dass auch die Kultur des Menschen immer älter wird. Man fand in Südafrika 77.000 Jahre alte mit geometrischen Gravuren verzierte Ockerstücke und 60.000 Jahre alte verzierte Straußeneier. In Deutschland fand man die wohl älteste Figur als Abbildung eines Menschen – die Venus vom Hohlen Fels (35.-40.000 Jahre).

Die Forscher meinen, dass wir als Menschheit bereits vor 40.000 Jahren eine „kreative Explosion" erlebten, die abstraktes Denken zur Folge hatte. Der urzeitliche Mensch erschuf also schon vor 35.000 Jahren Kunstwerke aus Elfenbein und Knochen.

Die ersten Höhlenmalereien entstanden etwa vor 40.000 Jahren. In elf spanischen Höhlen fand man Malereien (rote Handabdrücke) die auf 40.800 Jahre geschätzt werden. Und in der Chauvet-Höhle in Frankreich sind die Höhlenmalereien zwischen 32.000 und 37.000 Jahre alt.

Und vor 20.000 Jahren war in den Grenzen des heutigen Europas die Magdalénien-Kultur des Homo sapiens im Jungpaläolithikum zuhause. Bilder, teilweise mit gezeichneter Perspektive, mehrfarbig, unter Einbeziehung von Steinformationen und sogar Höhlen voll mit Reliefs und Gravuren, auch auf Figuren.

Vor 5.000 Jahren entwickelte sich angeblich erst die Fähigkeit zu schreiben, wobei jedoch weltweit 36 Zeichen entdeckt wurden, die bereits vor 30.000 bis 15.000 Jahren von unseren Vorfahren weltweit wiederholt hinterlassen wurden.

Vor 12.500 Jahren begann die Errichtung eines monumentalen Bergheiligtums in Göbekli Tepe (Türkei), größer als alle Bauwerke die wir als Menschheit in Europa bisher bewunderten, wie z.B. Stonehenge, das vor ca. 5.100 Jahren im Bau begonnen wurde. Und natürlich auch älter als die Pyramiden oder die Sphinx, die auf ca. 4.600 Jahre geschätzt werden (wobei zu Recht viele Menschen glauben, dass da noch ein paar Jahrtausende draufgelegt werden können!) Göbekli Tepe wird auch als derzeit ältester, bekannter Tempel der Menschheit beschrieben, wobei ich glaube, dass dies eher der Osiris-Tempel in Abydos ist (der hintere Teil, wo wir auch die Blume des Lebens im Stein – auf bisher unbekannte Art – eingeritzt finden.)

Erst kürzlich fand man in Sechín Bajo, 370 km nördlich von Lima, einen riesigen Pyramiden-Komplex mit einem Alter von ca. 5.200 Jahren und damit der älteste Steinbau Amerikas.

Wir staunen gemeinsam und öffnen uns für die Möglichkeit, dass es noch viel ältere Kulturen auf unseren Planeten gegeben hat, so wie sie beispielsweise auch in dem letzten, sehr lesenswerten Werk von Zecharia Sitchin beschrieben werden.

Doch rechnen wir all diese Jahre einmal in Generationen um, verblasst diese Kultur-Zeitspanne zu nicht einmal 350 bis 1.000 Generationen. Und diese geringe Anzahl generiert in mir eine unfassbare Ehrfurcht vor unserer Kreativität als Menschheit, in so kurzer Zeitspanne so bewusst zu werden. Und letztendlich zu staunen, was wir dann noch zu erwarten haben, mit diesen unbeschreiblichen Möglichkeiten in der Entwicklung des menschlichen Bewusstseins.

Wir befinden uns heute am Ende einer Himmelsleiter, die sich gezeichnet ergibt, setzen wir die Anhäufung von Wissen als Parameter im Laufe der Generationen fest. Wir bekommen ein Gespür für die Früchte der Evolution unserer Spezies, die wir noch ernten werden, wenn wir uns dem Wahren, Guten und Schönen zuwenden und gemeinschaftlich unseren Heimatplaneten zum Paradiese formen werden.

Wir leben virtuell

Wussten Sie, dass wir Menschen sogar große Änderungen, die während wir etwas wahrnehmen erfolgen, gar nicht wahrnehmen? Sie beobachten zum Beispiel auf der Straße einen Zauberer beim Zaubern und bemerken nicht, dass im Hintergrund in ihrem Blickfeld ihre Tante vorbeiläuft. Nur ein Beispiel von vielen Wahrnehmungsfiltern bzw. Tricks, den wir als Menschen scheinbar ausgesetzt sind.
Thomas Metzinger hat in seinem Buch „der Egotunnel" einige frappierende Fakten zusammengetragen. Die Aufgabe des Gehirns besteht anscheinend darin, den Körper für den Körper zu simulieren und eine Vorhersage der wahrscheinlichen Bewegung des Körpers zu liefern – und das Instrument, dass es dazu verwendet ist das „Selbstmodell". Weil dieser Vorgang in der wirklichen Welt stattfindet, benötigt es Zeit und erzeugt naturgegebener weise einen zeitlichen Abstand zwischen dem aktuellen Zustand des Körpers und dem Inhalt des Selbstmodells. „Was sie erleben ist nicht Realität sondern virtuelle Realität – eine Möglichkeit. Natürlich existiert der physische Körper, und natürlich gibt es eine Außenwelt. Aber genau genommen – und nur auf der Ebene des bewussten Erlebens selbst – leben Sie Ihr Leben in einem virtuellen Körper und nicht in einem wirklichen". Zahlreiche Experimente ergaben, dass eine „Entschei-

dung“ und das anschließende Ereignis beim Menschen um eine halbe Sekunde verzögert sind. Wir „denken“ nur das Entscheidung und Handlung gleichzeitig stattfinden.

Metzinger nennt unser Gehirn daher eine Wirklichkeitsmaschine. Unser Wahrnehmungsapparat wird in einer virtuellen Existenz gefangen gehalten. Er nennt dies den Egotunnel: Wir konstruieren (unsere) Wirklichkeit. Das Gehirn entsteht und erzeugt einen Ego-Tunnel und erzeugt ein Selbstmodell, und dies seit Millionen von Jahren. Wir können diesen Prozess nicht dekonstruieren, oder den Konstruktionsvorgang „durchschauen“. Lediglich durchdenken! Auf Basis der richtigen Begriffe oder einer korrekten Theorie: „weil wir auf der Ebene des subjektiven Erlebens keinen Bezugspunkt auf die Oberfläche dieses Tunnels haben.“ Die Oberfläche diese Tunnels muss undurchdringlich sein, sonst würde sich der Betrachter selbst heillos verlieren.

Metzinger zitiert aus Aldous Huxley´s Werk „die Pforten der Wahrnehmung“ William Blake: „würden die Pforten der Wahrnehmung gereinigt, erschien dem Menschen alles: unendlich. Aber der Mensch hat sich selbst eingeschlossen, bis er alle Dinge nur durch schmale Spalten seiner Höhle sieht“.

Der Mensch kann hören. Zwischen Infraschall und Ultraschall, also über 16 Hertz und unter 21 Kilohertz.
Der Mensch kann sehen. Zwischen Ultraviolett und Infrarot, also einer Wellenlänge von etwa 380 Nanometer bis 760 Nanometer.

Dann haben wir noch 5 Millionen Riechzellen und unseren Tastsinn. Der Rest vom Schützenfest ist schlicht eliminierte Information!

Aber: „Nur wenn man einen Bewusstseinstunnel hat, hat man oder kann man erkennen, dass man Teil dieser Wirklichkeit und gerade jetzt in ihr anwesend ist“. Das stimmt wohl. Ein Universum kann man nur beschreiben, wenn es ein Innen und ein Außen gibt. Perspektive ist hier wohl der richtige Kontext.

Deshalb ist es so schwer über Bewusstsein zu reflektierten. „Bewusstsein ist immer an eine individuelle erste Person-Perspektive gebunden, und dies ist einer der Hauptgründe dafür, warum es so schwer zu fassen ist. Es ist ein subjektives Phänomen. Jemand hat es.“

Metzinger behauptet, „dass das phänomenale Erleben aus der Erste-Person-Perspektive und das Erscheinen eines bewussten Selbst komplexe Formen von *virtueller Realität* sind.“

Jetzt wird es noch schwieriger. Dieser Wahrnehmungsapparat, der uns auf verschiedenen Ebenen virtuelle Informationen einspeist, ist nach allem was wir inzwischen aus der Quantenphysik wissen, selbst virtuell, da wir in einer virtuellen Welt leben.

Es ist also zielführend, sich mit Werken von Individuen zu beschäftigen, die ebendieser absoluten SEINS-Erfahrung WAHRHAFTIG werden konnten.

Materie

Was bleibt, wenn wir tiefer schauen: Felder, Wellen, Beziehung, kondensierte Quanteninformation, Information.

Dies lässt uns hoffen, denn Information ist geistig nicht stofflich. Da wird Transzendenz möglich.

Mit Beginn der Quantenphysik begann der Einstieg in die unsichtbare Welt. Der Autor Marco Bischof spricht hier heute von einer „Ökologie des Unsichtbaren". Andere nennen es die Feinstofflichkeit des Seins. Nichts ist mehr teilbar, alles geschieht in einer ganzheitlichen Resonanz mit dem Universum.
Es beginnt da, wo die Naturgesetze aufhören, hinter der physikalischen Wirklichkeit. Rubert Sheldrake postuliert hier die „Verschachtelung der morphischen Felder".
Alles ist mit allem verbunden.

OM C. Parkin schreibt über unsere Wirklichkeit: „Wenn du an dem haftest, was entspringt, haftest du an dem was stirbt. Denn alles was entspringt, stirbt bereits in dem Moment wo es entspringt. Durch diese große Illusion der Zeit entstehen völlig subjektive Wahrnehmungen von Schnelligkeit und Langsamkeit. Das Selbst jedoch entspringt nicht, das Selbst ist. Der Körper entspringt. Gedanken entspringen. Gefühle entspringen. Die ganze Welt entspringt in diesem Moment – was aber deiner Wahrnehmung entzogen ist, weil die Vibration zu schnell ist. Ähnlich wie ein Fernsehbild aufgebaut wird, wird die ganze Welt und was in diesem Moment entspringt aufgebaut, und im Bruchteil der Sekunde fällt alles in sich zusammen, stirbt und wird sofort wieder aufgebaut. Das passiert aber so schnell, dass es deiner momentanen Wahrnehmung scheinbar entzogen ist. Es entsteht eine Vibration daraus, die scheinbar so etwas wie eine Kontinuierlichkeit hat, aber nur scheinbar. Und der Geist, der so stark an dem haftet, was entspringt, erkennt seinen Ursprung nicht. Aus der Haftung an dem, was entspringt, entsteht Angst vor dem Verlieren, vor dem Sterben, die auch berechtigt ist, denn das, was entspringt, stirbt tatsächlich sofort wieder. Was bleibt, bist DU."

Das bedeutet aber nicht, die Materie zu meiden. Im Gegenteil bedeutet Honigsuche: in ständig wachsender Kenntnis der transphysikalischen Wirklichkeit, alle Wirklichkeit bedingungslos zu lieben, und in tiefer Dankbarkeit die Wirklichkeit erleben.

Die Königin der Honigsuche

Manchmal braucht es wohl eine fast tödliche Wunde, damit es heilt.

Manchmal braucht es wohl die Einsamkeit, damit man die Einheit spürt.

Manchmal braucht es wohl die Traurigkeit, damit die Freude einkehrt.

Manchmal braucht es wohl den Verlust, damit die Wunder wieder geschehen.

Manchmal muss man wohl ganz tief fallen, um wie Phoenix aus all der Asche aufzusteigen.

Manchmal muss es einen wohl in Stücke reißen, damit man wieder Ganz wird.

Manchmal muss man wohl von der sozialistischen, kleingeistigen Sicherheit in den Dschungel der kapitalistischer Wegwerfgesellschaft und Kaltherzigkeit fallen, damit man sich wieder erinnert.

Erinnert, an die Welt hinter dem Regenbogen und an seine Freunde.

Und dann sind sie wieder da:
der Mut des Löwen
der feurige Odem des Drachen
die Weisheit der Priesterin
die Unschuld des Einhorns
die Lebendigkeit des Delphins
die Zauberkraft der Fee
und das kühne Herz des Ritters

und dann ist:
der düstere Weg des Leidens – der erleuchtete Weg der Freude.

PS: Die Tränen kommen direkt aus dem Urozean des Seins, genau wie unsere Seelen und wenn sie fließen, dann reinigen sie unseren irdischen Leib und unsere Gedanken, damit wir zur Unschuld zurückkehren können. Tränen sind Vorboten der Freude.

Anmerkung von Wolfgang U. Eipa: Der Titel des Gedichtes ist von Kai. Mia hat seinerzeit diesem Gedicht diesen Titel gegeben: „Manchmal braucht es wohl…".

Das Hohelied der Liebe

Korinther Kapitel 13 Vers 13
DER ERSTE BRIEF DES PAULUS AN DIE KORINTHER

13.1 Wenn ich mit Menschen- und mit Engelzungen redete und hätte die Liebe nicht, so wäre ich ein tönendes Erz oder eine klingende Schelle.

13.2 Und wenn ich prophetisch reden könnte und wüsste alle Geheimnisse und alle Erkenntnis und hätte allen Glauben, sodass ich Berge versetzen könnte, und hätte die Liebe nicht, so wäre ich nichts.

13.3 Und wenn ich alle meine Habe den Armen gäbe und ließe meinen Leib verbrennen und hätte die Liebe nicht, so wäre mir's nichts nütze.

13.4 Die Liebe ist langmütig und freundlich, die Liebe eifert nicht, die Liebe treibt nicht Mutwillen, sie bläht sich nicht auf,

13.5 sie verhält sich nicht ungehörig, sie sucht nicht das Ihre, sie lässt sich nicht erbittern, sie rechnet das Böse nicht zu,

13.6 sie freut sich nicht über die Ungerechtigkeit, sie freut sich aber an der Wahrheit;

13.7 sie erträgt alles, sie glaubt alles, sie hofft alles, sie duldet alles.

13.8 ***Die Liebe hört niemals auf, wo doch das prophetische Reden aufhören wird und das Zungenreden aufhören wird und die Erkenntnis aufhören wird.***

13.9 **Denn unser Wissen ist Stückwerk und unser prophetisches Reden ist Stückwerk.**

13.10 **Wenn aber kommen wird das Vollkommene, so wird das Stückwerk aufhören.**

13.11 Als ich ein Kind war, da redete ich wie ein Kind und dachte wie ein Kind und war klug wie ein Kind; als ich aber ein Mann wurde, tat ich ab, was kindlich war.

13.12 Wir sehen jetzt durch einen Spiegel ein dunkles Bild; dann aber von Angesicht zu Angesicht. ***Jetzt erkenne ich stückweise; dann aber werde ich erkennen, wie ich erkannt bin.***

13.13 **Nun aber bleiben Glaube, Hoffnung, Liebe, diese drei;** ***aber die Liebe ist die größte unter ihnen.***

Das Herz-Sutra

Das Herzstück der Lehrverse über die Vollkommene Weisheit

Verehrt sei die totale Erkenntnis! (...)
Oh Shariputra, die Form ist leer und die Leere ist (erscheint als) Form; Erscheinung ist nicht getrennt von der Leere, die Leere ist nicht gesondert von der Erscheinung; Form und Leerheit sind eins, ohne Leerheit keine Form.

Und dasselbe gilt für Empfindung, Wahrnehmung, mental-emotionales Gedächtnis und Objekt-Bewusstsein.

Oh Shariputra, alle Daseinsfaktoren sind durch Leerheit gekennzeichnet: sie sind nicht entstanden, sind nicht anhaltbar, nicht verunreinigt, nicht geläutert, nicht mangelhaft und nicht vervollständigt worden.

Deshalb, Shariputra, gibt es in der Leere keine physische Gestalt, keine Empfindung, Wahrnehmung, mental-emotionales Gedächtnis oder Objekt-Bewusstsein;

weder Auge, Ohr, Nase, Zunge, Körper noch Denk-Organ,

nichts, was man sehen, hören, riechen, schmecken oder tasten kann, keine Daseinsfaktoren,

keine Sehempfindungs-Elemente und so weiter bis hin zu den kognitiven Bewusstseins-Elementen.

(In der Leere gibt es) weder Fakten-Wissen noch Ignoranz, weder Wissens-Abbau noch Unwissenheits-Abbau und so weiter bis hin zu: weder Altern noch Sterben noch Alters- und Todes-Aufhebung; kein Leiden: weder dessen Ursache noch dessen Beendigung und keinen Weg (der Befreiung vom Leiden), kein Höheres Wissen, keine Bestrebungen.

Deshalb: nichts erstreben die Bodhisattvas, im Reinen Gewahrsein weilend, sind sie frei von hinderlichen Gedanken.

Von Gedanken nicht behindert, (daher auch) nicht beängstigt, die Verzerrungen (des Ego) überwunden habend, (ist ihre persönliche Existenz) zu guter Letzt ausgelöscht.

In den „Drei-Zeiten" gegenwärtig, sind alle Buddhas Reines Gewahrsein, im Stande der unübertrefflichen, vollen Erleuchtung, der wahren SELBST-Verwirklichung.

Deshalb sollte man Kenntnis haben von der erhabenen „Beschwörungsformel für das Reine Gewahrsein", dem Mantra der Höheren Erkenntnis, dem unübertrefflichen, unvergleichlichen Mantra, das alles Leiden besänftigt.

Dies ist die Wahrheit, keine Täuschung.

Das im Reinen Gewahrsein verkündete Mantra lautet: ***„gate, gate, paragate, parasamgate--- BODHI--- svaha!"***

„gegangen, gegangen, ans andere Ufer gegangen, gänzlich hinüber gelangt—ERWACHEN---aaah!"

Hiermit ist das Herzstück über die Vollkommene Weisheit vervollständigt.
Quelle: wikisource.org

Anhang 3

Das dritte Kompendium von Kai

- gekürzte Fassung -

Die Hauptsache ist, man ist auf dem Pfad!
David Hawkins

Dies ist also der letzte Schlüssel: suche nach Dir selbst, nicht nach dem göttlichen.
Osho

Ein Suchender muss wissen, dass er noch kein SELBST hat!
Osho

Nur GOTT ist wirklich

Immer wieder triffst Du auf Heilige Menschen und Heilige Schriften. Wer Ohren hat zu hören und Augen hat zu sehen, vernimmt das ewig Ewige: Nur Gott ist wirklich, alles andere ist vergänglich.

Suche GOTT in der Einsamkeit und Du wirst GOTT in allem entdecken. Dabei bist Du aufgefordert, immerwährend zu unterscheiden zwischen dem, was Wirk-Lich(t)-keit ist und dem was nicht Wirk-Lich(t)-keit ist! So wurde empfunden.

Es hat geholfen, GOTT um Führung zu bitten. (Später wurde um Glauben und Hin-Gabe gebeten. Hin-Gabe ist die schwerste Prüfung, denn es ist alles andere als leicht, loszulassen.) Erst als erkannt wurde, dass alle Dinge zu GOTT gehören, war die SELBSTUNG anwesend.

Selbst im Schlaf wurde offenbart, dass es keine Wirklichkeit gibt, sondern alles nur Erscheinung ist von GOTT.

…

Es ist ein Strom von Wahrheit. Alles ist ja und Nicht-Ja. Bewusstsein ist Wahrheit. Auf Unwahrheit wird nicht reagiert. GOTT wurde gegeben was GOTT ist. (So gebet dem Kaiser, was des Kaisers ist, und Gott, was Gottes ist!)

…

Alles ist Gegebenheit. Alles ist Annahme und Hingabe. Bitte um Vergebung und Führung. Ergebe Dich der göttlichen Vorsehung. Rufe GOTTES Hilfe an. Werde zum Gebet. Werde DEMUT. Übergebe jeden Augenblick an Gott. GOTTES Willen geschehe! Sie still- und wisse – ICH BIN – GOTT.
„So wie Du mir dienst, diene ich DIR."

Jeder Augenblick ist SELBST-erfüllend.

...

Honigsuche ist der Pfad zum Erwachen. Dieser Satz war einfach nicht zuende gesprochen. Es muss lauten:
... zum Erwachen des SELBST.

Ich selbst (EGO-SELBST) bin nicht in der Lage, diesen Schritt weiterzugehen, alleine fertig zu bringen.

Ich rufe den HEILIGEN GEIST an und bitte darum „einen neuen Kontext zu setzen".

Betrachte vom Kontext aus und nicht vom Inhalt. Lass alle Illusionen abfallen. Vertraue – das SELBST bestimmt den Rhythmus. Zur gegebenen Zeit werden alle Widerstände in die Wirklichkeit des SELBSTES hinein aufgelöst, wie ein Korken im Wasser aufsteigt.

„Trage die Welt wie ein weites Kleid."

(Inhaltlich nach und Zitate von David Hawkins)

„Brahman ist eins, teillos, fleckenlos
und nicht im Raum gebannt;
ohne Anfang und Ende,
für den Verstand und des Denken unerkennbar.

Der zweifachgeborene verehrt die Gottheit im Feuer.
Die Munis kontemplieren über ihn im Herzen.
Menschen mit geringer Weisheit sehen ihn im Bildnis.

Die Yogis, die die Schau des Selbst erlangt haben,
sehen ihn überall.“

Aus der Uttara Gita

Wahrheit und Wahrhaftigkeit

Ich war immer auf der Suche nach Wahrheit und Wahrhaftigkeit. Ich fand im Außen Demut, die in mir räsonierte. Doch die eigene emotionale Verwirrtheit lies Jahre der Existenz vorüberziehen, ohne die wirksamen Schritte zu ergreifen, die eigentlich längst erkannt waren. Die Reise zu mir SELBST wurde wahrscheinlich auch karmisch in eigener Geschwindigkeit, in EIGENZEIT, durchlebt.

Heute ist mir bewusst, dass im Universum Milliarden von Milliarden Sternen existieren, und dass *kein einziger* Stern dem anderen gleichen wird. So viele Worte um diese einfache Wahrheit: SELBSTUNG.

Was für ein IRR-Weg, GOTT zu fürchten! Vertrauen ist die Basis. Hier ist die Quelle von wirklicher Freiheit! Stop Denking!

David Hawkins schreibt diesen wunderschönen Satz: „Das Ego ist in seine Geschichte und deren Hauptdarsteller verliebt." Es geht also um spirituelle Wirklichkeit und nicht um spirituelle Anatomie. Ich verstehe!

Wahre Erleuchtung bedeutet wohl, das kleine Selbst löst sich in das SELBST auf. Nicht umsonst heißt es ja SELBST-Verwirklichung (Self Realization). David Hawkins schreibt: „Der individuelle Wille verschmilzt mit dem göttlichen Willen." Die eingebildete Kontrolle (des Egos bzw. des kleinen Selbst) wird an das große SELBST (GOTT) übergeben. Dieses führt zur „Vorherrschaft des göttlichen Erleuchtungsbewusstsein durch die Identifikation mit der evolutionären Göttlichkeit als das SELBST."

Boomeritis

> *Anmerkung von Wolfgang U. Eipa:*
> Dieser Text von Kai stammt aus dem Jahr 2011

Jede Bewusstseinsebene tendiert dazu, sich selbst zu rechtfertigen! Da gibt es eine Menge Zeit zu vertun. Ken Wilber und die Integralen wissen, dass ein Jeder in einer neuen Bewusstseinsstufe darüber hinaus die vorhergehende Stufe mitsamt deren Vertretern „hasst“. Ken Wilber identifizierte dieses Phänomen und nennt es *Boomeritis.*

Das bleibt nicht folgenlos. Die Welt leidet derzeit ganz besonders unter den vorintegralen Vertretern der Bewusstseinszunft. Einfach zusammengefasst sind es die Genies unter ihnen, die mit einem narzisstischen Ego selbstverliebt die Welt erklären. Denn der Kern des Ego ist und bleibt der narzisstische Stolz.

Sie schreiben Bücher voll mit psychologischem Wissen, vergessen es aber, dieses Wissen bei sich selbst anzuwenden. Ihnen graut vor "EIGENZEIT". Interessant ist, dass es auch bei denen, die die integrale Lehre „reinhalten“ wollen, sich Boomeritistendenzen einschleichen. Integrale wissen von „Schattenarbeit“, kennen aber sicher auch Wege, diese zu meiden.

Was helfen würde? – sich diesen Satz unter das Kopfkissen zu legen: „Die Tür zur Erleuchtung führt durch das tiefe, ehrliche Eingeständnis des Nicht-Wissens.“ Oder einfacher: „Ich weiß aus mir heraus wirklich nichts.“

„Der Glaube zu wissen ist das größte Hindernis für Wissen“.
Sri Aurobindo

Bezogenheit

> ***Anmerkung von Wolfgang U. Eipa:***
> Dieser Text von Kai stammt aus dem Jahr 2012

Die eigene Spiritualität zu leben bedeutet auch, seine eigene Sexualität zu leben.

In dem sehr liebevoll recherchierten Buch über Sexualität von Dolores La Chapelle, wurde mir ein lange vermisstes Wissen wieder zugänglich: dass alles im Leben natürlicher Rhythmus ist und wir vor allem auch mit unserer Sexualität mit diesem Rhythmus verbunden sind. La Chapelle spricht in diesem Kontext von BEZOGENHEIT, ein Begriff aus der Philosophie Martin Heideggers, der es als „im Anwesenden wesendes“ beschreibt. Eine Bezogenheit *ist* man. Was für eine andere Sicht auf die lebendige Natur ist da die Vokabel *Umwelt*!

Alles ist Beziehung!
Menschen waren „natürlich“ über die Zyklen der Natur innerhalb von Ritualen mit der Natur verbunden. *Dabei war die Sexualität der Ausdruck dieser Bezogenheit.* Heute hingegen haben wir, wenn überhaupt, eher eine gestörte Beziehung zur Natur, das heißt wir haben uns aus dem Lebenskreislauf herausgenommen, obwohl wir Teil davon sind.

Dolores La Chapelle zitiert hierzu passend den Autor D. H. Lawrence (1929!): „Wir müssen wieder die Rituale der Morgendämmerung, des Mittags und des Sonnenuntergangs praktizieren, das Ritual des wärmenden Feuers und des fließenden

Wassers, das Ritual des ersten Atemzugs und des letzten…
Für die Gesellschaft, für eine umfassende Gemeinschaft, für das Zusammensein…das Zusammensein von Körper, Sex, Gefühl, Leidenschaft und Erde, Sonne, Sterne."

Heilige Mitte

Dolores La Chapelle verweist zunächst auf die „Heilige Mitte" in unserem Körper. Unser „HARA". Hier (vierfingerbreit unter dem Bauchnabel) sitzt unser zweites Chakra (das natürlich auch mit dem Stirnchakra/ Zirbeldrüse korrespondiert). Dem HARA werden Sexualität und Gefühle, Erdverbundenheit vielleicht sogar „Menschsein" zugeordnet, denn: „Die unteren fünf Rückenwirbel, die beim Erwachsenen zu einer einzigen gebogenen, schildförmigen Platte verschmelzen, bilden das Kreuzbein. Da alle Muskeln des gesamten Beckengürtels hier befestigt sind, macht diese Region den (aufrechten) Menschen aus.
Das Großhirn dagegen entwickelte sich erst, als wir den aufrechten Gang gelernt hatten."

Ebendiese Verbundenheit, die wir hier erfahren können, wurde in der westlichen Zivilisation schlicht weg-tabuisiert. Alles an Sexualität ist „schmutzig" und vor allem: darüber spricht man nicht.

La Chapelle unterscheidet zwischen ökosystemischen Kulturen und biosphärischen Kulturen, was für die Entwicklung der Menschheit eine wirklich wichtige Unterscheidung darstellt: Nur ökosystemische Kulturen bleiben „im Rahmen" mit dem geographischen und dem natürlichen Gleichgewicht alles Lebendigen. Nur Naturreligionen haben natürlichen Umgang mit der Sexualität.
Biosphärenkulturen dagegen verdanken wir Religionssyteme,

die La Chapelle „Kopfgeburten“ nennt: „Was wir hier in Wirklichkeit haben, ist die Errichtung von Religionssytemen, die auf Ideen von einzelnen Menschen beruhen. Es waren Buddha, Moses, Jesus, Paulus, Mohammed, und andere, und die Religionen sind – auch wenn sie sich auf eine göttliche Quelle berufen – letztlich *Kopfgeburten*.“

Im Vergleich der Kulturen und Religionen kommt La Chapelle zu einer für mich bahnbrechenden Erkenntnis: „Die eine Sichtweise betont den Ausgangspunkt des Lebensprozesses – die Geburt oder das Ins-Sein-Treten von neuen Dingen. Die andere betont das Ende des Prozesses, den Tod oder das Verschwinden von alten Dingen. Die oben erwähnten Weltreligionen (...) richten ihre Aufmerksamkeit auf die Endphase, den unvermeidlichen Niedergang, die Zerstörung und den Tod aller Dinge. (...) In diesen „ethischen“ Weltreligionen ist das Leben auf dieser Erde oder auf dieser „Seinsebene“ ein Durchgang, unwichtig, gar nur Einbildung; dadurch wird die Erde verbrauchbar und ist von keinem natürlichen Wert, und so ist die völlige Ausbeutung der Natur erlaubt. Die andere Weltsicht drückt sich zum Beispiel im Daoismus aus, der seine Aufmerksamkeit auf den Anfangspunkt des Prozesses richtet, die Geburt, das Ins-Dasein-Treten von neuen Dingen – „die nicht versiegende Schöpferkraft“ des Lebens. (...) Hier gibt es keine Trennung zwischen Menschlichem und Nicht-Menschlichem. Der menschliche Geist entsprang der Natur und ist mit der Struktur des Kosmos identisch.“

Welche ungeheuren Auswirkungen diese „Sichtweisen“ auf unser aller Leben haben, verdeutlichen auf jeden zunächst alle direkten Angriffe auf unsere Sexualorgane: die rituelle Beschneidungen.
Aber der mentale Angriff ist ebenso erschreckend. La Chapelle

schreibt: „Als ich einen Winter in der Schweiz lebte, fuhren wir gelegentlich zum Bergsteigen nach Österreich oder Südtirol. Im Gebirge sahen wir an den Straßen und bei den Feldern überall Kruzifixe. Mehrmals täglich gehen die Dorfkinder auf dem Weg zur Schule daran vorbei. Sie sehen einen blutenden männlichen Gott, der mit leidender Resignation auf sie herabblickt.
Die Dosojin, an denen die japanischen Kinder täglich vorübergehen, sind das genaue Gegenteil davon. Entlang der Straßen in Japan und in der Nähe der Reisfelder stehen die behauenen Steindosojin – Mann und Frau so eng ineinander verschlungen, dass man sie mit einem Wort bezeichnet, Dosojin. Manche haben die Arme umeinander gelegt, manche die Hände auf den Ärmel des anderen (symbolischer Geschlechtsverkehr), aber immer lächeln sie selig und voller Freude.
Die japanischen Kinder sehen täglich, dass Mann und Frau nötig sind, damit der Reis wächst und die Menschen gedeihen; obendrein sind die Dosojin einfach eine freudige Angelegenheit!"

Yin und Yang

Alexandra Schwarz-Schilling beschäftigt sich in ihrer Arbeit mit einer komplementären Fragestellung. Sie stellt fest: „In unserer Kultur haben wir das Heilige vom Erotischen getrennt und damit das Mysterium des Lebens entstellt."

Alexandra erklärt, warum die meisten Religionen „aus dem Himmel" kommen (und nicht von der Erde), mit dem vorherrschenden männlichen Prinzip. Männer beziehen ihre Yang-Energie von oben (aus dem Himmel), *„deswegen sind alle heute bekannten männlichen Religionen ebenso wie die meisten gängigen spirituellen Konzepte nach oben ausgerichtet."* Frauen dagegen beziehen ihre Yin-Energie von unten (aus der Erde).

Alexandra beschreibt für mich erstmalig, warum es in der zwischenmenschlichen wie intimen Beziehung bei Paaren zu extrem frustrierenden Missverständnissen kommen muss. Es sind genau diese unterschiedlichen komplexen Energiekreisläufe, die in einer Beziehung zumeist nicht kompatibel „funktionieren". Diese Probleme sind also *kollektiver Natur* „und sollten daher bei ihrer Heilung das Kollektive mit einbeziehen." Alexandra sagt sogar, es sei „größenwahnsinnig von sich zu erwarten, das individuell lösen zu wollen".

„Wenn wir die Polarität der Geschlechter verstehen und anzuwenden wissen, haben wir einen entscheidenden Schlüssel für unsere Beziehungen." Der weibliche Schoß und das männliche Herz sind verletzt. Der Ursprung dieser Verletzung liegt in dem – für mich vollkommen absurden – Paradiesmythos: Eva, Adam, Apfel, Schlange, Vertreibung. In Wahrheit hat der Mann kollektiv die Frau „unterdrückt" und projektiert ebendiese Tat ebenfalls auf die Frau. Als ein weiteres Ergebnis wurde dadurch auch die Liebe von der Sexualität getrennt.

5.000 Jahre Patriarchat können nicht alleine geheilt werden: „Wir brauchen eine Auseinandersetzung mit diesen kollektiven Traumata unseres Kulturraums, die wir in unseren Zellen gespeichert haben. (...) De facto werden sie solange von Generation zu Generation weitergegeben, bis sie bearbeitet und aufgelöst werden. Alles was wir auflösen, brauchen unsere Kinder nicht mehr auflösen, das ist die gute Nachricht. Wir tragen das Gepäck von unzähligen Generationen mit uns herum."
Eine Lösung ist es eigene kulturelle Räume zu schaffen, indem wir an Gemeinschaften teilnehmen oder diese initiieren, die sich dieser Fragestellung offen nähern. Wo wir gemeinsame Erfahrungen machen, sei es in spiritueller oder in sexueller Hinsicht.

Dabei geht es nicht um eine offene Sexualität im Sinne des dauerhaften Partnerwechsels, sondern um eine offen und tabulos kommunizierte *eigene* Sexualität.

Der Energiekreislauf zwischen Mann und Frau wurde kollektiv durch Religionen fast zerstört. Somit wurde auch unsere Verbindung zu Mutter Erde ausgehebelt. Unsere weiteren „kulturellen" Errungenschaften, wie Technik und Wirtschaft tragen dazu bei, dass die Erde systematisch vergiftet wird. Eine authentisch gelebte eigene Spiritualität (ohne „Zwangsreligion") und Sexualität (ohne „Zwangsnorm") kann unser individueller Beitrag zur „Rückanbindung" sein.

Wahrnehmung

> ***Anmerkung von Wolfgang U. Eipa:***
> Dieser Text von Kai stammt aus dem Jahr 2011

Die Wahrnehmung der Welt ist nur in einem religiösen Kontext möglich. Wir alle haben eine eigene Religion, und wir alle haben eine eigene Spiritualität.

Durch die Art und Weise, wie wir geboren werden und aufwachsen sind wir in allen unseren Wahrnehmungszugängen geprägt. Das bedeutet, dass es keinen Lichtstrahl oder Klang geben kann, der dich – gerade im Kontext der „gesellschaftlichen Wirklichkeit" betrachtet – ungefiltert erreicht.
Im Gegenteil wirst du alles „interpretieren". Und eben diese Interpretation ist Religion.
„Wissenschaftliches Denken" ist eine mächtige Religion; die

"Katholische" Kirche ist eine mächtige Religion; der Medizinmann ist eine mächtige Religion, genau wie der weißbekittelte Arzt; Wirtschaft und Geld sind eine Metareligion; Terrorismus und Freiheit und vor allem die „freie Marktwirtschaft" sind Metareligionen.

Letztendlich gibt es nichts Letztendliches. Alles ist intrinsisch religiöse Interpretation. Dies zuzulassen war für mich ein befreiender Schritt. Ich darf glauben, ich muss sogar glauben, da ich sowieso glaube: an meine Wahrheit; an meine Art, die Welt zu erfahren. Es ist meine Spiritualität. Ob Buddha oder Jesus, Maria oder Pan, Papst oder Priester, Schamane oder Heiler – alles mein Ding, ob ich daran glaube, es in meine Wirklichkeit lasse, die Welt daran messe oder erkläre. Deshalb gefallen mir die Buddhisten, denn sie haben eine „Erfahrungsreligion".

Demokratie ist eine Religion; alle Demokratien zusammen sind eine Metareligion. Hier empfehle ich die Filme von Ben Stewart: Esoteric Agenda und KYMATICA, die wirklich erschreckend Interessantes zu diesem Thema offenbaren.

Demokratie und Kapitalismus gehen Hand in Hand. Die Religion des Kapitalismus („freie Marktwirtschaft") benutzt die Religion der Demokratie. Ein geflügeltes Wort der Kanzlerin: „Demokratie muss marktkonform werden". Dies kommentiert die Jury der Gesellschaft für deutsche Sprache: „Demokratie ist absolute Norm, die mit dem Anspruch von Konformität, mit welcher Instanz auch immer, unvereinbar ist." Normativ richtig?!
Die Geschichte hat uns gezeigt: Religionen offenbaren und Religionen versklaven. Religionen nehmen alle außerhalb ihrer Religion in die Geiselhaft der Nichtzugehörigkeit, der Ausgeschlossenheit, der Andersheit und proklamieren damit eine

Stigmatisierung zur notwendigen Anpassung – in Gefahr von Leib und Leben.

Du glaubst das nicht? Frage dich einmal ernsthaft, was ist zum Beispiel Ehe, Monogamie, Geschlecht, Liebe, Eltern, Gemeinschaft? – alles Begriffe von Ideen die wir individuell (oder besser gesellschaftlich geprägt) definieren. Was ist Konsum, Statement, Geld, Natur, Nahrung, Kleidung, Sexualität? – alles bekommt innerhalb des eigenen *jeweiligen Glaubenssytems* einen Platz zugeordnet.

Wie tief diese geprägte Wahrnehmung geht, zeigt ein Vergleich zwischen Kulturen: ein Indianer bzw. Ureinwohner von vor 400 Jahren gegenüber einem Einwohner einer heutigen Metropole: wer von beiden hört wohl in der Stadt die Grille zirpen? Wer hört ein Geldstück fallen? Wer sieht im Urwald eine Spinne oder auf dem angrenzenden Ufer ein Schiff? (Letzteres ist natürlich eine Anspielung auf die Saga, dass die Ureinwohner die Schiffe der spanischen Eroberer gar nicht „gesehen" haben, da sie vergleichbares in ihrer Matrix bis dato nicht kannten.)

Das Wort „Religion" wird verschieden übersetzt. Sicher ist, dass die Vokabel lateinische Wurzeln hat. Zwei Möglichkeiten der Übersetzung gibt es allgemein – relegio: die Rückbindung und relegere: immer wieder lesen. Und bei Wikipedia steht noch eine weitere wunderbare Übersetzung: „(…*religare*, ‚zurückbinden‘; frei übersetzt: „wieder verbinden [mit Gott]") bezeichnet man eine Vielzahl unterschiedlicher kultureller Phänomene, die menschliches Verhalten, Handeln, Denken und Fühlen prägen und Wertvorstellungen normativ beeinflussen."

Unsere Wirklichkeit ist „normativ" beeinflusst – immer! Wir wandeln im eigenen Glaubenssytem! Dies zu erkennen, jeden Tag und in jeder Situation ist die Aufgabe, bis wir dies transzendiert haben. Wir müssen „rückanbinden" um nicht all-ein dazustehen. Religion ist evolutionär ein Überlebensinstrument gegen die Mutter aller Ängste, dem Ausschluss aus der Einheit, dem Tod, dem Versprechen des Paradieses.

Wir sind „dahinzivilisiert" oder auch „zwangszivilisiert". Dies liegt wohl darin begründet, dass wir nur in Einheit mit allem existieren (können) und vor allem in einer Gemeinschaft leben (müssen). Hier braucht es einfach eine Übereinkunft in den Werten aber gerade auch im Verhalten und in der Sprache. In jeder unserer Zelle ist diese Indoktrination zu finden. Und es geht noch tiefer – die Archetypen, der gemeinsame evolutionäre Mythos der Menschheit ist ebenfalls die Grundlage all unserer Wirklichkeit. (Diesen Zustand kann man vergleichen mit den Nanopartikel, die wir bereits in allem was uns umgibt, vor allem in der Nahrung und der Körperpflege, in unseren Körper einbauen und nie wieder loswerden.)

Meine These ist jedoch, dass wir nur in einer gelebten Gemeinschaft an dieser Grundlage kratzen können um diese gegebenenfalls zu ändern. Und ich bin zuversichtlich, wenn ich die Entwicklung der Bewusstseinsstufen betrachte.

Anmerkung von Wolfgang U. Eipa: (s. Bd. I Honigsuche S. 152) Auch die deutsch-deutsche „Mauer" fiel einfach als die Zeit reif war.

Vertraue dir selbst! Dies können wir kollektiv nur lösen indem wir uns individualisieren. Indem wir uns SELBSTEN.
Kai

Die Kunst alles Sinnlose im Leben zu etwas Sinnvollen zu verwandeln, heißt Religion.
Osho

Ein religiöser Mensch ist jemand, der zwischen dem, was er weiß und dem was er nicht weiß, zu unterscheiden vermag (...) Wenn Du den Mut aufbringst unwissend zu sein – und den Mut deine Unwissenheit auch zuzugeben –, dann kannst du dich freimachen von den Fesseln deiner Gedanken.
Osho

Ein Mensch, der glaubt, ist nicht religiös – so wenig wie ein anderer der nicht glaubt, unreligiös ist. Religiös ist ein Mensch dann, wenn er wahrhaftig ist. Wahrhaft in dem Sinne, dass er alles, was er nicht kennt, weder glaubt noch nicht glaubt.
Osho

Um die Gesellschaft zu verändern, musst du dich von ihr lösen. Du musst aufhören, wie die Gesellschaft zu sein: besitzgierig, ehrgeizig, neidisch, machthungrig, egoistisch usw.
Jiddu Krishnamurti

We do not see things as they are, we see things as we are.
Anais Nin

Wir machen eine fundamentale Realisation wenn wir erkennen, dass wir nicht Menschen treffen, sondern die Weltsicht, in der sie leben.
Thomas Hübl

*) Kai verweist in diesem Zusammenhang auf diese Definition in dem Buch „Die Schlüssel des Enoch":
Tohu-Wa-Bohu (Hebr.) „Wüst und leer". Die Formlosigkeit und Leere, die jedes Stadium der Schöpfung durchlaufen muss auf des Vaters Unendlichem Weg.

Weiterhin verweist Kai auf ein Zitat von C.G. Jung im Tibetanischen Totenbuch: „Die Angst vor dem Selbstopfer (des Ego) lauert in und hinter jedem ich, denn diese Angst ist der oft nur mühsam zurückgehaltene Anspruch der unbewussten Mächte, zur völligen Auswirkung zu kommen. Keiner Selbstwerdung (Individuation) ist dieser gefährliche *Durchgang* erspart, denn zur Ganzheit des Selbst gehört auch das Gefürchtete, die Unter- oder Überwelt der seelischen Dominanten, aus der sich das Ich einst mühsam und nur bis zu einem gewissen Grade zu einer mehr oder weniger *illusionären* Freiheit emanzipiert hat."

> ***Anmerkung von Wolfgang U. Eipa:***
> Dieser Text von Kai stammt aus dem Jahr 2011

Als Jesus am Kreuz hing, wie ist es ihm da wohl ergangen?

Als er mit dem Kreuze zur eigenen Kreuzigung „ging" – was für eine Geschichte, dass es hierfür kein eigenes Verb gibt;
obwohl Millionen Menschen in vielen hunderten von Jahren und tausenden Tagen ebendiesen Leidensweg gegangen sind.

All diese existenziellen, elementaren Emotionen in diesem in der Menschheitsgeschichte meistgeschilderten Weg von A nach B und trotzdem heißt es schlicht „gehen". Der Mensch geht (durch sein Schicksal).

Der „aufrechte Gang" beinhaltet diese Leidenstortour!
Der „aufrechte Gang" als das Symbol für die Menschen!

Dieser Weg und die Kreuzigung waren ein Verweilen im herzlosen Raum! Als Jesus ahnte, was auf ihn zukommen würde, als er verurteilt wurde… Jesus war sicher voller Angst, und übte sich in liebevollen Gedanken, er war sicher verzweifelt und wollte allem entfliehen („Lass diesen Kelch an mir vorübergehen!") Er wusste, welches Ende es nehmen würde und wollte dieses Ende sicher nicht.

Ich denke, dass wir hier wirklich eine grundlegende Botschaft erhalten. Der Meister der Liebe zeigt uns, dass die Welt, die Menschheit auch ein Ort der Hölle sei kann – ohne jegliche Liebe, ohne Hoffnung, ohne Glaube oder Zuversicht. Und dass wir eben dieses Kreuz auf uns nehmen müssen, wenn wir uns entwickeln wollen. Ein *Menschensohn* geht – unbeirrbar.

Jesus musste also auch durch die Apokalypse (gehen). Blitz und Donner. Tod ohne Ausweg. Schmerz und Leid – davor und dabei. Und dann die Aufgabe. „Vater, in deine Hände lege ich meinen Geist."

Thaddeus Golas schreibt: „love is not a means to take us to higher consciousness and the life of the spirit". Das ist verwirrend, denn gleichzeitig rät er uns, alles über jegliche Vernunft hinaus zu lieben. Denn nur wenn wir die Wirklichkeit lieben (und nicht einfach ablehnen), „wird dir alles gezeigt werden".

Das bedeutet, wir sind aufgerufen in unserem Leben hinzuschauen und alles anzunehmen. Nicht zu urteilen aber eben auch nicht einfach überall händchenhaltend die „Liebe allen Seins" zu sehen und zu spüren. *Es gilt eben auch die Unvollkommenheit dieser Welt anzunehmen*, so wie sie ist, so wie wir sie in den Nachrichten lesen und wie wir sie wahrnehmen, wenn wir aus dem Hause treten. Indem wir eben nicht alle

Informationen über Krieg, Hunger, Umweltzerstörung, Kinderfolter, Tierquälerei und vieles Schlimmes mehr ausblenden.

Was machen wir hier eigentlich für eine Veranstaltung, wäre die passende Frage zu dieser Gelegenheit. Die einen sagen gar nichts und die anderen sagen, liebe alles so wie es ist – immer. Gemeinsam reden wir uns so ein, dass alles einmal besser werden wird ... wird es aber je ein Paradies auf Erden geben?
Oder ist dies nur individuell erreichbar?

Wir müssen also akzeptieren, dass es unlogisch wäre, wenn in dieser Welt jeglicher Zweifel und Unmut verschwinden würde, dies würde bedeuten, dass eben auch das dualistische Denken verschwinden würde. Dies ist aber letztendlich selbst ein Ausdruck von dualistischem Denken – unser Ego-Denken. Auf dieser Ebene kommen wir nicht weiter!

Auf jeden Fall geht es darum, Mensch zu sein!
Jesus war gerne ein MENSCHENSOHN.

Die Buddhisten sagen, dass alles der Dharma ist und jeder Moment die Lehre. Selbst Unzufriedenheit und Leiden werden nicht ausgeschlossen. Alles sind Aspekte des Lebens: Schmerz, Trauer, Bedürftigkeit. Man kann das Leben nicht in Stücke schneiden und nur die besten Teile für sich einfordern.
Es ist alles nur ein großer Umweg.

Nehme wahr
akzeptiere
und liebe Dich

Ent-decke das Ver-deckte

erkenne, wer du bist
jenseits der Formen,
der Gedanken, der Worte,
des Körpers, der Gefühle.

Prisma

> *Anmerkung von Wolfgang U. Eipa:*
> Dieser Text stammt von Kai für dieses Kompendium.

Es heißt, dass wir unser Sehen konstruieren. Man habe Menschen Prismabrillen aufgesetzt, die die Wahrnehmung total verzerren. Den Menschen wurde schlecht, aber, irgendwie, nach mehreren Tagen, begannen sie die „Wirklichkeit" wieder (im Gehirn) zusammenzusetzen. Sie konnten durch die Prismabrille „sehen".

Ich hatte einen Traum, eher eine Belehrung, denn es war der zuletzt geträumte Traum und es konnte „mich" so morgens beim Aufwachen noch erreichen. Ich träumte, dass wirklich alles, das erscheint, vollkommen anders motiviert ist, als wir es interpretieren. Alles, wirklich alles, sind nur Fragmente, Fragmente die aus einem uns unbekannten Prisma erstrahlen, ein Prisma, durch das Gottes Licht fällt.

So gibt es kein Gut und kein Böse, es gibt nur dieses aufgespaltene Licht (Gottes). Und jede Absicht, in der wir Schicksal vermuten, ist lediglich unsere Interpretation.

Schamanen, die über Jahrtausende unsere Gemeinschaften angeführt haben, wussten wohl von diesem Geheimnis, denn die Einweihung bestand in dem Mythos, dass zuerst der Körper komplett zerstört werden musste, und alles verstreut werden musste, bevor die Initiation als Schamane abgeschlossen war.

Mircea Eliade berichtet in seinem umfassenden Werk „Schamanismus und archaische Ekstasetechnik" ausführlich darüber.

Ich sehe in diesem, meinen Traum, dass jede Handlung in unserem Kontext als sinnlos erachtet werden muss.
Wir dürfen hier keinen Sinn suchen. Nur als Vorübergehende ist diese, unsere Welt von uns zu meistern.

Alles Leid liegt in dieser, unserer Interpretation, denn ein Prisma ist heil und auch das einstrahlende Licht ist heil und wir können die fragmentierten Lichtpunkte lieben und uns daran erfreuen. Doch wenn wir nichts von dem Prisma wissen, müssen wir an der Sinnlosigkeit des entdeckten und betrachteten Sein verzweifeln. Das ist Gottes Wille.

Ebendieses Prisma ist unser Ego, denn es konstruiert aus dem Licht Gottes unsere „Wirklichkeit". Die Emotionen zur „Wirklichkeit" sind auch gestaltet. Und hier ist die Falle von Allem aufgestellt: Wir wollen lieb sein, doch es gibt kein „wir", denn es gibt kein „ich". Klar soweit?

Alles ist ein Tohuwabohu[*)], dem wir Sinn verleihen. Aber der wirkliche Sinn liegt jenseits des Prismas: Jenseits und diesseits ist Einheit, alles Eins. Diese Einheit gilt es zu fokussieren.

Ich nehme Zuflucht zum Buddha. Ich bitte Jesus um Erlösung. Ich bitte Gott um Führung. Ich weile im Heiligen Geist.

Fülle des Seins

Du fragst
was zu tun sei
ist es nicht einfach deine Aufgabe
dein Leben zu leben

du willst lieber hadern
du willst lieber kontrollieren
du willst lieber fordern

statt anzunehmen
die Gaben des Seins
das was ist zu preisen

JETZT

du denkst, du denkst
du denkst, du kontrollierst das Leben

ist es nicht immer genau so, wie es sein soll
ist nicht immer ausreichend vorhanden
ist nicht alles Fülle
Lebendig sein ist Fülle der Lebendigkeit
Sterben bejaht Leben

das zu bejahen
ohne Wenn und Aber
ist *meine* Aufgabe

Ego

Kein Feind
Biologisches Erbe
Angesammelte Vergangenheit

Überlebens-Instrument
Unregierbar
Immer narzisstischer Stolz
Falsches Gefühl von Selbst

Eigeninteresse
Erwerb, Kampf, Rivalität
Neugier, Suchen, insofern Lernen

Aber auch anatomische Anpassung für Intelligenz
(durch höhere Hirn-Komplexität)

Gefäß von Lebensenergie und nicht deren Ursprung

(angelehnt an D. Hawkins)

SELBST

Das SELBST ist
Das Bewusstsein weiß
(Das Ego denkt)

Ursprung von ALL
Ist Bewusstsein
Universales Energiefeld
Alles durchdringend

Licht der Welt
Nicht linear
Nicht dual

Hat keine Bedürfnisse
Ist vollständig

Manifestiert Materie
Entfaltet Schöpfung
Schafft Leben

Zieht den Suchenden zu sich

Vertraue Dir SELBST – immer

(angelehnt an D. Hawkins)

Verstand

Abwesenheit von Präsenz
Störung des Bewusstseins
Meditation hilft

Wie Staub
Angesammelt seit Millionen Leben
Vergangenheit, Erinnerung
Denken ist Vergänglichkeit
Du bist nicht der Staub Du bist Bewusstsein

Beobachte genau
Dann verschwindet der Verstand
Es gibt Gedanken aber kein Verstand
Einzelne Gedanken existieren
So wie es Elektronen gibt, aber keine Materie
Wie Wolken, die über den Himmel ziehen
Wie Wind, der durch die Bäume streift
Durch Wellen bewegter Ozean
Nur surfen hilft

Lerne die Oberfläche unkontrolliert zu lassen
Nichts ist falsch an dem Verstand
Nichts ist falsch an den Gedanken
Der Verstand ist Gottes Geschenk
Gedanken Kommen und Gehen

Der Verstand wird die Lösung nicht finden

(angelehnt an Osho)

Bewusstsein

Das einzige was wir lernen können ist Bewusstsein

Gewissen ist ein Trick
Eine Strategie der Gesellschaft Dich zu versklaven
Ein Machtinstrument

Bewusstsein dagegen bedeutet
Dass man nicht von anderen lernen muss
Was richtig ist und was falsch ist

Bewusstsein ist gut
Unbewusstsein ist schlecht

Bewusstsein ist die eigene Tugend

(angelehnt an Osho)

ACHTSAM

acht-sam
acht Samen
Sähung von acht
acht entspricht 8

Sähe Unendlichkeit!
Handle achtsam!

Noosphäre

> ***Anmerkung von Wolfgang U. Eipa:***
> Diese Bemerkungen von Kai stammen aus dem Jahr 2012; ich vermag sie an dieser Stelle nur rudimentär wiederzugeben.

Es geht darum zu erkennen, dass das menschliche Denken „natürlich" auch Teil der Natur ist. Teilhard Chardin sah in der Noosphäre „eine Phase der geistigen Entwicklung, in der die Menschheit zu einem Geist in oder mit Jesus Christus zusammenwächst". Andere sehen in der Noosphäre schlicht eine reine materielle Ebene: vom Menschen dominiert ersetze die Noosphäre immer mehr die Biosphäre. Wieder andere nennen dies wiederum dann die Technosphäre bzw. auch Cybersphäre.

Jose Argüelles sieht in der Zeitenwende 2012 die bewusste Aktivierung der Noosphäre. Andere glauben, dass die Menschheit dann eins wird mit Christus.

Wie auch immer, es wird um Bewusstseinsentwicklung gehen und nicht um materielle Beschreibungen. Vielleicht aber ergänzen sich Biossphäre und Noosphäre zu *einem gemeinsam ganzheitlich erlebbaren kosmologischen Ökosystem* – Gaia! Wir setzen dann gemeinsam als Menschheit einen völlig neuen Kontext in unserem gemeinsamen Zusammenleben mit unserer Spezies und unserer Mutter Erde. *Wir entwickeln gemeinsam spontan kosmologisches Bewusstsein.*

HARA – der Mensch im Menschen

> ***Anmerkung von Wolfgang U. Eipa:***
> Diese Bemerkungen von Kai stammen aus dem Jahr 2012; ich vermag sie an dieser Stelle nur rudimentär wiederzugeben

Eine uns bekannte aktuelle Autorität in Fragen des Haras ist Karlfried Graf Dürckheim. Er hat schon Mitte des letzten Jahrhunderts ein beachtenswertes Standardwerk darüber geschrieben. Seine Aussagen sind grundsätzlich. Kai liest vor: „Hat der Mensch Hara gefunden und gefestigt, dann kann er die Sicherungen seines wurzellosen Ichs fahren lassen". Und: „In der Welt hat Bestand nur, was in einen Überweltlichen wurzelt. Um diese Wurzeln in einer „überweltlichen Erde" geht es letztlich im Hara."
Somit ist unser Hara die Bedingung zur Verwirklichung unserer personalen Individuation! Nach Dürckheim wird der Mensch „erst durch Hara wirklich fähig, den eigentlichen Sinn des Lebens, das Sein und das Dasein zu manifestieren." Nur dort kann „der Mensch im Menschen" auferstehen. So wird er „an Seele und Leib von der Transzendenz durchwirkt im Gelingen und Scheitern, ein sein individuelles Wesen auszeugender Zeuge des Seins im Dasein".

Es gibt Gesellschaften, die sich in diesem Bewusstsein und Wissen entwickelt haben. Unsere zählt dazu ganz bestimmt nicht. Ein entwickeltes Hara vermittelt uns ein Gefühl von Göttlichkeit und Unbesiegbarkeit. Es ist die Quelle des Lebens, unser Gehirn im Bauch, ein Ort der Kraft und des instinktiven Handelns. Nur im Hara erleben wir unser wirkliches Selbst (Ich) – jenseits des Egos.

Osho sieht im Nabel auch den Sitz des Willens. Er sagt, dass wir das Leben von diesem Zentrum her führen sollen, denn unsere Seele steht mit dem Nabelzentrum in Verbindung. Ich habe einst ein gemaltes Bild gesehen, wo die noch nicht geborene Seele hier durch eine spirituelle Schnur mit dem Körper der Mutter und dem des ungeborenen Kindes selbst verbunden war.

Gott gottet

> ***Anmerkung von Wolfgang U. Eipa:***
> Diese Bemerkungen von Kai stammen aus dem Jahr 2012; ich vermag sie an dieser Stelle nur rudimentär wiederzugeben.

Ich habe einmal einen Text über Artefakte geschrieben. (*Anmerkung W.U. Eipa: Honigsuche Bd. 1: Artefakt*) Wir sind umgeben von Artefakten und verlieren uns komplett in einer künstlichen Welt. Es ist aber noch aufregender als ich seinerzeit angenommen habe. Wir leben in einer göttlichen Matrix: Alles ist GOTT. Nichts ist außerhalb von GOTT.
Diverse Autoren wie Heilige berichten darüber, dass wir absolut gar nichts entscheiden (können). Denn wenn alles GOTT ist und es nichts außerhalb von GOTT gibt, wer soll dann entscheiden? Wer ist dann Handelnder?
Es ist ein Trugbild, dass uns das Ego gibt (Goswami nennt es das „klassische Selbst") – also das EGO-Selbst im Gegenteil zum Nicht-EGO-Selbst – dem SELBST.

Osho sagte einmal, dass es nicht Geist sondern geisten heißen müsste. Ich bin derzeit dabei mich zu fragen ob Gott gottet.

Doch in der Tat wäre dies schwer zu beschreiben. Vor allem nicht durch Sprache. Denn schon Sprache an sich trennt uns von dieser zu beschreibenden Einheit. Sie zerschneidet diesen Zustand.

Deshalb gibt es seit Jahrtausenden Rituale in denen die Völker TRANS-zendieren und EIN-Heit leben. Ich durfte dies schon früher bei den Ayahuasca-Ritualen erfahren. Eigentlich ist unsere so gewohnte Welt mit Sprache eine Illusion. Auch sie gehört zu GOTT und ist trotz intrinsischer Trennung nicht getrennt. Doch wir als Beobachter sind es.

Es heißt, alles wird Gegebenheit. Alle Erklärungen sind Abstraktionen. Hier liegt die wahre SELBST-Verwirklichung.

Ich will sitzen und will schweigen und will hören,
was Gott in mir rede.
Meister Eckhart

Alles Gesagte ist Gedanke und Begriff.
Ramesh S. Balsekar

Zirbeldrüse – Relikt aller Relikte

> ***Anmerkung von Wolfgang U. Eipa:***
> Dieser Text von Kai stammt aus dem Jahr 2011

Ich hatte es schon erwähnt, dieses Relikt aller Relikte. Ein rudimentäres Organ, das als Drüse mittig in unserem Gehirn sitzt. Die Ägypter hatten einen unfassbaren Kult um dieses menschliche Dimensionsportal. Götter wie Osiris und Bauten wie die Pyramide verkörperten im wahrsten Sinne des Wortes die Heiligkeit dieses Wissens und seine Anwendung. Auch die griechische Mythologie ist voll mit Anspielungen.

Noch heute zeugen zahlreiche Symbole, die in der Welt zerstreut auf Plätzen, in Vorgärten oder Eingangsportalen stehen, von dieser Einweihung: *Pinienzapfen und Granatäpfel.* Und in der Gralssage stehen die *Schwanenritter* für die Eingeweihten dieses Wissens.

Die Zirbeldrüse produziert unter anderem Melatonin. Spannend ist dabei die Wortherkunft von „Mel“ – es heißt Honig. Honigsuche bedeutet also, die Zirbeldrüsenaktivität zu schätzen.

Wer mehr über diese Zusammenhänge erfahren möchte, sollte einmal im Internet recherchieren. Für mich ganz persönlich habe ich erst rückwirkend betrachtet verstanden, wie diese Funktionalität anscheinend mein Leben beeinflusst hat.

*) Kai verweist hier auf dieses Zitat: *Paulus sagt zu den Brüdern des Lichts, schafft Lichtschwingungen durch das Gebet und grüßt Eure Brüder des Lichts mit einem heiligen Kuss auf das Dritte Auge, weil das euren Samen-Kristall aktiviert.* (Die Schlüssel des Enoch 112: 91)

Es gab Situationen, wo es für mich süßeste Früchte vom Himmel regnete, ich eins wurde mit Vogelschwärmen, oder ich Jesus in einem türkisenen Raum traf, oder die Einheit von Allem erfuhr und die Ungebundenheit und Freiheit des Seins spürte.

Es gibt eine Übung, mit der man die Zirbeldrüse aktivieren kann: erzeuge einen Zischlaut indem du Luft zwischen dem Gaumen und der Zunge hindurchpresst. Dies sollte möglichst kraftvoll und dauerhaft geschehen (10 Minuten), also Tsch, Tsch, Tsch... Wie eine Dampflock innerhalb einer Atemsitzung. Dabei ist deine Aufmerksamkeit in der Mitte deines Gehirns bei deiner Zirbeldrüse. Spüre bei jedem Tsch wie du Energie in sie hineinschickst.

Danach bete voller Hingabe.
Ein guter Weg dich SELBST zu treffen.

Nachtrag: und wechsle deine Zahnpasta.
Fluorid ist der Tod der Zirbeldrüse.

*) weitere Informationen zur Funktion der Zirbeldrüse gibt es in diesem Video von Drunvalo Melchzidek:
www.youtube.com/watch?v=NPc1X2MiJnI&feature=related

Aus Kai's Zitatensammlung

When we are continuously conscious, we will feel a profound love, so rich that is incredible to human mentality. But we cannot reach it by setting love as the only goal. If we wish to move back to space consciousness, we must disagree with our current material reality: we must be "unloving" or indifferent. (...) In human life, love must always encounter pain, because the differences between nations, races, cultures and individuals are real. (...) To love whatever we encounter will give us relief and frequent pleasure, but we will have no reliable character or consistent relationships with anyone. (...) A perfect love is not possible in our imperfect human reality. Love is universal because it can happen anywhere, but love is not a means to take us to higher consciousness and the life of the spirit. Love is always profoundly wonderful, but it is not the answer, the power, or the means for our deliverance.
Thaddeus Golas

*

Was die Maya-Wissenschaft von der heutigen Wissenschaft unterscheidet, ist, dass es ein System ist, das innerhalb eines galaktischen Rahmens operiert. Eine Wissenschaft, die ernsthaft innerhalb eines echten galaktischen Bezugsrahmens funktioniert, kann nicht von dem abgetrennt werden, was wir Mythos, Kunst oder Religion bezeichnen.
José Argüelles

*

Die neue Bewusstseinsstruktur – unsere bevorstehende Verwandlung – erfordert eine tiefere Erkenntnis der Zeit, eine bewusste Integration ihrer vielfältigen Formen und unzähligen

Äußerungen in eine verstärkte Bewusstheit. Wir würden nicht mehr die vergangenen Formen des archaischen, magischen, mythischen und mentalen Bewusstseins negieren, sondern ihre Gleichzeitigkeit wahrnehmen. In diesem Augenblick, jetzt, sind wir eingebettet in die lineare, verräumlichte Zeit der mental-rationalen Denkweise; (…) Befreit in ein befriedigendes Alles-zugleich verwirklichen und entfalten wir simultan die vorgestellte Zeit, kosmische Zeit, biologische Zeit, historische Zeit, kreative Zeit, die Nichtzeit des Photons und die unbestimmte Zeit der Quantenereignisse – alles im Hier und Jetzt.
Daniel Pinchbeck

*

Erleuchtung ist nicht durch Imaginieren von Lichtwesen zu erreichen, sondern indem man sich die Dunkelheit bewusst [zu eigen] macht.
Carl Gustav Jung

*

Zeit ist die Welt und die Ewigkeit ist Gott.
Osho

*

Es ist das höchste Werk des Menschen, in jedem von uns ein absolut originales Zentrum zu errichten, worin sich das Universum in einzigartiger, unnachahmlicher Weise widerspiegelt. Es wird umso mehr es selbst und daher von anderen verschieden, je mehr es sich in dem gemeinsamen Ziel den anderen nähert. Wir können Vervollkommnung nur in der Vereinigung finden. Nur wenn die Person universell wird, gewinnt der Mensch Persönlichkeit.
Teilhard Chardin

*

Werte wie das Schöne, Wahre und Gute sind sowohl die Verheißung als auch die stabile Grundlage für jede neue Stufe von Bewusstsein und Kultur. Und wenn wir die Rolle der Werte in der Evolution des inneren Universums verstehen, sehen wir, wie die Werte an der Vollkommenheit teilhaben. Aus einer evolutionären Perspektive heraus verstanden offenbaren sich das Schöne, Wahre und Gute als die Richtungen der Evolution. Indem wir Schönes, Wahres und Gutes schaffen oder verstärken, wo immer und wenn immer wir können, machen wir die Welt etwas vollkommener.
Steve McIntosh

*

Das Verstehen, die Selbstverwirklichung, die Erleuchtung kann niemals morgen kommen. Sie kommt jetzt oder nie. Aber es gibt kein Nie. Es gibt nur jetzt!
Ramesh S. Balsekar

*

„In Wirklichkeit kommt es im Universum zu gar keinen Kontakten. Das Universum ist Bewegung, und diese Bewegung besteht aus Kontakten. Die Kontakte und ihre Wirkungen sind das Universum".
Alexandra David-Néel

*

„Form ist Leere und Leere ist Form. Die Leere ist nichts anderes als die Form, und die Form ist nichts anderes als die Leere. Außerhalb der Leere gibt es keine Form, und Außerhalb der Form gibt es keine Leere."
Nâgârjuna

Literatur

(Kompendium 1)

Anthara: Galaxia: Paintings and Poems by Anthara. Verlag für zeitgenössische Kunst und Theorie 2010

Amarque, Tom: Wie wir wurden, wer wir sind – und was wir werden können. Eine kleine Geschichte der Bewusstseinsrevolution. Verlag Kamphausen 2010

José Argülles: die Arkturus-Probe. Eigenverlag maya.at 1992

José Argülles: Surfer der Zuvuya. Ein galaktischer Reiseführer in die 4. Dimension. Bauer-Verlag 1997

Teilhard de Chardin: Der Mensch im Kosmos. Becksche Reihe

Don Beck und Christopher Cowan: Spiral Dynamics. Eine Landkarte für Business und Gesellschaft im 21. ahrhundert. J.Kamphausen-Verlag.

Stanislav Grof: Kosmos und Psyche. An den Grenzen des menschlichen Bewusstseins. Verlag Krüger 1997

Aldous Huxley: Die ewige Philosophie. Piper-Verlag (1945)

Gibran, Khalil: Jesus Menschensohn. Seine Worte und Taten, berichtet von Menschen, die Ihn kannten. Walter-Verlag 1988

Marion und Werner Küstenmacher und Werner Haberer: Gott 9.0 Wohin unsere Gesellschaft spirituell wachsen wird. Gütersloher Verlagshaus

Ervin Laszlo: Weltenwende. Wie eine grüne Wirtschaft, neue Politik und ein höheres Bewusstsein die Zukunft gestalten. Scorpio Verlag 2011

Lama Ole Nydahl: Wie die Dinge sind: Eine zeitgemäße Einführung in die Lehre Buddhas . Knaur-Verlag

Marko Pogacnik: Quantensprung der Erde. Mensch und Natur im Wirbel der planetaren Wandlung. AT-Verlag 2010

Franz Renggli: Angst und Geborgenheit. Rowohlt-Verlag

Franz Renggli: Selbstzerstörung aus Verlassenheit. Rasch und Röhring

Franz Renggli: Der Ursprung der Angst. Antike Mythen und das Trauma der Geburt. Walter-Verlag 2001

Karl. O. Schmidt: Das Thomas Evangelium. Geheime Herrenworte. Drei Eichen Verlag

Eckhart Tolle: alle Werke; insbesondere Eine neue Erde. Bewusstseinssprung anstelle von Selbstzerstörung. Arkana-Verlag

Ken Wilber: alle Werke; insbesondere Integrale Spiritualität. Spirituelle Intelligenz rettet die Welt. Kösel-Verlag 2007

William Paul Young: Die Hütte. Ein Wochenende mit Gott. Allegria-Verlag 2010

Filme:

Das kreative Universum. Naturwissenschaft und Spiritualität im Dialog. (Rüdiger Sünner)

Mana - Die Macht der Dinge. (Peter Friedman / Roger Manley)

(R)Evolution 2012. Die Menschheit vor einem Evolutionssprung. (Dieter Broers)

Thrive – What on earth will it take? (Foster Gamble)

Literatur (Kompendium 2)

Werner Ablass: Abschied vom Ich. Und wie leicht es sich ichlos lebt. Omega Verlag 2009

Werner Ablass:Gar nichts tun und alles erreichen. Entdecke deine wahre Natur. Omega Verlag

Das unpersönliche Leben. Verlag dem WAHREN-SCHÖNEN-GUEN ISBN978-3-923193-58-5

Thaddeus Golas: Der Erleuchtung ist es egal wie du sie erlangst. 1972 Sphinx-Verlag

Stanislav Grof: Das Abenteuer der Selbstentdeckung. Heilung durch veränderte Bewusstseinszustände. Ein Leitfaden. Rowohlt-Verlag 1994

Stanislav Grof: Kosmos und Psyche. An den Grenzen menschlichen Bewusstseins. Krüger Verlag 1997

Michael Habecker: Ken Wilber – die integrale (R)EVOLUTION. Einführung in Theorie und Praxis eines neuen spirituellen Ansatzes. Info3-Verlag 2007

Michael Habecker; Sonja Student: Wissen, Weisheit, Wirklichkeit. Perspektiveneiner aufgeklärten Spiritualität. 2011

Jean Liedloff: Auf der Suche nach dem verlorenen Glück: Gegen die Zerstörung unserer Glücksfähigkeit in der frühen Kindheit. Becksche Reihe

Dennis Genpo Merzel Roshi: Big Mind. Großer Geist – großes Herz. Aurum-Verlag 2008

Dennis Genpo Merzel Roshi: Der Pfad: Big Mind, Zen & Bodhisattva. Aurum-Verlag 2009

Thomas Metzinger: Der Ego Tunnel. Bloomsbury Verlag 2011

Alice Miller: Jenseits des Tabus. 2009

Monika Müller: Tantrisches Bewusstsein. Sexualität als Weg zu Heilung, Ganzheit und Transformation. Trinity-Verlag-Verlag 2011

Ole Nydahl: Das große Siegel: Von der grenzenlosen Einsicht in die Natur des Geistes: Die Mahamudra-Sichtweise des Diamantweg-Buddhismus. 2006

Marko Pagacnik: Synchrone Welten.
Geomantie des zwölfdimensionalen Lebensraums. AT-Verlag 2011

OM C. Parkin: Die Geburt des Löwen. Dialoge zur Selbsterforschung. Goldmann Arkana Verlag 2006

James Redfield: Die Zwölfte Prophezeiung von Celestine.
Allegria Verlag 2011

Franz Renggli: Das Tor zum Leben. Unsere Prägung durch Schwangerschaft, Geburt und Babyzeit. Ein neuer Weg zum höheren Selbst. (erscheint 2012)

Llyn Roberts; Robert Levy: Schamanisches Reiki. Neue Wege für die Arbeit mit der universalen Lebenskraft. Heyne Verlag 2011

Zecharia Sitchin: Als es auf der Erde Riesen gab. Götter, Halbgötter und die Vorfahren der Menschen: Der Beweis einer außerirdischen DNS. Kopp-erlag 2011

Eckhart Tolle: Eine neue Erde. Bewusstseinssprung anstelle von Selbstzerstörung. Goldmann 2005

Ken Wilber: Integrale Spiritualität. Spirituelle Intelligenz rettet die Welt. Kösel Verlag 2007
Ken Wilber, Terry Patten, Adam Leonhard; Marco Morelli: Integrale Lebenspraxis. Körperliche Gesundheit; emotionale Balance; geistige Klarheit; spirituelles Erwachen. Ein Übungsbuch. Kösel Verlag 2010

Filme:
Dennis Genpo Merzel Roshi: Big Mind - Workshop in Berlin 2008. Kamphausen Verlag-2009

One - Das (Film-)Projekt. Kamphausen-Verlag 2009

Eckhart Tolle: Findhorn Seminar: Stille inmitten der Welt. Arkana HC 2007

Eckhart Tolle: Leben im Jetzt - aber wie? Teil 1 und Teil 2. Kamphausen-Verlag 2011

Literatur (Kompendium 3)

Tom Amarque: Entwicklung als Passion. Über Daimonotechnik und Wille. Phänomen-Verlag 2011

Sri Aurobindo: Das göttliche Leben. Verlag Hinder & Deelmann 1991

Bruder Lorenz: All meine Gedanken sind bei dir. In Gottes Gegenwart leben. Neufeld-Verlag 2009

Jonette Crowley: Soul Body Fusion: Heilung und Transformation des ganzen Menschen - Das Praxisprogramm. Ansata Verlag 2011

Karlfried Graf Dürkheim: HARA. Die Erdmitte des Menschen. OtooWilhelm Barth Verlag.

Alexandra David-Néel: Die Geheimen Lehren des tibetischen Buddhismus; Adyar-Verlag

Bob Frissell: Aus der Zukunft in die Gegenwart. Koha-Verlag 2001

Thaddeus Golas: The laty man´s guide to enlightment. Gibbs Smith Pub. 1995

David R. Hawkins: Erleuchtung ist möglich. Wie man die Ebenen des Bewusstseins durchschreitet. Sheema-Medien-Verlag 2007/2008

David R. Hawkins: Hingabe an Gott.
Der mystische Weg aus der Dualität. Sheema-Verlag 2009/2012

J.J. Hurtak: Die Schlüssel des Enoch.
Academy for Future Science. 1990

Dolores LaChapelle: Sexualität. Der vergessene Schlüssel zur Versöhnung von Mensch und Erde. Verlag Neue Erde 2011

Eva Kroth: Anleitung für die Reise in eine neue Dimension. einsverlag 2012

Humberto R. Maturana: Der Baum der Erkenntnis.
Die Wurzel menschlichen Erkennens. Fischer Verlag 2012

John Martineau: A little book of coincidence.
Wooden Books Ltd 2002

Drunvalo Melchizedek: Die Blume des Lebens Band 1 und 2
Koha Verlag 1999/2001

Osho: Das Hara Buch. Zurück zur Quelle der Lebenskraft.
Osho-Verlag

Paramahansa Yogananda: Autobiography of a Yogi
Daniel Pinchbeck: 2012. Die Rückkehr der gefiederten Schlange.
Heyne Verlag 2009

Carter Phipps: Was ist ein Wir? Refelexionen über das innere Universum. EnlightenNext Impulse 5/12

RAMAKIRISHNA. Das Vermächtnis. Die Botschaft eines der größten indischen Weisheitslehrer der Neuzeit. O.W. Barth Verlag 2003

Jeanne Ruland: Das Krafttier-Orakel - Ein liebevoller Begleiter im Alltag; Schirner-Verlag

Adamus Saint-Germain: Die Meister der Neuen Energie. Weisheit und Inspiration für eine Welt im Wandel. Ansata-Verlag 2010

Adamus Saint-Germain: Lebe Deine Göttlichkeit. Spirituelle Impulse für das neue Bewusstsein. Ansata-Verlag 2011

Alexandra Schwarz-Schilling: Gemeinsam frei sein. Über das Verhältnis von Mann und Frau. Zegg-Reader 2011

Das Tibetanische Totenbuch. Ein Weisheitsbuch der Menschheit. Walter-Verlag 1986

Hartmut Warm: Die Signatur der Sphären: Von der Ordnung im Sonnensystem. Keplersternverlag

Thomas von Wedenland: Das Dritte Auge. Wie man das Roboterdasein beendet oder Die MENSCH-WERDUNG nach der Zeit der Dunkelmächte oder Die Befreiung und Heilung.

Pramahansa Yogananda: Autobiographie eines Yogi. Das Lebenszeugnis des großen indischen Meisters, der zum Mittler zwischen westlicher und östlicher Religiosität wurde.
Self-Realization Fellowship Verlag

Sri Yukteswar: Die heilige Wissenschaft; Otto Wilhelm Barth Verlag

Filme:

Ben Stewart : Esoteric Agenda - FULL LENGTH MOVIE – WELCOME TO YOUR AWAKENING!

Ben Stewart : KYMATICA - FULL LENGTH MOVIE – Expand Your Consciousness!!!

Dieter Broers „Solar Revolution"; Ausgabe 2012.

Nachbemerkung

Der Mond ist derselbe Mond
Die Blumen sind genau wie immer
Aber jetzt bin ich
Die Dingheit der Dinge
(Zenmeister Bunau)

Das Wesen von Religion ist Ausgrenzung und Abgrenzung. Es ist ein Instrument Menschen zu versklaven – nicht sie zu erwecken! Immer dann, wenn Spiritualität institutionell wird, auf Organisiertheit und schlimmsten Fall auf Staatsstrukturen trifft, ist es aus mit der SELBSTUNG. Dann wird mächtig instrumentalisiert: tu dies, tu dies nicht. So wurden wir seit Jahrtausenden missbraucht und missbrauchten uns selbst. Wir wurden zum Spielball einiger weniger Mächtigen im Hintergrund unserer Gesellschaften.

Nur eine transpersonale, postreligiöse Spiritualität vermag diese (geistigen Gefängnis-)Grenzen zu durchbrechen. Und dies ist notwendig bei allen Religionen, auch beim Buddhismus und New Age.

Letztendlich führt nur eine individuell gelebte und erlebte Spiritualität – SELBSTUNG – eine Art geistiges Geburtsrecht, die sich durch die Bewusstseinsspirale evoltiert (behauptet, gestärkt, entwickelt) hat - zu neuen wie bekannten Erkenntnissen: im Mittelpunkt steht DEIN LEBEN und DAS LEBEN (Mutter GAIA). Dies bejahe in Deinem Herzen, wie auch den Rest der Schöpfung (Vater Sonne). Liebe Dich dafür und in Allem und verzeihe alles Geschehene (in diesem Zustand der allumfassenden Liebe). Fühle Dich wohl und sei mit der Realität, so wie sie jetzt ist, im Einklang. Besuche dann mit Deinem Geist den Heiligen Raum in Herzen. Sei wach! Sei Zeuge! Es gibt nichts zu erreichen. It´s so easy. Be who you are.

Printed in Germany
by Amazon Distribution
GmbH, Leipzig

24847999R00174